VERVOLKT

Dieses Projekt kann Spuren von Nazis enthalten!

Katalog zur Ausstellung

Regina Gropper / Leo Hiemer
Herausgeber: Stadt Memmingen / Stadtmuseum Memmingen

Inhaltsverzeichnis

1/3

Inhaltsverzeichnis

2/3

Inhaltsverzeichnis

3/3

1

Geleitwort

Foto: Stadtmuseum Memmingen

Das bundesweite Gedenkjahr „1700 Jahre jüdisches Leben in Deutschland“ war 2021 auch für das Stadtmuseum Memmingen Anlass für ein besonderes Angebot. Unter dem Projekttitel „VerVolkt“ wurden verschiedene Ausstellungen präsentiert und zudem ein Filmprojekt, ein virtuelles Führungskonzept und eine Vielzahl von begleitenden Veranstaltungen angeboten. Das Museum kreierte damit für die Stadtgesellschaft eine vielgestaltige Erinnerungslandschaft, in der die Verflechtungen der Region mit jüdischem Leben und jüdischer Kultur deutlich sichtbar wurden.

Mit dem gewählten Fokus auf die Entwicklungen des 19. und 20. Jahrhunderts wurde aber auch der Antisemitismus von Kaiserreich, Weimarer Republik und NS-Herrschaft zu einer Folie für den geschichtsvergessenen Umgang neuer, rechtsnationaler Bewegungen. Zu erkennen, wie gerade in der Region Allgäu eine Radikalisierung rechter Gruppierungen voranschreitet, deren Parolen einen beängstigenden Widerhall finden, war ein bedrückendes Ergebnis des Gesamtprojekts.

Nach der Emanzipation der jüdischen Bevölkerung in Bayern zur Mitte des 19. Jahrhunderts war Memmingen zu einem herausgehobenen Ort jüdischen Lebens in Schwaben geworden. Der Bankier Moritz Löb Einstein und der Pferdehändler Sigmund Löb Einstein aus Osterberg waren die ersten neu zugewanderten Juden, die am 17. Januar 1862 das Memminger Bürgerrecht erhielten. Viele weitere folgten aus Fellheim, Altenstadt, Steppach und anderen sogenannten „Judendörfern“ der näheren Umgebung. Nach diesen Anfängen gelang bereits 1874/75 die Gründung einer Israelitischen Kultusgemeinde. Der ersten Etablierung mit Versammlungsstätten in gemieteten Räumen folgte 1909 der durchaus Aufsehen erregende Neubau einer Synagoge am Schweizerberg. Um die Jahrhundertwende wohnten gut über 200 Menschen jüdischen Glaubens in Memmingen.

Der überwiegende Teil der Memminger Juden betätigte sich im Handel mit Textilien, Getreide und Vieh. Einige bauten mit großem Engagement Warenhäuser und Fabriken für die Herstellung von Textilwaren, Aluminium und Käse auf. Neu hinzu kamen akademische Karrieren, zum Beispiel als Ärzte oder Anwälte. In der Summe trugen all diese Tätigkeitsfelder zur wirtschaftlichen Blüte der Stadt bei. Die Mitgliedschaften von Juden in Vereinen zeigten zudem ein hohes Maß an Integration ins gesellschaftliche Leben der Stadt.

Jüdische Mädchen und Knaben besuchten die protestantische Volksschule. Ab 1913 übernahm die Stadt die Besoldung des jüdischen Religionslehrers. Die Israelitische Kultusgemeinde leistete wiederum Beiträge zu Kindergärten, zur Diakonissenanstalt und zu anderen städtischen Wohltätigkeitseinrichtungen. Ihr Vorstand war ständiges Mitglied im Armenpflegschaftsrat.

Umso erschreckender war der antisemitische Ausbruch, der zu Beginn der Weimarer Zeit die Stadtgesellschaft erschütterte. Der jüdische Käsegroßhändler Wilhelm Rosenbaum war im August 1921 zur Zielscheibe eines aufgebrachten Mobs geworden. Dieser hatte sich drohend vor seinem Wohnhaus versammelt und mit Rufen wie:

„Raus mit dem Juden!“ oder „an den Galgen mit dem Lumpen!“ Rosenbaum der Preistreiberei in Zeiten der Inflation bezichtigt. Nach Stunden der Bedrohung kam es zur Anordnung des Staatsanwalts, den Käsehändler wegen Fluchtgefahr sofort festzunehmen. Sein Transport ins Memminger Landgerichtsgefängnis wurde zu einem Spießrutenlauf quer durch die Stadt mit weiteren wüsten Beschimpfungen und tätlichen Angriffen. In derselben Nacht wurden Häuser und Geschäfte auch anderer Memminger Juden beschädigt sowie Drohungen gegen diese laut, der nächste zu sein.

Auf diesem Boden kam es bereits im April 1923 zur Gründung einer NSDAP-Ortsgruppe in Memmingen. Der erste Ortsgruppenleiter forderte, „die Juden sollten als Angehörige einer anderen Rasse nicht Staatsbürger sein.“ Weiter hetzte er: „Der Jude ist die Wurzel und das Übel an den heutigen wirtschaftlichen Verhältnissen“. Von Jahr zu Jahr wurde die NSDAP mehr zur starken Partei mit einer straffen Organisationsstruktur. Ihr Anteil an den Wählerstimmen in Memmingen bei den Reichstagswahlen steigerte sich ab 1928 kontinuierlich. Von 10,9% stieg der Prozentsatz auf 21,2% im September 1930 bis 36,4% im November 1932.

Mit der Machtübernahme Hitlers Ende Januar 1933 dauerte es für den Käsegroßhändler Wilhelm Rosenbaum nicht lange, bis die Bedrohung von 1921 zurückkehrte. Im März 1933 wurde er verhaftet und mehrere Wochen zunächst im Memminger Gefängnis und schließlich im Konzentrationslager Dachau festgehalten. Danach kehrte er nicht mehr in seine Heimatstadt zurück. Wilhelm Rosenbaum, seine Frau Susanne und die drei Töchter wanderten über Holland nach Palästina aus. Im Jahr 1935 wurde sein Wohnhaus samt den Betriebsanlagen unter Zwang verkauft.

Die Ausgrenzung der jüdischen Mitbürger und Mitbürgerinnen sollte damit aber erst ihren Anfang nehmen. Mit der Festigung der NS-Herrschaft entwickelte sich ein wahrer Furor der Unmenschlichkeit. Die Verachtung mündete in Deportation und Vernichtung der jüdischen Bevölkerung, aus Schandtaten gegenüber weiteren Opfergruppen wurden Verbrechen und tödliche Übergriffe.

Bis zum Jahr 1942 wurden alle jüdischen Frauen, Männer und Kinder aus der Stadt vertrieben und zum großen Teil ihres Besitzes beraubt. 116 von ihnen wurden nach Deportation in den deutschen Konzentrationslagern im Osten ermordet.

Aus dieser leidvollen Geschichte erwächst für die Stadt Memmingen eine Verantwortung, der wir uns auch mehr als 80 Jahre nach den schuldhaften Ereignissen nicht entziehen können. Das Ausstellungsprojekt „VerVolkt“ hat sich engagiert der Pflicht zur Erinnerung gestellt. Darüber hinaus verdient es besondere Anerkennung für die Entschiedenheit, mit der Bezüge des Gestern zum Heute offengelegt wurden.

Der vorliegende Katalog fasst nun das breitgefächerte Angebot des Stadtmuseums Memmingen nochmals zusammen und kann festhalten, was aus unserem Bewusstsein auch zukünftig nicht getilgt werden darf.

Dr. Hans-Wolfgang Bayer, Kulturamt Memmingen

Hier
wohnt
ein An
gehöriger
dieser
Rasse!

2

VERVOLKT

Vorwort

Foto: Stadtmuseum Memmingen

Im Frühjahr 2021 startete im Stadtmuseum Memmingen das Ausstellungsprojekt **„VerVolkt – Dieses Projekt kann Spuren von Nazis enthalten“.** Mit diesem Projekt wollten wir auf Antisemitismus in unserer Gesellschaft aufmerksam machen. Aufmerksam machen auf etwas, das nie wirklich weg war, sondern immer noch allgegenwärtig scheint. Vor allem aber sollte das Projekt erinnern. Erinnern an die Verfolgten und Opfer des Nationalsozialismus in Memmingen und dem Allgäu.

Die ersten Gedanken zu „VerVolkt“ kamen schon im Sommer 2019 auf, als Leo Hiemer und ich die Abschlussausstellung der Wanderausstellung „Geliebte Gabi. Ein Mädchen aus dem Allgäu – ermordet in Auschwitz“ für Memmingen planten. Auch Memmingen sollte, wie alle anderen Ausstellungsorte, eine Projektionsfläche der eigenen Nazivergangenheit bekommen. Die Einblicke, die wir uns in die Geschichte Memmingens während des NS schafften, bewogen mich dazu, nicht nur einzelne Tafeln, wie es bis dato üblich war, für den Gastspielort zu erarbeiten, sondern ein eigenes Ausstellungsensemble zu planen. Dies wurde dank der Förderung von „1700 Jahre jüdisches Leben in Deutschland“, durch die Zusatzfinanzierungen des Bayerischen Kulturfonds und durch die Unterstützung des Bezirks Schwabens umsetzbar.

Mit Expert:innen aus der Region wurden Themenbereiche wie Verfolgung, Ausgrenzung und Vergehen und Verbrechen der Nationalsozialisten in Memmingen und dem Allgäu aufgearbeitet.

Im Zentrum der Ausstellung stand der Film „Kann Spuren von Nazis enthalten“, den der Allgäuer Filmemacher Leo Hiemer eigens für „VerVolkt“ produziert hat. Dieser Film bündelt die Ausstellungsinhalte und ist das Verbindungsglied der Schicksale aus Stadt und Land und der einzelnen Ausstellungsteile.

Im öffentlichen Raum lag die Aufmerksamkeit auf den Opfergruppen und den Verbrechen der Nationalsozialisten in Memmingen und dem Allgäu sowie auf rechtsradikalen Strömungen heute.

Im Stadtmuseum selbst wurden neben der Ausstellung „Geliebte Gabi. Ein Mädchen aus dem Allgäu – ermordet in Auschwitz“ vor allem von der Verfolgung betroffene Frauen und Kinder, also besondere Einzelschicksale aus der Region, betrachtet.

Bereits 1920 zeigten sich in Memmingen erste Vorboten antisemitischer Ausgrenzung bis hin zu nationalistischem Terror. In den Jahren nach 1933 wurde durch Entrechtung, Vertreibung und Ermordung von Juden deutlich, dass das jüdische Leben in Memmingen ausgelöscht werden sollte.

1942 rühmte sich Memmingen als „judenfrei“, rund um die Stadt gab es „NS-Musterdörfer“. Mit unserer Ausstellung brachten wir diese unrühmliche Vergangenheit zur Sprache und motivierten Menschen, nicht länger zu schweigen.

In den 90er Jahren entwickelte sich eine rechte Gruppe namens „Skinheads Allgäu 88“. Heute gibt es im idyllischen Allgäu laut Verfassungsschutz die größte und mitgliederstärkste Skinheadgruppe Süddeutschlands: „Voice of Anger“. Eine rechtsextreme Gruppe, die bestens in der Neonaziszene vernetzt ist, z.B. mit der in Deutschland verbotenen Organisation „Blood & Honour“. Rechte Tendenzen in der Gesellschaft spielen Rechtsradikalen aktuell in die Karten. Auch in Memmingen und im Allgäu haben Antisemitismus und rechte Gedankenlosigkeit eine lange Tradition und dürfen nicht unbeachtet bleiben.

Heute tritt Rechtsextremismus allerdings anders, subtiler und unscheinbarer auf. Neonazis sind Teil unserer Gesellschaft geworden. Bürgerlich und familiär im Auftreten, sieht man ihnen ihre politischen Ansichten, ihr „rechtes Gedankengut“, oft nicht an. Glatze, Springerstiefel und Tattoos sind nur noch Klischees.

Die Szene ist bestens organisiert. Die Gefahr, die von ihr ausgeht, sollte nicht verharmlost werden. Rechtsradikale Äußerungen im

VerVolkt war auf Stelen auch im öffentlichen Raum präsent.

Foto: Kirstin Köllner

öffentlichen Raum und Hetze in den sozialen Medien sind an der Tagesordnung. Die Vergangenheit ist nicht vergangen, sie ist gegenwärtig und droht uns einzuholen.

Auf die Ausstellung im öffentlichen Raum gab es zahlreiche antisemitisch motivierte Anschläge. Die Ausstellungsstelen wurden beschmiert, verbogen, umgestoßen und zerkratzt. Diese Übergriffe werden bis heute strafrechtlich verfolgt.

Regina Gropper

VERVOLKT
Stadtmuseum Memmingen
Diese Ausstellung kann Spuren von Nazis enthalten!
IIZ-4596
16.05.2021
— 23.01.2022
AM MARTIN-LUTHER-PLATZ &
IM STADTMUSEUM MEMMINGEN
Memminger Stolpersteine
Wie sollen wir uns erinnern?
VERVOLKT

3

Die Stadt als Museum

Am 16.05.2021 startete das Projekt coronabedingt zunächst im Außenbereich.

Die Open-Air-Ausstellung am Martin-Luther-Platz widmet sich Opfergruppen und Verbrechen der Nationalsozialisten in Memmingen und dem Allgäu sowie rechtsradikalen Strömungen heute.

Foto: Kirstin Köllner

Die Open-Air-Ausstellung am Martin-Luther-Platz in Memmingen.

Foto: Christian Schäfler

„Nur wer sich erinnert, kann friedvolle Zukunft gestalten.“ Daniel Günther

VERVOLKT
Das Kriegsgefangenenlager Stalag VII B
Memminger Stolpersteine
„Ein Mensch ist erst vergessen, wenn sein Name vergessen ist." Dieser Satz aus dem Talmud soll durch Stolpersteine, die Gunter Demnig herstellt und in ganz Europa verlegt, für jeden erlebbar gemacht werden. Der Verein „Stolpersteine in Memmingen" hat sich seit 2014 zum Ziel gesetzt, die Erinnerung an die Opfer des Nationalsozialismus wachzuhalten. Bisher wurden 120 Stolpersteine im Stadtgebiet verlegt. Die größte Opfergruppe, an die erinnert werden soll, sind unsere ehemaligen jüdischen Mitbürger. Die Steine rufen aber auch zum Gedenken an Euthanasieopfer, politische und christliche Gegner sowie an Opfer des nationalsozialistischen Sondergerichts auf.
Stolpersteine sind Betonquader mit den Maßen 10 x 10 x 10 cm. Auf ihnen ist eine Messingplatte angebracht, auf der die biographischen Daten und insbesondere die Namen der Verfolgten eingraviert sind. Beim Lesen dieser Daten verbeugt man sich unwillkürlich vor den Opfern. Eine Ehrerbietung von uns Nachkommen an die Opfer des Nationalsozialismus.
Stolpersteine werden vor dem letzten freiwillig gewählten Wohnsitz der Verfolgten in öffentlichen Grund eingelassen. Man bekommt auf diese Weise einen Eindruck davon, wie stark die verfolgten Mitbürger das Bild der Stadt prägten. Es waren viele und sie waren überall; sie waren Nachbarn und Mieter, jeder kannte jemanden. Sie waren wie du und ich! Die häufig gehörte Entschuldigung, man hätte weder von der Verfolgung noch gar von der Ermordung etwas mitbekommen können, entlarvt sich somit als große Lebenslüge.
Wie sollen wir uns erinnern?
Wir würden auch gerne Ihre Meinung zur Erinnerungsarbeit kennenlernen. Welchen Beitrag erwarten Sie von Kultureinrichtungen hinsichtlich Erinnerungsarbeit und Kampf gegen Antisemitismus und Rassismus? Wie sieht für Sie gelungene Erinnerungskultur aus? Teilen Sie uns Ihre Wünsche und Anregungen mit!
Rückmeldung unter:
stadtmuseum@memmingen.de
VERVOLKT
VerVolkt: Impuls-Stadtführung zu Memmingens jüdischer Vergangenheit mit Stadtführerin und stellv. Heimatpflegerin Sabine Streck.
Das Grauen passierte mitten unter uns – mitten in Memmingen. Jüdische Memminger Familien, denen alles genommen wurde, die verzweifelt versuchten, ihre Kinder über Hilfsaktionen oder privat aus Nazi-Deutschland in Sicherheit zu bringen und selbst in Konzentrationslagern ermordet wurden. Bei dieser Kurzstadtführung wird vor ehemaligen Wohn- und Geschäftshäusern an diese Frauen, Männer und Kinder erinnert.
Anmeldung: streck.sabine@t-online.de
Führung: 5 €

Open-Air-Ausstellung

Foto: Kirstin Köllner

Jüdisches Leben in Memmingen

Seit dem Mittelalter war die Ansiedlung von Juden in Memmingen stark eingeschränkt oder gar vollständig unterbunden. Eine rechtliche Gleichstellung vollzog sich erst mit der Liberalisierung des 19. Jahrhunderts. 1862 begann eine beständige Ansiedlung jüdischer Bewohner und Bewohnerinnen in der Stadt. 1875 konnte eine eigene israelitische Kultusgemeinde gegründet werden. 1895 wurde mit 231 Personen ein Höchststand an jüdischen Einwohnern in Memmingen erreicht. 1909 kam es zum Bau einer stattlichen Synagoge am Schweizerberg.

Der überwiegende Teil der Memminger Juden betätigte sich im Handel mit Textilien, Getreide und Vieh. Einige bauten mit großem Engagement Warenhäuser und Fabriken für die Herstellung von Textilwaren, Aluminium und Käse auf. Ihr Erfolg trug zur wirtschaftlichen Blüte der Stadt bei.

Synagoge am Schweizerberg. Erbaut 1909 nach Entwürfen des Frankfurter Architekten Max Seckbach. Geschändet am 10. November 1938. Abgerissen in den Folgemonaten.

Einer mehr und mehr gelingenden Integration folgte unter der Herrschaft des Nationalsozialismus die totale Ausgrenzung der jüdischen Bevölkerung bis hin zur völligen Vernichtung. Der Verdrängung aus ihren Berufen folgte der Verlust der bürgerlichen Rechte. Die Vertreibung aus ihren Wohnstätten war der Vorbote der menschenverachtenden Deportation in die Vernichtungslager. Von 161 jüdischen Frauen, Männern und Kindern, die 1933 in Memmingen lebten, wurden 116 ermordet. Wer dem Tode entkommen wollte, musste die Stadt verlassen.

Hans-Wolfgang Bayer

„Wilhelm Rosenbaum Memmingen. Allgäuer Molkereien“ (Briefkopf) nach 1906. Einer der größten Großhandelsbetriebe in Memmingen war die Firma Wilhelm Rosenbaum. Neben seiner Wohnvilla am Kaisergraben errichtete Rosenbaum ein modernes, mehrgeschossiges Lagergebäude, in dem Milch- und Käseprodukte verarbeitet und zwischengelagert wurden.

Fotos: Stadtarchiv Memmingen

Jüdisches Leben in Fellheim

Von 1670 bis 1942 existierte in Fellheim eine jüdische Landgemeinde, von denen es viele in Schwaben gab. Bis 1830 stieg die Zahl der in Fellheim lebenden Juden auf 500 Personen an, so dass 70 Prozent der Ortsbevölkerung Juden waren, die friedlich mit den katholischen Christen zusammenlebten. Die Juden verfügten über eine Synagoge, einen eigenen Begräbnisplatz, der sich in der Mitte des Ortes hinter der Synagoge befand, eine eigene Metzgerei, ein Ritualbad und eine Schule. Dadurch war ein umfassendes religiöses Leben für Juden in Fellheim möglich. In der zweiten Hälfte des 19. Jahrhunderts erfolgte eine starke Abwanderung von Juden aus wirtschaftlichen Gründen in die umliegenden Städte, vor allem nach Memmingen. Um 1900 lebten nur noch 27 Juden in Fellheim. Die jüdische Schule wurde 1911 geschlossen, das Ritualbad 1920 abgerissen.

Während der NS-Zeit wurden die Synagoge und der Friedhof in der Reichskristallnacht am 9. November 1938 geschändet. 13 Fellheimer Juden konnten Deutschland bis 1939 noch verlassen. Im März und im Juli 1942 wurden die letzten 13 Fellheimer Juden nach Osten deportiert und dort ermordet. Seitdem leben keine Juden mehr in Fellheim.

Christian Herrmann

Foto: Gemeinde Fellheim

Verfolgung von Sinti und Sintezze in Memmingen 1933 – 1945[1]

Für die Durchführung der nationalsozialistischen Ausgrenzungs- und Verfolgungsmaßnahmen an Sinti:zze und Rom:nja waren reichsweit die Kriminalpolizeibehörden und Polizeidienststellen zuständig und nicht wie bei der „Judenverfolgung" die Gestapo.[2] Die Polizeistationen führten vor Ort die Zwangsmaßnahmen wie Berufsverbote, Festsetzungserlasse und Umsiedlungen, Anordnungen zu Zwangssterilisierungen, Zwangsarbeit, Lagerhaft und Deportationen durch. Gesetzliche Grundlagen für die rassistische Verfolgung boten das „Reichsbürgergesetz" und die „Nürnberger Gesetze" von 1935. Die Rassenhygienische Forschungsstelle (RHF), gegründet 1936 als Institut des Reichsgesundheitsministeriums unter Leitung des Tübinger Arztes Dr. Ritter, hatte Sonderkompetenzen und war, neben den Standesämtern und Gesundheitsbehörden, für die Kategorisierung der Menschen nach den ideologisch begründeten „Rasse-Kriterien" maßgeblich. Aus Memmingen und Umland sind bisher keine Aktivitäten der „fliegenden Truppen" des RHF bekannt.

Im benachbarten Ravensburger Gebiet wurden bei „Vor-Ort-Bestandsaufnahmen" zwischen März und August 1938 etwa 295 Personen nach den „rassebiologischen" Kriterien des RHS begutachtet und erfasst.[3] Die Landesgrenze verhinderte vermutlich, dass Mitarbeitende des RHF auch im bayerischen Schwaben tätig wurden.

In Bayerisch Schwaben leitete der Kriminalbeamte Georg Lauer bei der Kriminalpolizeistelle Augsburg das Kommissariat der vorbeugenden Verbrechensbekämpfung[4]: „Damals glaublich im Jahre 1942 wurde diesem Kommissariat die Zigeunerstelle zugeteilt. Die Erfassung der im Regierungsbezirk Schwaben wohnhaften Zigeuner und Zigeunermischlinge war damals bereits mehrere Jahre im Gang."[5] Es waren Kriminalinspektor Lauer, Kriminalkommissar Reinhard und Kriminalobersekretär Alois Miller, die laut eidesstattlicher Erklärung von J. Paulus im Regierungsbezirk Schwaben zur „Besichtigung zigeunerischer Personen umhergefahren [sind]."[6] Die Personenerfassung nach den „Rasse-Kategorien" der nationalsozialistischen Ideologie war der erste Schritt zur Durchführung der Verordnungen und Erlasse,[7] die schließlich zu den Deportationen[8] und zum Genozid führten.

Leiter der Kriminalpolizeidienstabteilung Memmingen war ab dem 1.4.1942 Johann Seissler, dem mit seiner Ernennung zum

„Auf Grund des Nürnberger Rassengesetzes sah sich Herr Kriminalobersekretär Seissler berechtigt, bevorzugt gegen mich [...] in aller Schickane (sic!) vorzugehen [...]“

Eidesstattliche Erklärung von Jakob R., 1946.

Kriminalobersekretär auch die Leitung übertragen wurde.[9] Der ehemalige Kriminalbeamte Johann Seissler wurde am 14.11.1946 von der Spruchkammer Memmingen in die Gruppe I der Hauptschuldigen eingereiht und zu sechs Jahren Arbeitslager verurteilt. Er war Mitglied der NSDAP von 1933–1945 und in den Unterorganisationen NSV, RDB und Reichsbund deutsche Familie, Reichskriegerbund und Reichskolonialbund gewesen und wurde für „Inhaftierungen ins KZ u. Gefängnis“ verantwortlich gemacht.[10] Seissler reichte die Revision des Urteils ein und erhielt von der Berufungskammer Kempten die Einstufung als Minderbelasteter. Die Berufungskammer hob den ersten Beschluss vom 14.11.1946 auf, und mit Spruch vom 12.6.1948 kam Seissler mit einer Bewährungsfrist aus der bestehenden Haft[11] frei.[12]

Im Berufungsverfahren wurden die Betroffenen der NS-Verfolgungsmaßnahmen, an denen Seissler beteiligt war, vorgeladen. Ihre Zeugenaussagen und die Erklärungen des ehemaligen Memminger „Kriminal-Sekretärs“ Martin Stoll geben Einblick in hierarchische Entscheidungswege,[13] die NS-Verfolgungssituation und Verfolgungsmaßnahmen an Sinti und Sintezze in Memmingen.

In eidesstattlicher Erklärung listet M. Stoll die Maßnahmen auf, mit welchen Seissler als Kriminalbeamter gegen den Pferdehändler Anton Winter vorging:

„

1. Herrn Winter wurde der Pferdehandel entzogen und seiner Lebendexistenz fast unmöglich gemacht.
2. Es wurde ihm die Schutzhaftnahme und KZ.Lager angedroht.
3. Er durfte ohne Erlaubnis das Stadtgebiet Memmingen nicht verlassen.
4. Es wurde ihm der Ausweisung aus Memmingen gedroht.
5. Er wurde aufgefordert sich von seiner Ehefrau scheiden zu lassen.
6. Herr Winter sollte sich auch der Sterilisation unterwerfen und es sollte dieses mit allen Mitteln bei ihm durchgeführt werden.[14]

“

Der Unterzeichnende stellt Herrn Winter zusätzlich eine persönliche Beurteilung aus: „Herr Winter ist mir schon mehrere Jahre als sehr karaktervoller (sic!) aufrichtiger Mensch bekannt, weshalb ich ihm in seiner damaligen verzweifelten Lage mit Rat und Tat zur Seite stand. Nachdem Herr Winter mehrere Jahre als deutscher Soldat seine Pflicht getreu und ehrenvoll erfüllte, hätte er eine derartige menschenunwürdige Behandlung niemals verdient.“[15]

Elise L., auch in Memmingen wohnhaft, wurde als „Händlerin“ ebenfalls der Wandergewerbeschein entzogen. Sie erhielt wie Anton Winter die Aufforderung, sich scheiden zu lassen, die Androhung von „K.Z. Haft“ und „Schutzhaftnahme“ mit dem Verbot, das Stadtgebiet zu verlassen, sowie die Aufforderung, sich sterilisieren zu lassen.[16] Weil sie nachweisen konnte, dass sie 1934 bereits eine Operation hatte, wurde von ihr die Zwangssterilisation nicht mehr eingefordert. Sie sollte Seissler den Namen und Aufenthaltsort ihres Stiefsohnes mitteilen.

In besonderer Härte waren Ludwig R. mit seiner Ehefrau und seinen Kindern den Anordnungen ausgesetzt.[17] Ludwig R. schreibt in eidesstattlicher Erklärung am 9.9.1946, dass sich „Herr Krim. Oberkommissär Seissler berechtigt [sah,] bevorzugt gegen mich als Zigeuner-Mischling in aller Schikane vorzugehen, ebenso gegen meine Kinder und meine Ehefrau. [...] Die Anschauung Seisslers ging dahin: Juden und Zigeuner sind keine Menschen sie gehören vollständig ausgerottet.“[18] Ludwig R. und drei seiner Kinder wurden Opfer von Zwangssterilisierungen, „[...] vollzogen gegen Androhung ins KZ Lager.“[19]

Für das begangene Verbrechen an den Jugendlichen wurde Seissler vor der Spruchkammer Memmingen belangt. Vor der Berufungskammer gelang es ihm, die Verantwortung für die vollzogenen Zwangssterilisierungen an die übergeordnete Kriminalpolizeistelle Augsburg bzw. an das Reichspolizeikriminalamt Berlin abzugeben: „Was mit R. geschehen sollte, war mir gänzlich unbekannt. Um die vereinbarte Zeit trafen 2 Beamte der Krim. Polizeistelle Augsburg (der ich unterstand) ein und verhandelten mit R. darüber, dass er und seine 3 oder 4 ältesten Kinder sich im Krankenhaus Augsburg zur Sterilisation einzufinden hätten, da das Rassenpolitische Amt sie als Zigeuner festgestellt hätte.“[20] Die betroffenen Kinder des Ludwig R. schildern im Berufungsverfahren, dass Seissler persönlich die schriftliche Aufforderung zur Sterilisierung überbrachte und mit KZ-Haft drohte, wenn sie nicht nach Augsburg ins Krankenhaus fahren würden.[21] Doch der ehemalige Augsburger Leiter der „Zigeunerstelle“, Georg Lauer, bestätigte Seissler am 7. März 1948, dass der Auftrag direkt aus Berlin vom dortigen Reichskriminalpolizeiamt gekommen sei.[22] Dies verhalf zur Neu-Einstufung des ehemaligen Polizeidienstleiters im Berufungsverfahren als „Mitläufer".[23]

Jakob L. (50 J. alt) war Kriegsbeschädigter des Ersten Weltkriegs und nach eigener Auskunft „Zigeuner". Er arbeitete als kaufmännischer Angestellter in Memmingen. Auch er erhielt das Verbot, Memmingen zu verlassen, außerdem ein Eheverbot nach dem Tod seiner Ehefrau. Unter Androhung von KZ-Haft war ihm jeder Kontakt mit „arischen Frauen" verboten. Jakob L. sagte vor der Berufungskammer aus, er sei von Seissler observiert worden, der versuchte, ihm eine „Falle zu stellen".[24]

Es lebten in Memmingen mindestens zwei Familien, ein Ehepaar und eine Einzelperson, die aus Gründen der „Rasse" als Sinti und Sintezze nach den NS-Rassekategorien als „ZM" oder „Z" verfolgt wurden und hier dokumentiert sind. In Memmingen wurde kein „Zwangslager" errichtet, wie im oberschwäbischen Ravensburg. Doch ist unbekannt, ob Personen aus Memmingen vor 1942 in Arbeitslager zwangseingewiesen oder in Konzentrationslager deportiert wurden. Weil die Zuständigkeit der Verfolgung von Sinti und Roma bei den lokalen Polizeidienststellen lag, gibt es hierzu dokumentierte Vorgänge. Mit der Neubesetzung der Leitung der Kriminalpolizeistelle 1942 verschärften sich die Lebensbedingungen der Memminger Sinti und Sintezze. Die Kriminalpolizeistellen hatten Spielraum in der Umsetzung der Vorgaben. Martin Stoll riet seinem Vorgesetzten zum Beispiel, keine Namen „zigeunerischer Personen" nach Augsburg weiterzuleiten, was der NS-ideologiegeleitete Chef jedoch nicht tat.[25]

Archivalische Auswertung, Sinti und Sintezze in Memmingen: Maria Anna Willer, Stand der Recherchen, März 2022

Sinti sind heute anerkannte nationale Minderheiten mit eigener Sprache, dem Romanes. Sie leben nachweisbar seit über 600 Jahren im deutschsprachigen Raum. Mit den Juden waren sie der systematischen Vernichtung und Verfolgung nach den mörderischen NS-Rassegesetzen ausgesetzt. Nach heutigen Angaben wurden bis zu einer halben Million Menschen ermordet, sie überlebten die Haft in Konzentrationslagern, Zwangsarbeitslagern, Massenerschießungen und andere Verfolgungs-maßnahmen nicht. Die Betroffen-engruppe schätzt die Zahl der Opfer weitaus höher, auf mindestens eine Million Tote. Die nach den „NS-Gesetzen" durchgeführten Zwangssterili-sierungen führen zum sogenannten „zweiten Genozid" an Sinti und Roma.

Arbeitsdienst im Stalag VII B
bei der Essensausgabe.

Das Kriegsgefangenenlager Stalag VII B

Das Kriegsgefangenenlager Stalag VII B wurde am 21. Juni 1942 als ein „Schattenlager" für das Moosburger Stalag VII A gegründet. Es war nur für die Verwaltung der im Gau Schwaben untergebrachten Gefangenen zuständig. 1943 wurde das Stalag VII B dann ein normales Kriegsgefangenenlager. Im Lagergelände waren die für Verwaltungsaufgaben und den örtlichen Einsatz erforderlichen Gefangenen untergebracht, die restlichen 90% befanden sich in Außenkommandos.

Im Oktober 1941 wurden aufgrund von Reinhard Heydrichs Einsatzbefehl Nr. 9, der den Massenmord anordnete, sowjetische Gefangene umgebracht.

Der Klick
zum Film:
Liberation of
Stalag VII B

Fotos: Stadtmuseum Memmingen

Baracken und Wachtürme des Stalag VII B Memmingen, Zeichnung eines italienischen Kriegsgefangenen

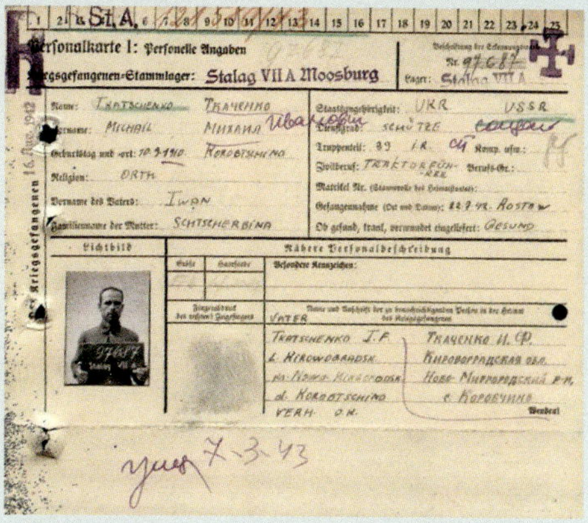

St. A.

Personalkarte I: Personelle Angaben

Kriegsgefangenen-Stammlager: Stalag VII A Moosburg

Nr. 97 687

Lager: Stalag VII A

Name: TRATSCHENKO TRAЧЕНКО

Vorname: MICHAIL МИХАИЛ

Geburtstag und -ort: 10. 3. 1910 KOROBTSCHINO

Religion: ORTH

Vorname des Vaters: IWAN

Familienname der Mutter: SCHTSCHERBINA

Staatsangehörigkeit: UKR USSR

Dienstgrad: SCHÜTZE

Truppenteil: 89 I.R.

Kompanie usw.:

Zivilberuf: TRAKTORFÜHRER

Berufs-Gr.:

Matrikel Nr. (Stammrolle des Heimatstaates):

Gefangennahme (Ort und Datum): 12. 7. 42. ROSTOW

Ob gesund, krank, verwundet eingeliefert: GESUND

Lichtbild

Nähere Personalbeschreibung

Besondere Kennzeichen:

Fingerabdruck des rechten Zeigefingers

Name und Anschrift der zu benachrichtigenden Person in der Heimat des Kriegsgefangenen

VATER

TRATSCHENKO I. F.

L. KIROWOGRADSK

NOWO-MIRGORODSK

d. KOROBTSCHINO

VERH. O. K.

Wenden!

7-3-43

Karteikarte des Stalag VII A Moosburg für einen in Memmingen gestorbenen und begrabenen ukrainischen Soldaten

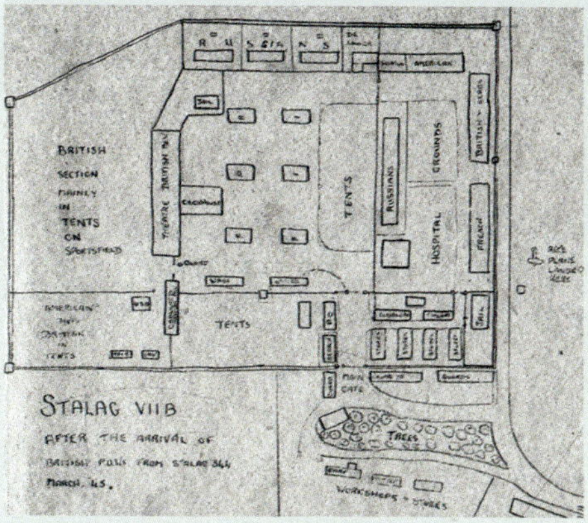

Grundriss-Skizze des Stalag („Oberes Lager“), erstellt von einem US-Soldaten nach der Befreiung des Lagers am 26. April 1945

Befreiung des Stalag VII B am 26. April 1945, Fotografien eines US-amerikanischen Soldaten

Es wurden u.a. Funktionäre und Intellektuelle „ausgesondert“ und auf dem Schießplatz Hebertshausen in der unmittelbaren Umgebung des KZ Dachau erschossen.

Im Gau Schwaben wurden 93 Gefangene selektiert. In Memmingen waren im Fliegerhorst von 214 Gefangenen 28 und im Reichsbahnbezirksamt von 55 Gefangenen 5 betroffen. Sie alle sollten in Dachau erschossen werden. Auseinandersetzungen zwischen dem Militär in Moosburg und dem für die Selektionen zuständigen Kriminalkommissar, SS-Obersturmführer Schermer, verhinderten, dass alle Selektierten nach Dachau transportiert wurden. Die restlichen Gefangenen wurden zu einer weiteren Selektion nach Buchenwald transportiert; ihr weiteres Schicksal ist nicht geklärt. Das Archiv des KZ Dachau weist für Memmingen 14 Mordopfer nach.

Rüdiger Overmans, Helmut Wolfseher

Fotos: Stadtarchiv Memmingen

Die Tierzuchthalle (Allgäuhalle) in Kempten als Bühne für die Nazis

Hitler auf Wahlkampftour – Kampf gegen die Weimarer Demokratie

Am Vortag der Reichstagswahl tritt Adolf Hitler am 30. Juli 1932 auf dem städtischen Sportplatz an der Boleite südlich der Tierzuchthalle in Kempten auf. Das Allgäuer

Hitler nach der Rede an der Tierzuchthalle II

Tagblatt meldet 25.000 Zuhörer. Der Polizeibericht geht von 15.000 bis 18.000 Menschen aus, die Hitler sehen, hören und ihm zujubeln wollen. Hitler schiebt den „Systemparteien" die Verantwortung für die wirtschaftlichen Probleme Deutschlands zu, setzt auf nationale Stärke und macht die Parteiendemokratie lächerlich.

Hitler: „Ich habe mir ein Lebensziel und eine Aufgabe gestellt, die ich bis zum Letzten vertreten werde, die 30 Parteien in Deutschland zu beseitigen."

Propaganda für den wirtschaftlichen Aufschwung

Im Oktober 1933 veranstalten die Nazis überall im Land Leistungsschauen des heimischen Handwerks. Damit macht sich die braune Bewegung die bereits vor der Machtübernahme einsetzende wirtschaftliche Erholung zu eigen. In der Viehauktionshalle der Allgäuer Herdebuchgesellschaft findet die „Braune Messe" der Stadt Kempten statt – wenn man so will ein Vorläufer der Allgäuer Festwoche.

Markus Naumann

Quellen: Allgäuer Tagblatt vom 1.8.1932, S. 8 und 9; HStAM: MA 102149 (Halbmonatsbericht des Regierungspräsidenten von Schwaben und Neuburg vom 3.8.1932, S. 2)

Fotos: StadtAKe (Fotosammlung, Braune Messe 21.10.1933)

Zwangsarbeiter in der Tierzuchthalle

Originalfoto im Nachlass Rühle, Vorlage: Erich Bauer, Der Leidensweg des Wilhelm Rühle aus Allmersbach, in: Geschichte und Geschichten aus unserer Heimat Weissacher Tal 15 (2000), S. 59-115, hier S. 92.

Kempten 1945: Willi Rühle nach der Befreiung noch mit Mütze, weil die Haare noch nicht nachgewachsen sind. (Bildnachweis: Nachlass Rühle)

Der kommunistische KZ-Häftling Willi Rühle nach der Befreiung Anfang Mai 1945 vor der Tierzuchthalle

Das Allgäu als Teil des nationalsozialistischen Zwangsarbeitssystems im Zweiten Weltkrieg

Zur Wehrmacht einrückende Deutsche werden durch sogenannte ausländische Zivilarbeiter aus den eroberten Ländern ersetzt. So kommen im Frühjahr 1940 die ersten polnischen Arbeitskräfte ins Allgäu – anfangs sogar freiwillig, um dem Hunger unter dem deutschen Besatzungsregime zu entkommen.

Die Tierzuchthalle in Kempten dient von März bis Juni 1940 als „Polenlager". Im Verwaltungsbericht der Stadt Kempten heißt es: „7 Polentransporte mit zusammen 3567 polnischen Arbeitskräften wurden aufgenommen, entlaust und dem Arbeitseinsatze zugeführt. [...] Die Verwaltung stellte die Tierzuchthalle für diesen Zweck zur Verfügung, weil diese polnischen Arbeitskräfte fast ausschließlich für die Allgäuer Bauernschaft bestimmt waren."

Aufrechterhaltung und Steigerung der boomenden Rüstungsproduktion mithilfe von Zwangsarbeitern

1944 erreichen die Rüstungsfirmen Messerschmitt und Helmuth Sachse (BMW), dass die Hallen auf dem Tierzuchthallengelände zur Unterbringung von KZ-Häftlingen genutzt werden. Im April 1944 wird in den Hallen ein KZ-Außenlager von Dachau eröffnet. Die SS vermietet die Häftlinge für 4 Reichsmark (RM) (Ungelernte) bzw. 6 RM (Facharbeiter) pro Tag an die Betriebe. Der Reinerlös floss an das Reichsfinanzministerium.

Kriminalisierung der Häftlinge

Oberbürgermeister und NSDAP-Kreisleiter Anton Brändle berichtet im Kemptener Stadtrat am 23. März 1945 von „gerade 1300 KZ-Insassen in Kempten, die sich aus Verbrechern, asozialen, politischen Unterwühlern, Terroristen, also ausgesprochenen Bolschewisten zusammensetzen". Gemeint hat er damit die ca. 600 größtenteils politischen Häftlinge des KZ-Außenlagers Kempten und die ca. 700 Zwangsarbeiter des südlich angrenzenden Ostarbeiterlagers für Arbeitskräfte überwiegend aus der Sowjetunion.

Markus Naumann

„Fahnenweihe“
vom 22.4.1934
in Ottobeuren

Hitler-Eiche in Ottobeuren

Schon im Altertum besaß die Eiche bei einigen Völkern große Symbolkraft. Als Sinnbild für Siegesmut und Heldentum tritt die Eiche zum ersten Mal 1813 im Eisernen Kreuz auf. Die sich im Laufe der Zeit entwickelnde Symbolik griffen in den 30er Jahren des letzten Jahrhunderts die Nationalsozialisten auf, da sie gut zu ihrer eigenen Ideologie passte – sie wurde zum Hoheitszeichen des Dritten Reiches. Zu Ehren Adolf Hitlers wurden alsbald an verschiedensten Orten Deutschlands Eichen gepflanzt, als Zeichen für Kraft, Beständigkeit und für den Kampf (des Deutschen Volkes).

Das Beispiel der Hitler-Eiche in Ottobeuren belegt das Vorgehen des Regimes gegen seine Gegner. Nach der am 1.5.1933 mit großem Pathos vorgenommenen Pflanzung sägte die SS den Baum an. Am 5. Juli kam es unter Anhängern der Kolpingsfamilie und der bayerischen Volkspartei zu einer Verhaftungswelle. Der „Allgäuer Beobachter“ glaubte, die Schuldigen bereits zu kennen: An den „schlechten Gesellen mit schwarzem Herzen“ sollte „ein Exempel statuiert werden“. Laut „Beobachter“ ergriff die Bevölkerung eine „grenzenlose Wut auf jene, die diese Freveltat vollbracht hatten. Möge dieser unerquickliche Fall ein Beispiel und jenen unsauberen Elementen eine Warnung für alle Zeiten sein.“ Die „Brutstätten gegen die nat.soz. Bewegung“ sollten „mit Stumpf und Stiel ausgerottet werden. Hoffentlich wird diesmal richtig durchgegriffen!“ Belohnung: 300 Reichsmark!

Es gab damals etliche Formen des Widerstands, die Intention dieser Machtdemonstration war deshalb klar: Jeder in Ottobeuren wusste, was einem blüht, wenn man sich nicht regimetreu verhält.

Die 30 Verhafteten wurden zunächst in Ottobeuren verhört, dann mit dem Lkw nach Benningen gebracht. Unter SA-Begleitung, bespuckt und von Schülern verspottet, marschierten sie durch die Straßen Memmingens. Das Kino am Bahnhof stellte Scheinwerfer zur Beleuchtung der Verdächtigen zur Verfügung – ein Spießrutenlauf. Nach einer Woche waren die meisten wieder frei, ein Schuldiger wurde nicht gefunden. Das eigentliche Ziel der Aktion – Einschüchterung – wurde erreicht.

Helmut Scharpf

Mai bis Juni 1933: Die politischen Umwälzungen des Nationalsozialismus »Hitlereiche Ottobeuren« Arbeitsdienst

https://www.ottobeuren-macht-geschichte.de/items/show/767

Foto: privat

NS-Raubkunst in Kloster Buxheim

Der Klick zum Film

Kloster Buxheim: 1930

Zwischen 1933 und 1945 wurde durch die Nationalsozialisten gigantischer Kunstraub organisiert. Die Anzahl der gestohlenen Objekte inner- und außerhalb Deutschlands wird auf ca. 600.000 geschätzt. Viele Objekte stammten aus jüdischem Besitz. Durch die London Charter of the International Military Tribunal von 1945 ist dieser Raub als ein Verbrechen gegen die Menschlichkeit eingestuft worden. Die wertvollen Kunstwerke mussten an verschiedenen Orten eingelagert werden: im Allgäuer Raum in Schloss Neuschwanstein und in Kloster Buxheim.

Nachdem im Jahr 1937 das vom Salesianerorden betriebene Marianum in Kloster Buxheim durch die Nationalsozialisten geschlossen worden war, sind die Gebäude fünf Jahre später, am 1. Dezember 1942, vom Einsatzstab des Reichsleiters der NSDAP, Alfred Rosenberg, angemietet worden. Dieser sogenannte „Einsatzstab Reichsleiter Rosenberg“ (Abk.: ERR) war eine Kunstraub-Organisation der Nationalsozialisten. Durch den ERR wurden zwischen 1940 und 1945 in den besetzten Gebieten in Frankreich, den Benelux-Ländern, in Polen, in Griechenland, im Baltikum, in der Sowjetunion, in der Ukraine und in Italien Kunstwerke gestohlen. In Kloster Buxheim wurde Beutekunst aus Frankreich eingelagert. Möglicherweise ist ausgerechnet dadurch die Gemeinde Buxheim vor Luftangriffen bewahrt worden, da sonst die wertvollen Kunstwerke zerstört worden wären.

Nach Kriegsende 1945 verluden die Amerikaner die in hölzernen Kisten verpackten Objekte in 28 Eisenbahnwaggons und gaben sie an die Besitzer in Frankreich zurück.
Von dieser Aktion in Buxheim gibt es einen Film, der heute ein wichtiges historisches Dokument zum Thema „Raubkunst“ ist.

Wolfgang Wettengel

Die Kunstwerke selbst sind online einsehbar unter:

www.errproject.org/jeudepaume/card_search.php?Query=Buxheim

Foto: Gemeinde Buxheim; Bildarchiv Ludwig Kiefer

Christus als Weltenherrscher
Chorbemalung in St. Josef, geschaffen 1942/43 im Auftrag von Stadtpfarrer Josef Schmid durch den Münchner Professor Albert Burkart, eine ausdrucksstarke Demonstration der Kirche gegen den Herrschaftsanspruch des Nationalsozialismus

Christlicher Widerstand gegen den Nationalsozialismus

Als die NSDAP mit ihren Führern auf Reichs-, Landes- und Kommunalebene ab Januar 1933 nicht nur Parlaments- und Stadtratssitze, sondern auch Stellen in Regierung, Verwaltung und Polizei besetzte, gerieten die christlichen Konfessionen in einen Konflikt. Waren Sie zur Loyalität gegenüber einem autoritären Regime verpflichtet, das aus der Abneigung gegenüber Andersdenkenden (Juden, Homosexuelle, Ausländer) keinen Hehl machte und offen für eine Ausgrenzung bestimmter Bevölkerungsgruppen votierte? Konnte unter diesen Umständen ihr christlicher, über die konfessionellen Räume hinausreichender humanitärer Auftrag fortgeführt werden, oder galt es nun in einer solchen Ausnahmesituation zunächst einmal die eigene Organisation und die ihr verpflichteten Menschen vor dem Zugriff der Diktatur zu schützen?

Tatsächlich waren die Kirchenleitungen zunächst und vor allem darauf bedacht, die Kirchen und Bistümer in ihrem Bestand zu schützen. Der Abschluss eines Konkordates zwischen dem Heiligen Stuhl zu Rom und der Reichsregierung im Juli 1933 war hier ein wesentlicher (heute durchaus strittig diskutierter) Schritt. Als es der Reichsführung gelang, eine evangelisch-lutherische Reichskirche (als Gegenpol zu den an sich selbständigen Landeskirchen) zu etablieren, folgten dieser viele Pfarrer und Gläubige, waren sie doch jahrzehntelang zum Gehorsam gegenüber Staat und Kirche erzogen worden. Dagegen zeigten sich die Mitglieder einer „Bekennenden Kirche“ distanziert gegenüber den zentralistischen staatlichen und kirchlichen Bestrebungen und versuchten mit Bibelkreisen und Jugendarbeit, die in ihr beheimateten Menschen vor Infiltration und Vereinnahmung durch die nationalsozialistische Ideologie zu schützen.

Christoph Engelhard

Foto: Stadtarchiv Memmingen

Auszüge aus den Berichten der Memminger Schutzpolizei an Bürgermeister und Landrat Memmingen 1941–1944

JULI 1941: *„Es fällt auf, dass Hirtenbriefe in einer derart scharfen Form wie der, der am 6.7.41 in den kath. Kirchen verlesen wurde, überhaupt nicht verlesen werden dürfen. […] Auf alle Fälle sind derartige Hirtenbriefe nicht geeignet, Ruhe u. Friede unter das Volk zu tragen."*

SEPTEMBER 1941: *„Am Sonntag mittags fand in Memmingen vom Reichsbund für Leibesübungen, an dem auch die Luftwaffe stark beteiligt war, ein WHW-Lauf (Winterhilfswerk) durch die Strassen der Stadt mit Standmusik statt. Es fiel auf, dass die Strassen, durch die der Lauf führte, fast leer waren mit Ausnahme des Startplatzes, während die kath. Kirche zur gleichen Zeit dicht gefüllt war."*

DEZEMBER 1941: *„Die Kirchenbesuche beider Konfessionen sind ausserordentlich stark. Es hat beinahe demonstrativen Charakter. Entgleisungen der Geistlichen bei Predigten usw. waren nicht festzustellen; sie verstehen es meisterhaft, öffentlich sich so zu verhalten, dass sie der Arm des Gesetzes nicht erreicht."*

JANUAR 1942: *„Die Kirchenglocken sind in der Stadt Memmingen noch nicht abgenommen. Öffentliche Kritik über die Abnahme der Glocken wird nicht mehr geübt. In dieser Hinsicht wird auf dem Lande mehr geschimpft wie in der Stadt. An das eingeschränkte Läuten der Kirchenglocken hat sich die Bevölkerung bereits gewöhnt, so dass die Abnahme der Glocken nicht mehr sehr auffällt."*

FEBRUAR 1942: *„Die Abnahme der Glocken hat in der Stadt Memmingen keinen grossen Staub aufgewirbelt. Ein evang. Pfarrer wollte zuvor noch ein Propagandaläuten oder Abschiedsläuten durchführen, was ihm vom Bürgermeister der Stadt Memmingen untersagt wurde. Die Pfarrer hätten bestimmt grössere Zeremonien aufgezogen, wenn sie sich getraut hätten."*

MÄRZ 1942: *„Der evang. Stadtpfarrer Pommer von Memmingen hat sich einem hies. Offizier gegenüber darüber aufgehalten, dass nur noch wenige Offiziere in die Kirche gehen. Der Offizier hielt ihm vor, dass er nicht soviel von Christus sondern weltlicher predigen solle, dann würden die Soldaten mehr in die Kirche gehen. Pfarrer Pommer soll sich auf diese Antwort hin sehr erregt haben."*

DEZEMBER 1942: *„Die Predigt, die der Geistliche [in der kath. Stadtpfarrkirche] über den hl. Stefanus gehalten hat, war ein derart abgedroschenes Stroh, dass man sich wundern muß, wie eine derartige Rede überhaupt noch eine Zugkraft haben kann. Der Inhalt des Aufsatzes von Reichsmin. Dr. Göbbels, der über die Weihnachtsfeiertage im Rundfunk verlesen wurde, war jedenfalls sinnreicher und auf die gegenwärtige Lage abgestimmt, was bei der Predigt des Geistlichen vollkommen vermisst werden mußte. Nicht mit einem Wort hat der Geistliche die Heldentaten unserer Wehrmacht gedacht, die schließlich nur deshalb vollbracht werden, damit das deutsche Volk leben kann. Er meinte nur, als er den Vorgang über die Steinigung des hl. Stefanus geschildert hatte, dass auch die Kirche solche Steinwürfe und andere Würfe hinnehmen muß, oder das mache nichts, das muß so sein. es ist geradezu unverständlich, dass die Kirche von ihrem alten Zopf nicht abrückt und sich der derzeitigen Lage anpasst."*

JANUAR 1943: *„[Schülergottesdienst ...] „wobei Kaplan Greinwald auf der Kanzel einen Überblick über den Stand der kath. Kirche gab. [...] Man brauche wirklich um den Bestand der kath. Kirche nicht zu bangen, sondern vorwärts schauen, nicht verzagen und stark bleiben im Glauben. Die Kirchenbesucher etwa 800 Personen jeden Alters lauschten mit gespannter Aufmerksamkeit den Ausführungen des Geistlichen und viele Blicke waren zur Kanzel gerichtet."*

DEZEMBER 1943: *„Aufgefallen ist, daß die Wehrmacht am Weihnachtsfeiertag wieder geschlossen zu den Kirchen geführt wurde. Dies wurde von dem kirchlich gebundenen Teil der Bevölkerung sehr gut aufgenommen. Der Standortpfarrer Heidel hatte sie in seiner Predigt als Kameraden angesprochen und zeigt sich in der Anweisung der Plätze sehr aufmerksam. Auch an der Kommunion hatte sich die Wehrmacht zu Weihnachten beteiligt."*

MAI 1944: *„Die Kirchen haben über die Osterzeit wieder reiche Ernte gehabt. Es ist heute ein ziemlich konkurrenzloses Unternehmen und die Zeit ist für die Kirche äußerst günstig, um ihre Ziele zu erreichen."*

AUGUST 1944: *„In Memmingen wird öffentlich davon gesprochen, daß der evangelische Stadtpfarrer Pommer bei der Beisetzung der Opfer von dem Luftangriff am 20.7.44 im Memminger Friedhof am Sonntag den 23.7.44 sehr abträgliche Äußerungen gemacht habe. Ua. Hätte er sich geäußert: Das deutsche Volk hat Gott verlassen und deshalb verläßt jetzt Gott das deutsche Volk und das sei die Strafe. [...] Dem kath. Standortpfarrer Kaplan Heidel wird nachgerühmt, daß er bei den Luftangriffen auf die Stadt und den Fliegerhorst Memmingen unter Einsatz seines Lebens den Toten und Sterbenden geistlichen Beistand geleistet habe."*

Kaplan Benno Greinwald (li.) und Lazarettseelsorger **Johann Heidel** waren wegen ihrer Predigten bzw. wegen ihres mitmenschlichen Engagements unentwegt unter Beobachtung der Gestapo.

Friedrich Pommer
Evangelisch-lutherischer Pfarrer in St. Martin ab 1936, zunächst der nationalsozialistischen Bewegung gegenüber freundlich eingestellt, dann entschiedener Vertreter der Bekennenden Kirche und Befürworter eines konfessionell geprägten Schulwesens.

Elise Weindl
Reform-Adventistin, Inhaberin eines Textil-Geschäftshauses an der Bahnhofstraße, versteckte dort während des Zweiten Weltkrieges fünf Menschen vor der Verfolgung durch die Gestapo.

Martin Mayrock
Schirmmacher, BVP-Stadtrat und Vorsitzender des Arbeitervereins, 1943 denunziert und verurteilt wegen „wehrkraftzersetzender" Äußerungen, im Juni 1944 wenige Tage nach seiner Rückkehr aus dem Zuchthaus Amberg nach Memmingen zur Beerdigung seiner Frau an einer Arsenvergiftung verstorben.

Fotos: Stadtarchiv Memmingen

Christoph Engelhard

Voice of Anger: Der rechte Untergrund im Allgäu

Ein Anhänger von Voice of Anger bewacht den Parkplatz, als die Skinheads im April 2019 den Geburtstag von Adolf Hitler in ihrem Clubhaus feiern. Eines ihrer KFZ-Kennzeichen verrät die ungebrochene Sympathie mit dem vor 20 Jahren verbotenen Neonazi-Netzwerk Blood & Honour. Später am Abend greifen die Hitler-Fans Journalisten an.

Bis heute feiert die Allgäuer Neonazi-Skinheadkameradschaft Voice of Anger am 20. April „Führergeburtstag“ und huldigt öffentlich NS-Tätern. Sie ist die größte Neonazigruppe Süddeutschlands, wobei sich ihr Rekrutierungs- und Aktionsradius weitgehend auf das Allgäu mit Zentrum Memmingen und Umland beschränkt. Dennoch kommt der Gruppe internationale Bedeutung im Milieu des militanten Netzwerks Blood & Honour (B & H, „Blut und Ehre“) zu, das im Jahr 2000 in Deutschland verboten wurde, aber weiter aktiv ist. Ohne dieses Netzwerk wäre der Terror des NSU so nicht denkbar gewesen. Auch zu Combat 18 („Kampf für Adolf Hitler“), dem bewaffneten Arm von B & H, bestehen Kontakte. Die hiesige Skinheadszene hat ihre Wurzeln in Strukturen, die schon in den 90er Jahren wegen gewalttätiger Aktionen und NS-Agitation verboten wurden. Im Allgäu stählen sich ihre Anhänger in Kampfsportstudios, im Ausland trainieren sie an einem Schießstand mit Handfeuerwaffen. Als Ziel dienen dabei auch Fotos frommer Juden.

Sebastian Lipp

So feiern Anhänger:innen von Voice of Anger Geburtstag.

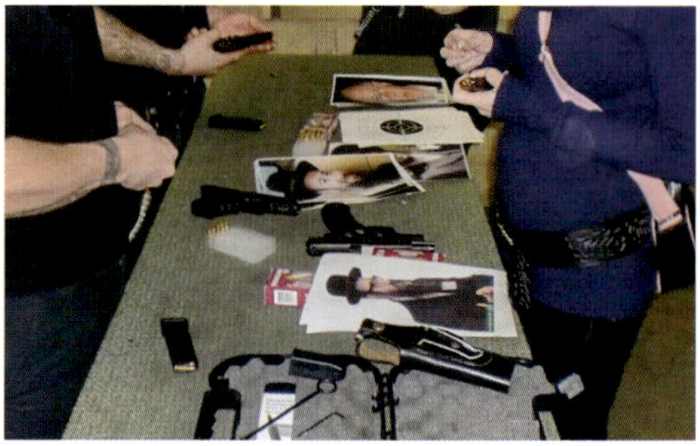

Voice of Anger beim Schießtraining mit Faustfeuerwaffen. Als Zielscheiben dienen offenbar Bilder frommer Juden.

In Memmingen werden Blumen und Kerzen im Gedenken an Peter Siebert und alle anderen Opfer rechter Gewalt niedergelegt.

Rechte Gewalt: Systematisch Terror verbreiten

Hanau 2020, Halle 2019, München 2016, Kassel 2015 – diese Daten markieren nur einige der jüngsten antisemitisch, rassistisch und frauenfeindlich motivierten Mord- und Terroranschläge. Zwischen 2000 und 2007 ermordete der Nationalsozialistische Untergrund (NSU) neun Migrant:innen und eine Polizistin, verübte 43 Mordversuche, drei Sprengstoffanschläge und 15 Raubüberfälle. Bundesweit sind allein seit 1990 mehr als 200 Menschen der rechtsradikalen Straßengewalt zum Opfer gefallen. Dazu gab es hunderte Brandanschläge, u.a. auf Unterkünfte von Asylsuchenden. Voice of Anger trainiert in Memmingen Kampfsport und im Ausland mit Schusswaffen. Auch in der Region kommt es immer wieder zu rassistisch motivierten Brandanschlägen und teils tödlichen Übergriffen. Die Täter sind Neonazis. Angst und Terror zu verbreiten war schon die Taktik der SA, die als nationalsozialistischer Schlägertrupp auftrat und gezielt politische Gegner angriff.

Sebastian Lipp

„Rassismus tötet“: Nach einem Neonaziaufmarsch in Obergünzburg gedenken Nazi-Gegner der Opfer von Rassismus.

„Remembering means fighting“: Seit Jahren kämpfen vorwiegend junge Leute in Memmingen für die Anerkennung von Peter Siebert als Todesopfer rechter Gewalt und gedenken der mehr als 200 Personen, von denen wir wissen, dass sie seit 1990 rechter Gewalt zum Opfer gefallen sind.

Fotos: Allgäu rechtsaußen

Braune Biohöfe: Grün umrankte rechtsradikale Ideologie

So unscheinbar kommt der einstige Anastasia-Landsitz in Unterthingau daher. Doch hinter der grünen Fassade wird braunes Gedankengut verbreitet.

In der Allgäuer Ökoszene etabliert sich zunehmend ein einflussreiches Netzwerk grün getarnter, aber im Kern brauner Akteure. Hinter manch „grünem", permakulturell-ökologischem Vorzeigeprojekt verbergen sich reaktionäre und völkische Ideologien. In der Szene findet auch das Familienlandsitz-Konzept der völkischen und antisemitischen Anastasia-Bewegung Anhänger. Ihnen geht es nicht bloß um gesunde Lebensmittel oder ein „Zurück zur Natur". Man beschäftigt sich auch mit germanischen Runen, mit den Ahnen und deren archaischen Gesellschaftsformen, verbreitet antisemitische Weltverschwörungslegenden und völkisch-nationalistische Revolutionsromantik. Dabei geben sich die Vertreter dieser Strömungen in der Öffentlichkeit ganz bewusst als harmlose Ökos – teils erschreckend erfolgreich.

Sebastian Lipp

Querdenken: Durchlauferhitzer zu Antisemitismus und Umsturzphantasien

So wie hier in Memmingen relativieren die Querdenker häufig die Schoah und verhöhnen die Opfer, indem sie sich wie die Juden im Dritten Reich als Verfolgte und die BRD als vergleichbares Terror-Regime darstellen.

Unter dem Stichwort QAnon wärmt Musiker Xavier Naidoo die alte Legende vom jüdischen Ritualmord wieder auf. Vegan-Koch Attila Hildmann behauptet, „die Juden“ wollten die „deutsche Rasse auslöschen“ oder durch Corona einen globalen Völkermord herbeiführen. Solche Ideen fallen bei sogenannten Querdenker:innen auf fruchtbaren Boden. Auch im Allgäu entpuppt sich die Bewegung gegen die Corona-Maßnahmen als Sammelbecken von Neonazis, rechten Verschwörungsideolog:innen über Esoteriker:innen und reicht bis in bürgerliche Kreise hinein.

In Querdenken-interner Kommunikation ruft man unwidersprochen zum Umsturz auf, wähnt sich im Partisanenkrieg und spricht von standrechtlichen Erschießungen – inklusive Reichsbürger-Thesen und antisemitischer Verschwörungsideologien.

Das erste Jahr Corona hat deutlich gezeigt: Unbedarfte Bürger stoßen aus einer Unzufriedenheit mit den Maßnahmen zur Eindämmung der Pandemie zu den Protesten, die dann vielfach als Durchlauferhitzer für eine rasante Radikalisierung wirken. Kaum jemand stört sich noch an Reden, die Nazis willkommen heißen, die Schoah relativieren, aber die BRD als Terror-Regime ähnlich dem Dritten Reich darstellen – und von „Partisanenkrieg“ und Umsturz träumen.

Sebastian Lipp

Fotos: Allgäu rechtsaußen

Im Sortiment von Oldschool Records gibt es neben Musik massenhaft Klamotten mit Bekenntnissen zu Nationalsozialismus und Gewalt. Bei einer Hausdurchsuchung fand die Polizei auch Schlagstöcke.
(Bild: Polizeipräsidium Schwaben Süd/West)

Oldschool Records: Soundtrack zu Rassenkrieg und Nationalsozialismus

„Ein junges Volk steht auf", einst Propagandalied der Hitlerjugend, „Die Fahne hoch", erst Kampflied der SA, dann Hymne der NSDAP... Heute werden sie von Bands wie „Gigi und die braunen Stadtmusikanten" oder „Blitzkrieg" neu vertont und vom Unterallgäuer Plattenlabel Oldschool Records aus Bad Grönenbach in aller Welt vertrieben und zum Teil sogar selbst produziert. In Titeln wie „Über Gräber vorwärts" oder „Sturm über Europa" wird Rassenideologie verbreitet, der Nationalsozialismus verherrlicht und „zur Tat" aufgerufen. Auch militante Neonazigruppen wie Blood & Honour und Combat 18 werden gefeiert. In „Döner-Killer" wurde sogar der NSU, noch vor dessen Selbstenttarnung, besungen. Der verantwortliche Platten-produzent ist zugleich Kopf der Neonazikameradschaft Voice of Anger. So vernetzt er die Szene weltweit: Er schickt Bands nach Südamerika und holt internationale Stars zu Konzerten ins Allgäu, auf denen Rassenkrieg und Nationalsozialismus propagiert werden.

Sebastian Lipp

Von den von der Polizei festgestellten mehr als 900 Straftaten durch die Verbreitung neonazistischer Musik bleibt vor Gericht nur eine Handvoll übrig.

Oldschool Records: Von „Zerschlagung" keine Spur

Von 2014 bis 2020 läuft ein Verfahren gegen Oldschool Records in Bad Grönenbach. Von hier aus werden Kunden in ganz Europa mit der Musik rechtsradikaler Bands versorgt. Bei einer Razzia wird einschlägiges Material sichergestellt. Doch von einer „Zerschlagung", wie die Augsburger Allgemeine berichtete, kann keine Rede sein. Ende 2020 wird der Inhaber von Oldschool Records nach sechs Jahren Verfahrensdauer schließlich verurteilt. Allerdings ist von den mehr als 900 Straftaten, die die Polizei ermittelt hat, kaum noch etwas übrig. Die Geldstrafe von 4.000 Euro wegen Volksverhetzung und der Verbreitung von NS-Symbolen hatte Oldschool Records von Anfang an einkalkuliert. Allein während des Verfahrens machte der Plattenproduzent weit über eine halbe Million Umsatz. So blüht das Geschäft mit rechtsradikaler Propaganda im Unterallgäu ungebrochen weiter.

Sebastian Lipp

Fotos: Allgäu rechtsaußen

Nazi-Ideologie: Heute wie damals?

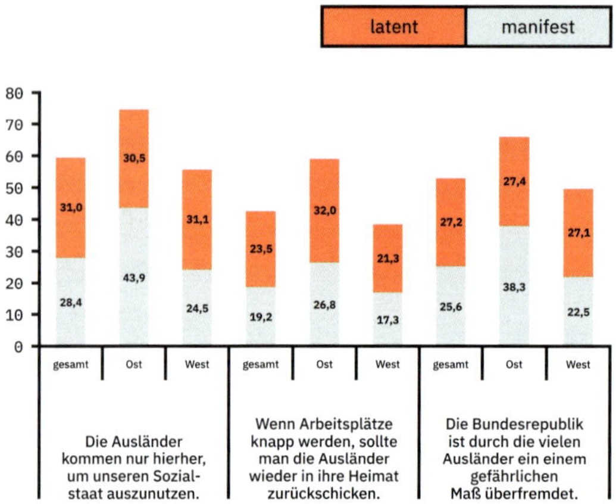

Nach der Autoritarismusstudie 2020 der Universität Leipzig lehnen nur 40 Prozent der Befragten die Aussage ab, Ausländer kämen pauschal nur hierher, um den Sozialstaat auszunutzen – rund die Hälfte ist voll dieser Meinung (manifest), die andere Hälfte stimmt überwiegend zu (latent).

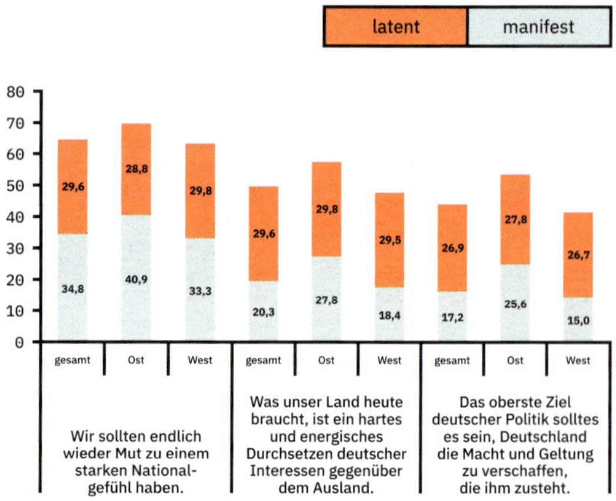

Rund 65 Prozent der Deutschen wollen den Nationalismus wieder stärken, gut die Hälfte glaubt, es bräuchte ein hartes Durchsetzen deutscher Interessen in der Welt, und etwas unter 45 Prozent sehen das sogar als oberstes Ziel deutscher Politik.

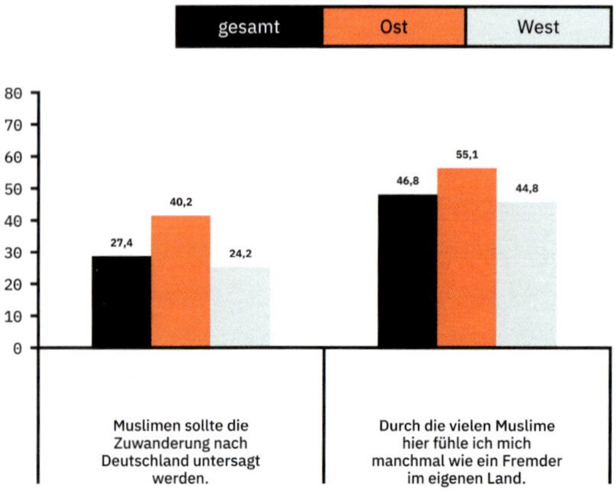

Muslimfeindschaft grassiert in Deutschland: Fast 30 Prozent der Deutschen wollen der Studie zufolge Muslimen die Zuwanderung nach Deutschland verbieten, 45 Prozent sagen sogar, sie fühlen sich „durch die vielen Muslime wie ein Fremder im eigenen Land".

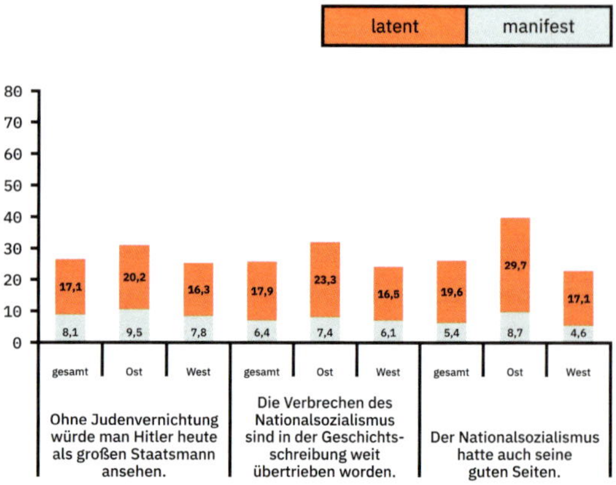

Selbst die Relativierung des Nationalsozialismus ist bis heute weitverbreitet.

Quelle: Leipziger Autoritarismus-Studie

„Der Einfluss der Juden ist zu groß." – „Was Deutschland jetzt braucht, ist eine einzige starke Partei, die die Volksgemeinschaft insgesamt verkörpert." – „Ich hätte Probleme damit, wenn sich Sinti und Roma in meiner Gegend aufhalten." Ansichten wie diese stammen aus der Leipziger Autoritarismus-Studie von 2020. Ihnen stimmen demnach aktuell 35 Prozent (Antisemitismus), 38 Prozent (Autoritarismus) und oder sogar 42 Prozent (Antiziganismus) der Befragten in der repräsentativen Stichprobe zu. Doch oft werden solche Überzeugungen gar nicht offen vertreten, sondern es wird mit dem Verweis auf Bill Gates, George Soros oder die Familien Rothschild und Rockefeller eine vermeintliche jüdische Weltverschwörung bloß angedeutet. Seit Jahrzehnten belegen Studien, dass mit der Befreiung vom Nationalsozialismus dessen Ideologien nicht einfach verschwunden sind, sondern bis in die Mitte der Gesellschaft geteilt werden. Das erklärt, warum Rechtsradikale zunehmend auch in bürgerlichen Kreisen auf Sympathien stoßen und Anhänger:innen finden.

Sebastian Lipp

Was tun?!

Aktivist:innen machen während einer Demonstration im Gedenken an die Opfer rechter Gewalt in Memmingen darauf aufmerksam, dass Rassismus ein gesamtgesellschaftliches Problem ist.

Dutzende beteiligen sich in Memmingen an der Stolpersteinverlegung für Martha und Benno Rosenbaum vor dem Büro des örtlichen AfD-Vorsitzenden.

„Die Vernichtung des Nazismus mit seinen Wurzeln ist unsere Losung. Der Aufbau einer neuen Welt des Friedens und der Freiheit ist unser Ziel." Der Schwur der Überlebenden von Buchenwald mahnt uns zum Handeln. Doch bis heute ist er angesichts von grassierendem Neonazismus und seinen ideologischen Bestandteilen, die bis weit in die Mitte der Gesellschaft reichen, nicht eingelöst. Nur eine Gesellschaft, die sich hinter die Betroffenen stellt, ihnen den gebührenden Respekt erweist und sie ernst nimmt, kann die Bedrohung, die von der extremen Rechten ausgeht, verstehen und zurückdrängen. Es ist nötig, sich gegen Rechtsradikale abzugrenzen und diese auszugrenzen, eine lebendige Erinnerungskultur zu pflegen und Relativierungen und Verharmlosungen von Verfolgung entgegenzutreten. Rechte Ideologien und Strukturen müssen untersucht und aktuelle Entwicklungen im Auge behalten werden, um die Entwicklung der Gesellschaft nach rechts zu stoppen.

Sebastian Lipp

Fotos: Allgäu rechtsaußen

VERVOLKT
16.05.2021
— 23.01.2022

VERVOLKT

VERVOLKT

VERVOLKT
VERVOLKT
Zwangsarbeite
der Tierzucht

Fotos: Kirstin Köllner; Christian Schäfler

RUHESTÄTTE
VON
LIEBSCHÜTZ
AUS MINDELHEIM

Außenbereich

Foto: Christoph Morlok

Stadtmuseum
Memmingen
Audioführung
VERVOLKT
Audioführung

Audio-Guide-Tour durch Memmingen

Mit Unterstützung der Heimatpflegerin Sabine Streck und des Historikers Leo Hiemer entwickelte das Team des Stadtmuseums eine Audioguide-Tour durch die Memminger Altstadt, um Memmingen während des Nationalsozialismus an den Originalschauplätzen erlebbar zu machen.

An neun Orten kann ein QR-Code abgescannt werden, mit dem jeweils ein kurzes Hörstück zur Bedeutung des Ortes in der NS-Zeit aufgerufen wird.

Foto: Stadtmuseum Memmingen

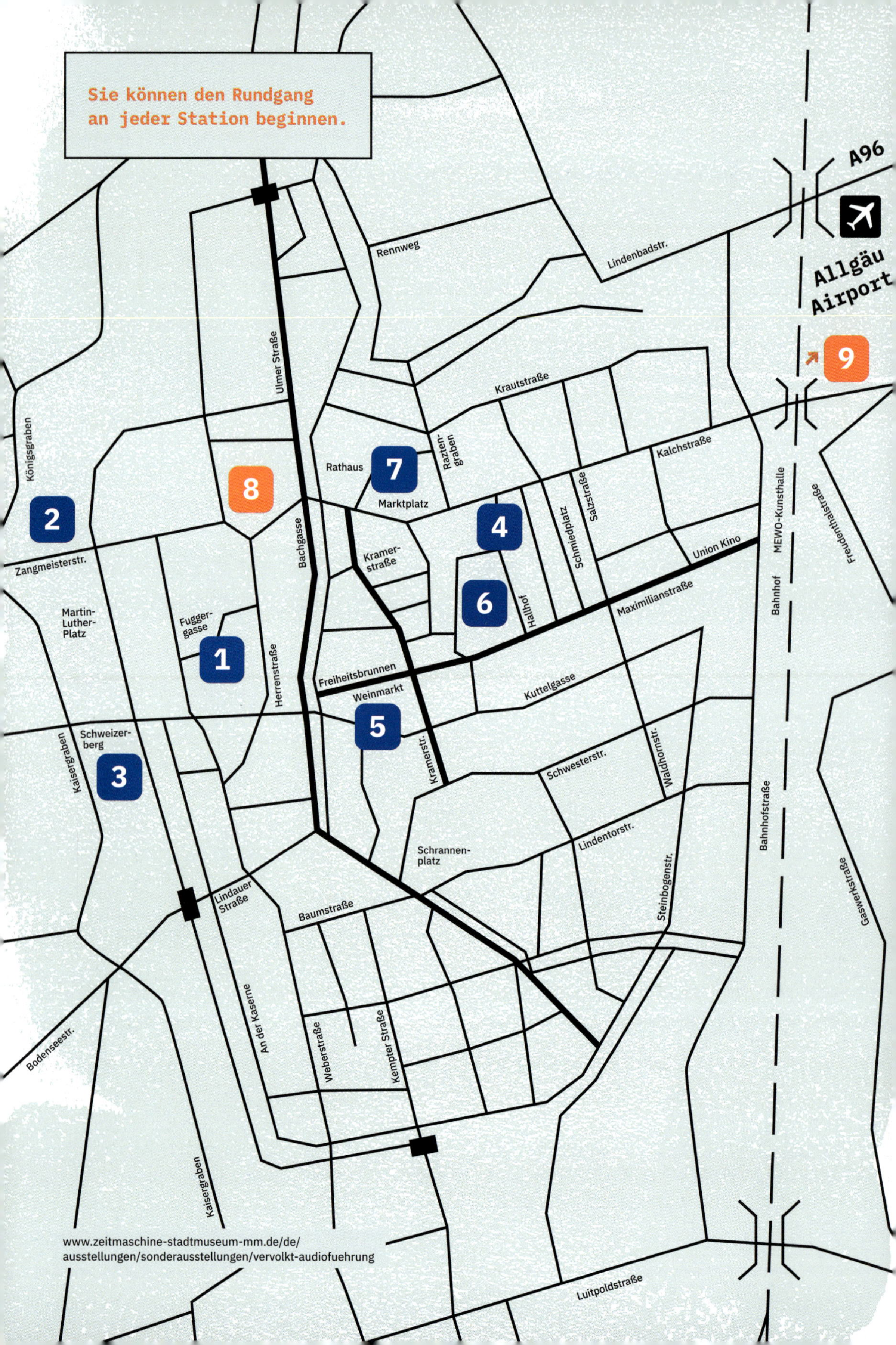

www.zeitmaschine-stadtmuseum-mm.de/de/
ausstellungen/sonderausstellungen/vervolkt-audiofuehrung

Um die Ausstellungen VerVolkt I und II im öffentlichen Raum zu ergänzen, wurden mit einer passenden Audioführung sowie speziell abgestimmten Impuls-Stadtführungen zwei Möglichkeiten der Informationserweiterung geschaffen.

Alle QR-Codes zum Abscannen befinden sich auch an den jeweiligen Stationen!

Konzept: Sabine Streck, stellv. Heimatpflegerin Memmingen
Sprecher:in: Thiess Neubert und Regina Gropper
Tonstudio: Hipp Media · Multimedia: Christian Schäfler

Die Standorte

1. Standort: Fuggergasse 3 (vor erster Synagoge)

A · Historischer Rückblick

Verfolgt, gehasst, geduldet: jüdisches Leben in Memmingen

Auch in Memmingen kam es zu Ausgrenzung und Verfolgung der Juden, ehe ihre Eingliederung als Bürger erfolgte.

A 1

Bereits im Mittelalter gab es eine jüdische Ansiedlung in Memmingen.
Wie in ganz Europa kam es auch in MM in den Jahren 1348/49 als „Rache" für die Ausbreitung der Pest zu einem großen Judenpogrom.
Weitere Schikanen durchzogen die folgenden Jahrhunderte. Verbote wie ein Betretungsverbot der Stadt oder Lockerungen wechselten sich ab.
Wohnen und Leben in Memmingen war ab dem Ende des Mittelalters für Juden ganz verboten.
Erst 1862 erhielten zwei Juden erstmals das Memminger Bürgerrecht. Dabei handelte es sich um einen Bankier und einen Pferdehändler aus Osterberg.
Die Zuwanderung von Juden und die damit verbundene positive Eingliederung in die Stadtgemeinde wurden nun von der Stadtobrigkeit gefördert. Man erwartete sich einen Aufschwung des Handels.
Im Jahr 1875 gründete sich die israelitische Kultusgemeinde im Memminger Rathaus.
Als erste Synagoge diente der Raum hinter der großen Holztüre, vor der Sie stehen. Später wurde ein Teil des Nordflügels im Fuggerbau schräg gegenüber dafür angemietet.
Im Jahr 1909 konnte die neue Synagoge am Schweizerberg feierlich eingeweiht werden.
Als Friedhof hatte die Stadt einen Platz hinter dem heutigen „Alten Friedhof" bereitgestellt.
Das Ritualbad, neben Synagoge und Begräbnisplatz ein wichtiger Bestandteil einer jüdischen Gemeinde, befand sich in der Freudenthalstraße.
Im Jahr 1895 wohnten 231 jüdische Männer, Frauen und Kinder in Memmingen.

Kartografie: Christian Schäfler

B · Aufstieg der NSDAP in Memmingen

Der Aufstieg der braunen Partei

Wo einst eine jüdische Familie wohnte, fand schon bald die Hitlerjugend ihren Platz: Der Einfluss der NSDAP auf sämtliche Memminger Einrichtungen war enorm.

1 **B**

Am Morgen des 9. November 1923 marschierte Adolf Hitler mit seinen Anhängern zur Feldherrnhalle in München. In Memmingen versammelten sich am Abend dreihundert bis vierhundert Männer der neu gegründeten NSDAP-Ortsgruppe auf dem Westertorplatz und zogen singend und unter Hochrufen durch die Stadt.
Bei der Reichstagswahl 1928 entfielen knapp 11 % der Wählerstimmen auf die NSDAP.
Im Jahr 1933 waren es bereits knapp 45 %. Damals hatte Memmingen rund 15.000 Einwohner.
Von Jahr zu Jahr wurde die NSDAP immer mehr zu einer starken Partei mit straffer Organisationsstruktur für alle Altersklassen. Die Uniformierung gehörte zum System.
Allein im Jahr 1929 organisierte die Partei 60 Straßenumzüge durch Memmingen.
Ein Jahr später erfolgte die Gründung einer eigenen nationalsozialistischen Zeitung, des „Allgäuer Beobachter“. Chefredakteur war der hiesige Kreisleiter Wilhelm Schwarz.
Daneben wurden eine eigene SA-Musikkapelle und ein NS-Symphonieorchester gegründet.
Die Stadtverwaltung wurde mit NS-Leuten durchsetzt und alle Aufsichtsgremien zugunsten der NSDAP verändert.
Die Ortsgruppe des Rassenpolitischen Amtes der NSDAP war mit ihren Schulungsabenden sehr aktiv und hatte großen Einfluss auf die Lehrerschaft. Im Unterricht wurde Rassenkunde gelehrt und den Schülern der Wert von „Blutreinheit und Ablehnung des Artfremden“ vermittelt.
Ein paar Schritte vom Martin-Luther-Platz entfernt stellte die Stadt Memmingen ab 1938 Räumlichkeiten für die Geschäftsstelle der „Hitler-Jugend Bann 312 Mittelschwaben, Memmingen“ zur Verfügung. Das Haus hatte vorher dem jüdischen Viehhändler Siegfried Einstein gehört.
Für die NS-Frauenschaft wurde 1938 das „Haus der deutschen Frau“ in der Ulmer Straße eingerichtet. Die Frauenorganisation hatte auf eigene Räumlichkeiten für Koch- und Kinderpflegekurse sowie Unterrichtsräume für junge Mädchen und Frauen gedrängt.

Foto: Christoph Morlok

In diesem Haus wurden die letzten Memminger Juden versammelt und dann allesamt „umgesiedelt“.

2. Standort: Zangmeisterstraße 24

A · Wohnraumbeschränkungen, Judenhaus

Die Schlinge zieht sich langsam zu

Scheibchenweise wird der jüdischen Bevölkerung in Memmingen das soziale Leben genommen. Wer noch konnte, der floh.

2 **A**

Sie stehen vor dem Haus Zangmeisterstraße 24, das in Memmingen als „Bessererhaus“ bekannt ist. Bis 1938 gehörte das Gebäude der jüdischen Familie Einstein. Beim Hauseingang sehen Sie Stolpersteine für die ehemaligen Eigentümer. Lediglich Tochter Ruth konnte Nazi-Deutschland rechtzeitig verlassen und überleben.
Ab 1939 machte die Stadt daraus ein „Judenhaus“.
Durch ein Reichsgesetz vom April 1939 verloren Juden als Mieter jeglichen Kündigungsschutz. Das Gesetz ebnete zudem den Weg, „Judenhäuser“ einzurichten, in denen ausschließlich jüdische Familien wohnen sollten.
Aufgrund finanzieller Nöte der jüdischen Familien wurden Haus- und Grundbesitz zu Spottpreisen verkauft. Die Juden besaßen kein Eigentum mehr.

Im Dezember 1939 lebten in Memmingen 62 jüdische Bürgerinnen und Bürger auf städtische Anweisung hin in fünf „Judenhäusern“ auf engstem Raum zusammen.
Der den Juden zugestandene Wohnraum wurde weiter schrittweise verringert. Spätestens alle sechs Wochen mussten die Wohnungen innerhalb von drei Tagen geräumt werden.
Wer noch die Möglichkeit hatte, floh – bis zum generellen Ausreiseverbot für Juden im Oktober 1941 – aus Nazi-Deutschland.
Auch die Lebensmittelbeschaffung wurde immer schwieriger. Das Einkaufen auf dem Wochenmarkt war seit Oktober 1939 für Juden verboten.
Ab August 1939 wurden die Memminger Hauptstraßen von 9 bis 22 Uhr für Juden gesperrt. „Ihr Anblick müsse der nationalsozialistisch gesinnten Bevölkerung und durch den Ort kommenden Reisenden erspart bleiben“, schrieb der damalige Kreispropagandaleiter an den Memminger Bürgermeister Berndl.
Alle Demütigungen wie das Tragen des Judensterns, Abgabe von Fahrrädern und Radios, Verbot von Freibadbesuchen, Mitgliedschaften in Vereinen usw. wurden in Memmingen gesetzestreu angewandt, kleinlich kontrolliert und durchgesetzt.

Rechts:
Hier stand einst die Synagoge der jüdischen Gemeinde Memmingen.
Sie wurde am 10. November 1938 zerstört.

B · Deportationen

Endstation Judenlager

Raus aus der Stadt, in Lager „verschubt“ – der leidvolle Weg der Juden in Memmingen.

2 **B**

Im Januar 1942 hatte die Geheime Staatspolizei München angeordnet, dass die noch in Memmingen verbliebenen Juden und Jüdinnen nach Fellheim umgesiedelt werden. Ihr letzter gemeinsamer Wohnort in Memmingen war das „Judenhaus“ hier in der Zangmeisterstraße 24, ehemals das Haus der Familie Einstein. Für Ende März bereitete die Geheime Staatspolizei den Abtransport von 800 Juden aus der Gegend vor. Bis zur Deportation in den Osten sollten die Menschen in das Judenlager MünchenMilbertshofen gebracht werden.

Am 31. März 1942 wurde das Memminger Rathaus zum Sammelplatz für den Abtransport der ehemaligen jüdischen Mitbürger und Mitbürgerinnen. In Kolonnen wurden sie zum Bahnhof getrieben. Unter den dreißig meist älteren Frauen und Männern befand sich auch ein elfjähriger Junge mit seinen Eltern. Ihr letzter Weg durch ihre Heimatsstadt war gesäumt von Schaulustigen, die sie verlachten und verhöhnten, aber auch von Freunden, die traurig und bedrückt am Straßenrand standen.

Der Zug verließ um 12.49 Uhr den Memminger Bahnhof. Die Memminger Juden wurden, wie es in der Vollzugsmeldung heißt, nach München „verschubt“.

Der leidvolle Weg ging vom Judenlager München-Milbertshofen wenige Tage später nach Piaski in Polen, einem Außenlager von Lublin. Niemand kam von dort zurück. Ihr Tod gilt als sicher.

Vor 1933 hatten 168 Menschen jüdischen Glaubens in Memmingen gelebt.

3. Standort: Gedenkstätte Schweizerberg

A · Gedenkstätte und Synagoge 1909

Was bleibt, sind Namen

Das jüdische Gotteshaus wurde harmonisch ins Memminger Stadtbild integriert. Heute erinnert nur noch eine Metall-Leiste im Asphalt daran.

A 3

Die Gedenkstätte hier am Schweizerberg befindet sich an der Westseite der einstigen Memminger Synagoge. Der kleine Platz wurde im Jahr 1998 erweitert und neu gestaltet.
Auf den Steintafeln sind 106 Namen von Memminger Kindern, Frauen und Männern eingraviert, die während der Nazidiktatur ermordet wurden.
Der kleine vorgesetzte Gedenkstein wurde vom bekannten Memminger Künstler Max Pöppel geschaffen und stammt aus den 60er Jahren.
Die Grundriss-Metall-Leiste im Asphalt lässt den Eingangsbereich der Synagoge nachempfinden.
Eine bildliche Darstellung sehen Sie auf einer Stele am linken Rand der Gedenkstätte.

Die Einweihung der neuen Synagoge am Schweizerberg fand im September 1909 unter großer Beteiligung der hiesigen Bevölkerung statt.
Architekt war der damals bekannte Max Seckbach aus Frankfurt. Von seinen Synagogenbauten im deutschsprachigen Raum ist nur noch die Synagoge im schweizerischen Luzern erhalten.
Vornehmlich Memminger Baufirmen waren am Bau beteiligt. Das jüdische Gotteshaus passte sich in Form und Größe harmonisch an die Neubauten des Historismus der direkten Umgebung an.

Foto: Christoph Morlok

B · Novemberpogrom und Zerstörung der Synagoge

Es ist der Zynismus, der einem den Atem raubt

Bei der Zerstörung der Synagoge ging man brutal und äußerst akribisch vor. Was blieb, war Staub und eine Rechnung über 12.000 Reichsmark.

3 B

Am 10. November 1938 um 1.20 Uhr traf ein Blitzfernschreiben des Chefs der Sicherheitspolizei aus München bei der Memminger Polizei ein. Darin ging es um geplante Aktionen gegen Juden, ihre Synagogen und Geschäfte. Die Polizei solle sich dabei im Hintergrund halten.
Bei einer Ortsbesichtigung der Synagoge beratschlagten Kreisleiter Schwarz und Mitglieder der Kreisleitung, ob sich diese künftig als Getreidespeicher, Jugendheim oder Schwimmbad nutzen ließe. Kreisleiter Schwarz ordnete den Abriss der Synagoge an. Ein Architekt, drei Baufirmen, zwei Schreinereien und eine Schlosserei begannen gegen 16 Uhr mit den Abbrucharbeiten.
Dabei kam es zu Beschlagnahmungen von Wertgegenständen und Unterlagen der Israelitischen Kultusgemeinde. Bald drängten sich Schaulustige in der Synagoge und spielten mit Kultgegenständen.
Vor der Synagoge standen zwischen 60 und 150 Schaulustige.
Nach sechs Stunden wurden die Abrissarbeiten gegen 22 Uhr eingestellt.
Einige Tage später wurde die Ruine ohne Dach, Fenster, Türen und im Inneren ohne Schmuck und Einrichtung gesprengt.
Die Kosten in Höhe von rund 12.000 Reichsmark musste die jüdische Kultusgemeinde bezahlen, wohl inklusive der abgehaltenen „Siegesfeiern" in drei Memminger Gaststätten.
1948 fand der „Memminger Synagogenprozess" vor dem hiesigen Landgericht statt. Sie hören einen Auszug aus dem Urteil der großen Strafkammer:
„Der Abbruch wurde sofort in Angriff genommen. Die Bänke wurden hinausgetragen, die Dachziegel heruntergenommen, die Dachstuhlsparren und Balken abgenommen und der Kronleuchter abmontiert, wobei er ein Stück weit herunterfiel und erheblich beschädigt wurde. [...] Die Holzvertäfelungen der Wände und die Marmorplatten des sogenannten ‚Altars' wurden entfernt und der Altar selbst, der aus Beton war, zerschlagen. Ebenso wurde eine Marmor-Gedenktafel mit den Namen der im ersten Weltkrieg gefallenen jüdischen Kriegsteilnehmer mit einem Pickel oder Hammer zerschlagen. Nach Einbruch der Dunkelheit wurde die Abbruchstelle durch zwei Scheinwerfer beleuchtet. Wegen der massiven Kuppel wurde beschlossen, die Mauern zu sprengen. Die Sprengung wurde durch eine Baufirma noch am Abend und an den folgenden Tagen ausgeführt."

Foto: Christoph Morlok

4. Standort: Krautmarkt

(kleiner Platz östlich des Marktplatzes bei der Elefantenapotheke)

A · Novemberpogrom in Geschäften und Privathäusern

„Die Schlägertrupps hatten die ausdrückliche Anweisung, nur das Mobiliar zu zerstören und nicht zu plündern."

Die sogenannte „Judenaktion in Memmingen" erlaubte SS-Männern, wie die Vandalen über jüdisches Eigentum herzufallen und zu zerstören, was es zu zerstören gab.

4 **A**

In der Nacht auf den 10. November 1938 traf ein Fernschreiben der Sicherheitspolizei in Memmingen ein, welches besagte, dass Aktionen gegen Juden und deren Synagogen geplant seien und die Polizei sich zurückhalten sollte.
Die Gestapo Augsburg hatte am Morgen des 10. November ebenfalls einen diesbezüglichen Funkspruch nach Memmingen geschickt.
In der Abschrift ist zu lesen: „es ist vorzubereiten die Festnahmen von 20 – 30.000 Juden im Reich. Es sind auszuwählen vor allem vermögende Juden".
Im Laufe des Tages wurden daraufhin ohne Vorankündigung, meist auf dem Weg zur Arbeit, 23 jüdische Männer festgenommen, die zunächst ins Gefängnis nach Augsburg und später ins KZ Dachau gebracht wurden.
Listen mit der Überschrift „Judenaktion in Memmingen. 10./11.11.38" mit Anschriften von Wohnungen und Geschäftsräumen jüdischer Bürger wurden verfasst.
Während die Zerstörung der Synagoge seit 16 Uhr im Gange war, versammelten sich gegen 20 Uhr die Angehörigen der SS. Sie wurden in mehrere Trupps eingeteilt und mit Brecheisen, Äxten und anderen Zerstörungswerkzeugen ausgestattet. Wohnungslisten, die während des Tages erstellt worden waren, lagen bereit. Die SS-Männer zogen in Mänteln mit hochgeschlagenen Krägen, die Mützen tief in die Stirn gezogen, los.
Die Trupps wurden von Gaffern auf ihrem Weg zu den jüdischen Häusern und Wohnungen begleitet.
Die SS-Männer hausten wie die Vandalen und zerstörten in dieser Nacht insgesamt 23 Wohnungen und 3 Geschäfte.
Entfesselte Gewalt gegen jüdisches Eigentum ließ die fanatischen Männer Fensterscheiben einschlagen, Federbetten aufschlitzen, Geschirr zerschlagen, Bilder zerschneiden, jedes einzelne Möbelstück mit der Spitzhacke bearbeiten, Anzüge und Schuhe zerschneiden.
Die Schlägertrupps hatten die ausdrückliche Anweisung, nur das Mobiliar zu zerstören und nicht zu plündern. Am Folgetag wurden alle in den Wohnungen verbliebenen Wertgegenstände wie Bargeld, Sparbücher, Wertpapiere, Schmuck und sogar Schreibmaschinen und Radios offiziell beschlagnahmt.

SS-Männer drangen am 10. November 1938 nicht nur hier gewaltsam in Wohnungen von Juden ein und verwüsteten sie.

Foto: Christoph Morlok

B · Zerstörung der Wohnung von Hugo und Else Günzburger

Als die Schlägertrupps kamen, war Else allein mit ihrem Kind

Hugo Günzburger brachte die schreckliche Tat der SS-Truppen zur Anzeige. Der Bericht über die Zerstörung seiner Wohnung zeigt uns, mit welcher Brutalität vorgegangen wurde.

4 **B**

Im Jahr 1948 fand in Memmingen der sog. Synagogenprozess statt. Der Memminger Jude Hugo Günzburger, selbst Überlebender des Ghettos Theresienstadt, hatte die Schreckensnacht zur Anzeige gebracht.
Sie hören dazu einen Auszug aus dem Urteil der großen Strafkammer des Landgerichtes Memmingen:
„Der Angeklagte […] befand sich bei dem Trupp, der die Wohnung Hugo Günzburger in der Habsburgerstraße zerstörte. Die damals mit ihrem Kinde allein in der Wohnung befindliche Zeugin Else Günzburger war bereits zu Bett gegangen, als es etwa um 10 Uhr stark läutete und geklopft wurde. Dabei wurde geschrien, sie solle aufmachen, sonst würde die Türe eingeschlagen. Die Zeugin sprang aus dem Bett. Ob sie öffnete oder ob die Türe eingeschlagen wurde, weiß sie nicht mehr. Jedenfalls waren an der Glastüre der Wohnung mit Pickeln Scherben herausgeschlagen. Es drangen dann 10 bis 12 Leute ein. Der Angeklagte sagte, der Mord an (Einf.: dem deutschen Gesandtschaftsrat in Paris Ernst von Rath) müsse gesühnt werden und alle Judenwohnungen würden zertrümmert. Hierauf verteilten sich die Leute in die einzelnen Zimmer, wo alles zusammengeschlagen wurde. Von den großen Möbelstücken wurde der obere Teil heruntergeworfen und vorn und hinten eingeschlagen, das Geschirr wurde herausgeworfen und zusammengeschlagen, Bilder, Beleuchtungskörper und Fenster kaputt geschlagen, im Bad Waschbecken und Spiegel zertrümmert und im Schlafzimmer die Betten aufgeschlitzt.
Die Zeugin, die selbst nicht Jüdin ist, wurde, während sie ihr Kind auf dem Arm hatte, von dem Kreisamtsleiter der Volkswohlfahrt ins Gesicht geschlagen und beschimpft.
Sie wurde hin- und hergestoßen und der Weg zur Wohnungstüre wurde ihr versperrt."

5. Standort: Weinmarkt

Antisemitismus nach dem Ersten Weltkrieg bis 1933

Vom sporadischen Antisemitismus zur offiziellen Hetzjagd gegen Juden: Die Entwicklung der antijüdischen Propaganda nimmt ihren Lauf

Die Ausschreitungen gegen den Memminger Käsegroßhändler Wilhelm Rosenbaum kündigten sich bereits 1921 in brutalem Antisemitismus an.

5

Schon vor dem Ersten Weltkrieg war es sporadisch zu antisemitischen Ausschreitungen gekommen, die von Politik und Öffentlichkeit kaum beachtet wurden.
Nach dem Krieg herrschte große wirtschaftliche Not mit hoher Arbeitslosigkeit, Wohnungsnot und schwieriger Energieversorgung. Nun waren rechtsradikale und judenfeindliche Hetze deutlich zu verspüren. Neid und Missgunst gegenüber den zumeist vermögenden Juden nahmen zu.
Im Dezember 1919 schrieb der Chefredakteur der Memminger Zeitung: „Eben jetzt setzt wieder eine systematische Hetze gegen die Juden ein, die bewusst darauf hinzielt, die Judenfrage in der denkbar rohesten und brutalsten Form: durch Raub und Mord, zu lösen. Und wieder geht die Hetze meist von Personen und Kreisen aus, die selbst ein großes Maß von Schuld tragen und nun diese Schuld auf andere abwälzen wollen“. In der Nacht vom 13. auf den 14. Mai 1920 beschmierten Unbekannte fast alle Häuser, in denen jüdische Familien wohnten, mit Hakenkreuzen.
In ganz Bayern wurde nun antisemitische Propaganda betrieben, doch nur in Memmingen führte sie am 6. August 1921 zu einem in Deutschland einzigartigen Gewaltakt gegen einen jüdischen Mitbürger. Die Übergriffe auf den Käsegroßhändler Wilhelm Rosenbaum werden von einem damals beteiligten Memminger wie folgt beschrieben:
„Die aufgebrachte Volksmenge versammelte sich vor der Villa Rosenbaum am Kaisergraben, holte ihn heraus, führte ihn im Triumphzug durch die Stadt ..... Die Menschen liefen an ihm vorbei, bespuckten ihn und wollten ihn lynchen. Die Polizei schritt ein und unter dem Vorwand der Preistreiberei erging ein Haftbefehl gegen Rosenbaum, der als Schutzmaßnahme gedacht war. Auf der Fahrt zum Gefängnis wurde die Polizei überrannt und Rosenbaum von der wütenden Menge nahezu zertrampelt“.
In den Folgejahren fanden zwar keine auffälligen antisemitischen Kundgebungen und Aktionen statt. Judenhetze und antijüdische Propaganda wurden von der NSDAP jedoch konsequent weiter betrieben.
Am 18. Januar 1928 hielt Adolf Hitler im Saal der Schiffsbrauerei hier am Weinmarkt eine Rede vor etwa 1200 Menschen. Darin zog er eine Parallele zwischen seiner Mission und der von Jesus Christus: „...und einst ging ein einziger Mann in Palästina, der gegen die ganze damalige Welt ankämpfte und siegte. Die nationalsozialistische Idee wird siegen...“ 1933 wurde der Weinmarkt in Adolf-Hitler-Platz umbenannt.
Im selben Jahr begann mit dem Boykott jüdischer Geschäfte am 1. April die offizielle Hetzjagd gegen Juden.

6. Standort: Hallhof

Synagogenprozess 1948

Von Unwissenden und Vergessern

35 Männer waren angeklagt, doch nur 15 bekamen eine Gefängnisstrafe! Und das, obwohl das Novemberpogrom nirgendwo ein derartiges Ausmaß angenommen hatte wie in Memmingen.

6

Sie befinden sich am Hallhof vor dem Landgericht. Hier fand zehn Jahre nach der Pogromnacht der „Memminger Synagogenprozess" statt.
Die juristische Aufarbeitung der „Pogromnacht" begann am 6. Mai 1946. Der Memminger Jude Hugo Günzburger, selbst Überlebender des Ghettos Theresienstadt, hatte bei der Staatsanwaltschaft MM eine Anzeige eingereicht mit den Punkten der Zerstörung der Synagogen in Memmingen und Fellheim, der Zerstörung jüdischer Wohnungen und Geschäfte sowie der Schändung des jüdischen Friedhofes. Beigefügt war eine detaillierte Liste der Täter. Die Polizei wurde mit den Ermittlungen beauftragt. Am 29. Januar 1948 wurde die Anklageschrift ans Landgericht MM überreicht. Angeklagt waren 35 Männer. Lediglich ein Drittel war geständig. Die weiteren Täter wurden der Lüge überführt. Die Täterprofile zeigten „Unwissende, sog. Judenfreunde und Vergesser". Insgesamt wurden an 15 Verhandlungstagen 87 Zeugen befragt, die großteils aus Angst vor gesellschaftlichen Folgen kein wirkliches Interesse an der Aufarbeitung und Klärung der Sachverhalte zeigten.
Die Strafen fielen weitaus geringer aus, als von der Staatsanwaltschaft gefordert. Nur 15 Angeklagte bekamen eine Gefängnisstrafe, die Restlichen wurden mangels stichhaltiger Beweise freigesprochen.
Wilhelm Schwarz, Rechtsanwalt und ehemaliger Kreisleiter, hielt als Haupttäter sein Lügenkonstrukt, lediglich eine untergeordnete Rolle gespielt zu haben, während der gesamten Verhandlungsdauer aufrecht. Er wurde zur Höchststrafe in diesem Prozess – zu 2 Jahren Haft – verurteilt.
Schwarz wurde Ende der 50er Jahre sowohl beruflich als auch gesellschaftlich in Memmingen reintegriert. Er starb 1975.
Während des Prozesses wurde immer wieder betont, dass die antisemitischen Ausschreitungen in der Pogromnacht nirgendwo ein solches Ausmaß angenommen hätten wie in Memmingen.

7. Standort: Marktplatz

Boykott 1. April 1933 und die Folgen

Die „Blaue Saul" als Symbol für die Verdrängung der Juden aus dem Wirtschaftsleben

Die Memminger Bürger wurden systematisch gegen Juden und deren Geschäfte sensibilisiert, was letztendlich zum wirtschaftlichen Untergang der jüdischen Bevölkerung führte.

Foto: Christoph Morlok

Am 1. April 1933 wurden auch in Memmingen jüdische Geschäfte boykottiert. Wer dennoch „beim Juden" kaufte, wurde mittels Zettel an der „blauen Saul" öffentlich bekannt gemacht.

7

Die Vorbereitungen für die deutschlandweite Boykottaktion gegen jüdische Geschäfte zum 1. April 1933 begannen in Memmingen Ende März.

Sechs jüdische Kaufleute wurden vorab verhaftet und in sog. Schutzhaft genommen. Am Samstag, 1. April standen vor allen jüdischen Geschäften SA- und SS-Männer in Uniform mit geschultertem Gewehr. Eine SA-Abteilung zog mit einer Musikkapelle durch die Straßen der Stadt, um vor jüdischen Geschäften Plakat-Tafeln mit einem gelben Punkt auf schwarzem Grund aufzustellen. Darauf standen Schmähungen wie „Achtung, Jude! Israelit! Hier wuchert der Jude! Wer beim Juden kauft, boykottiert den deutschen Abwehrkampf".
Die Stadtbevölkerung war zahlreich anwesend, in jüdische Geschäfte hineinzugehen, trauten sich jedoch nur wenige. Diese wurden an der „Blauen Saul" am Marktplatz mittels Zettel namentlich genannt und in der Zeitung „Allgäuer Beobachter" veröffentlicht.
Offiziell wurde die Aktion zwar am Montag darauf beendet, jedoch nahm der Druck auf jüdische Geschäftsleute und ihre nichtjüdischen Kundinnen und Kunden immer mehr zu. Jüdische Geschäfte sollten von der Bevölkerung gemieden werden. So durfte die Memminger Zeitung auch keine Inserate von jüdischen Geschäftsleuten mehr veröffentlichen.
Bis 1939 wurden alle Juden systematisch aus dem Wirtschaftsleben verdrängt und gerieten in der Folge in finanzielle Schwierigkeiten. Ihre Geschäfte, ihr Haus- und Grundbesitz gingen in nicht-jüdische Hände über. Die Verkäufe wurden immer zu günstigsten Konditionen für den Käufer und weit unter dem Marktwert abgewickelt.
Eine Ausübung ihrer Berufe war den Juden nun nicht mehr möglich.

8. Standort: Stadtmuseum Memmingen

Video-Kurzführung von Kulturamtsleiter Dr. Hans Wolfgang Bayer durch die Abteilung „Jüdisches Leben in Memmingen (1862 – 1942)“ im Stadtmuseum Memmingen.

9. Standort: Jüdischer Friedhof

Video-Kurzführung von Sabine Streck, stellvertretende Heimatpflegerin, über den Judenfriedhof Memmingen.

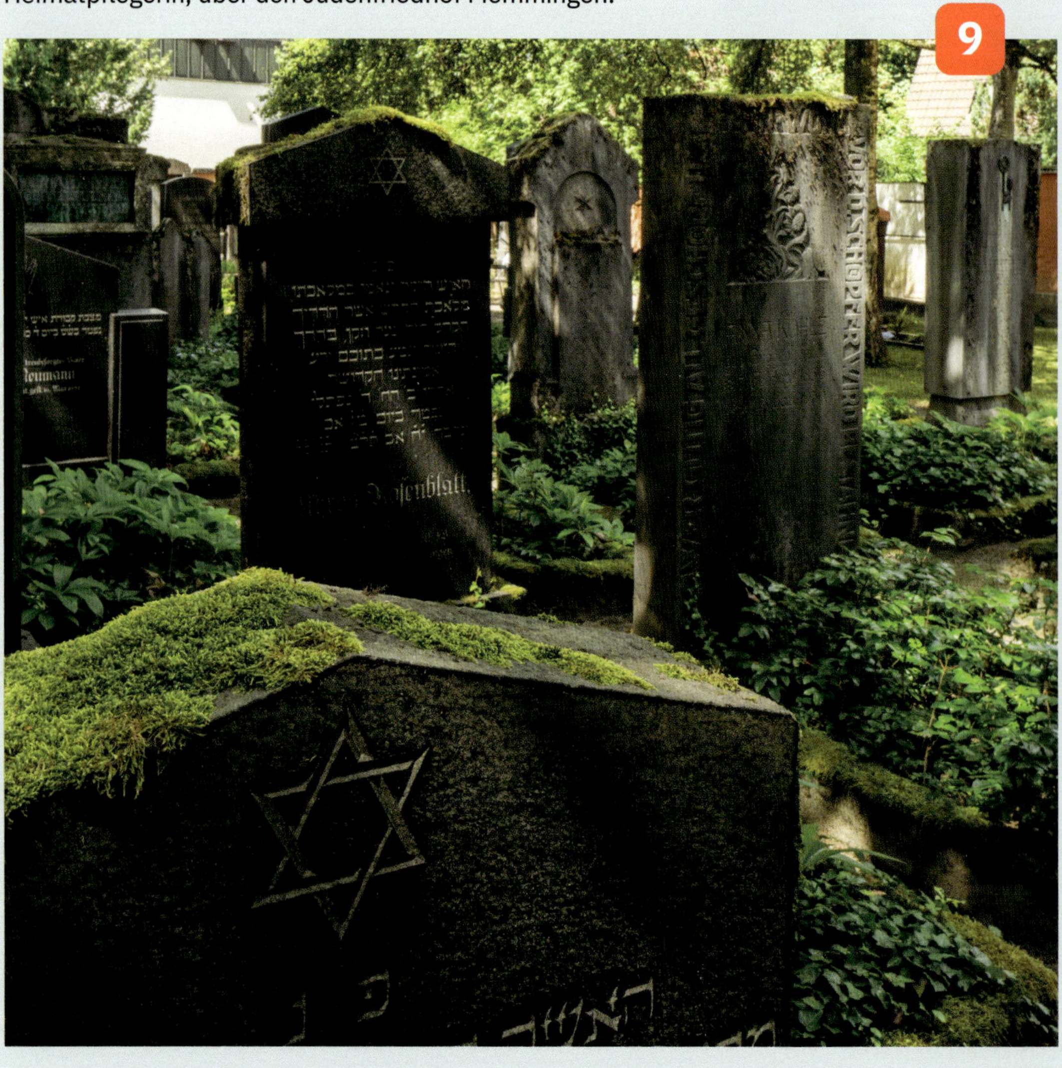

Foto: Christoph Morlok

Links: Der jüdische Friedhof in Memmingen erinnert noch heute an die Juden Memmingens.

Im Jahr 1875 stellte die Stadt Memmingen der damals jungen jüdischen Gemeinde Memmingens das Grundstück für einen Friedhof zur Verfügung. 18 Jahre später wurde eine Mauer darum gezogen.
Auf dem 870 qm großen Friedhof befinden sich heute 135 Gräber; die erste Bestattung war 1876, die letzte fand 1986 statt.
Der Friedhof wird im Judentum als „Haus des Lebens", „Haus der Ewigkeit" oder „Der gute Ort" bezeichnet.
Er bleibt immer bestehen. Deshalb spricht man auch nie von einem „ehemaligen" jüdischen Friedhof.
Ein jüdisches Grab ist für die Ewigkeit gedacht. So ist auch eine Neubelegung eines Grabes untersagt.
Die Ausrichtung der Gräber auf dem Memminger Friedhof nimmt die West-Ost-Richtung auf; man sollte bei der Auferstehung nach Osten, also gen Jerusalem, schauen. Dies ist üblich, jedoch nicht zwingend vorgeschrieben.
Juden verzichten auf ihren Gräbern auf Blumenschmuck. Dafür legt man einen Stein auf das Grab. Blumen verwelken, Steine bleiben bestehen und symbolisieren zudem Ewigkeit und Unvergänglichkeit und stehen für die Seele, die ebenfalls unvergänglich ist. Jüdische Gräber werden nicht speziell bepflanzt, um die Ruhe der Toten nicht zu stören. Die Gräber lässt man überwachsen; Efeu und Farn dürfen sich als symbolträchtige Pflanzen ausbreiten.
Eine Einzelgrabpflege gibt es bei jüdischen Gräbern nicht. Auf den meisten Grabsteinen auf unserem jüdischen Friedhof findet man die Inschriften in hebräischer und deutscher Sprache.
Eine hebräische Inschrift setzt sich aus mehreren Zeilenelementen zusammen.
Die beiden Zeichen oben stehen abgekürzt für „hier ist begraben" oder „hier ist geborgen". Dann die Einleitungsformel, der Name, das Geburts- und Sterbedatum (diese werden immer nach dem jüdischen Kalender angegeben) – und ein Schluss-Segen (üblich war nach 1 Samuel 25,29 „Seine/ihre Seele sei eingebunden in das Bündel des Lebens").
Darunter die deutsche Inschrift, manchmal mit zeittypischen Ergänzungen wie zum Beispiel bei Karoline Heilbronner: „Sie war eine Perle der Frauen, der Stolz ihres Gatten, die Zierde der Familie".
Die Schrecken der Nazi-Zeit sind ebenfalls auf diesem Friedhof zu finden: in der Pogromnacht selbst erfolgte zwar keine Zerstörung des Judenfriedhofes, später wurden jedoch die Grabsteine größtenteils umge-worfen, es fanden Schwarzschlachtungen statt und Schutt wurde abgeladen, der Friedhof war zudem an einen Memminger Bürger für dessen Hühnerzucht verpachtet.
Auf mehreren Grabsteinen können wir auf nachträglich angebrachten Erinnerungstafeln von der Ermordung der Familienmitglieder in Konzentrationslagern lesen. So zu sehen auf dem Grabstein der Familie Günzburger: „Unrecht brachte uns den Tod, Lebende vergesst das nicht".
Bevor man den jüdischen Friedhof wieder verlässt, wäscht man sich die Hände. Trocknet sie jedoch nicht ab, damit die Erinnerung länger bleiben kann.

HIER WOHNTE
LOUIS EINSTEIN
JG. 1876
DEPORTIERT 1942
PIASKI
ERMORDET
HIER WOHNTE
SELMA EINSTEIN
GEB. GERSTLE
JG. 1887
DEPORTIERT 1942
PIASKI
ERMORDET
HIER WOHNTE
JAKOB EINSTEIN
JG. 1880
DEPORTIERT 1942
PIASKI
ERMORDET
HIER WOHNTE
GERTA EINSTEIN
GEB. ENSLEIN
JG. 1890
DEPORTIERT 1942
PIASKI
ERMORDET

Links: Stolpersteine für vier Angehörige der Memminger Familie Einstein, allesamt 1942 deportiert und ermordet.

Memminger Stolpersteine

„Ein Mensch ist erst vergessen, wenn sein Name vergessen ist." Dieser Satz aus dem Talmud soll durch Stolpersteine, die Gunter Demnig herstellt und in ganz Europa verlegt, für jeden erlebbar gemacht werden. Der Verein „Stolpersteine in Memmingen" hat sich seit 2014 zum Ziel gesetzt, die Erinnerung an die Opfer des Nationalsozialismus wachzuhalten. Bisher wurden rund 120 Stolpersteine im Stadtgebiet verlegt. Die größte Opfergruppe, an die erinnert werden soll, sind unsere ehemaligen jüdischen Mitbürger:innen. Die Steine rufen aber auch zum Gedenken an Opfer der „Euthanasie", politische und christliche Gegner sowie an Opfer des nationalsozialistischen Sondergerichts auf.

Stolpersteine sind Betonquader mit den Maßen 10 x 10 x 10 cm. Darauf ist eine Messingplatte angebracht, auf der die biographischen Daten und insbesondere die Namen der Verfolgten eingraviert sind. Beim Lesen dieser Daten verbeugt man sich unwillkürlich vor den Opfern. Eine Ehrerbietung von uns Nachkommen an die Opfer des Nationalsozialismus.

Stolpersteine werden vor dem letzten freiwillig gewählten Wohnsitz der Verfolgten in öffentlichen Grund eingelassen. Man bekommt auf diese Weise einen Eindruck davon, wie stark die verfolgten Mitbürger das Bild der Stadt prägten. Es waren viele und sie waren überall; sie waren Nachbarn und Mieter, jeder kannte jemanden. Sie waren wie du und ich! Die häufig gehörte Entschuldigung, man habe weder von der Verfolgung noch gar von der Ermordung etwas mitbekommen können, entlarvt sich somit als große Lebenslüge.

Helmut Wolfseher †

Foto: Christoph Morlok

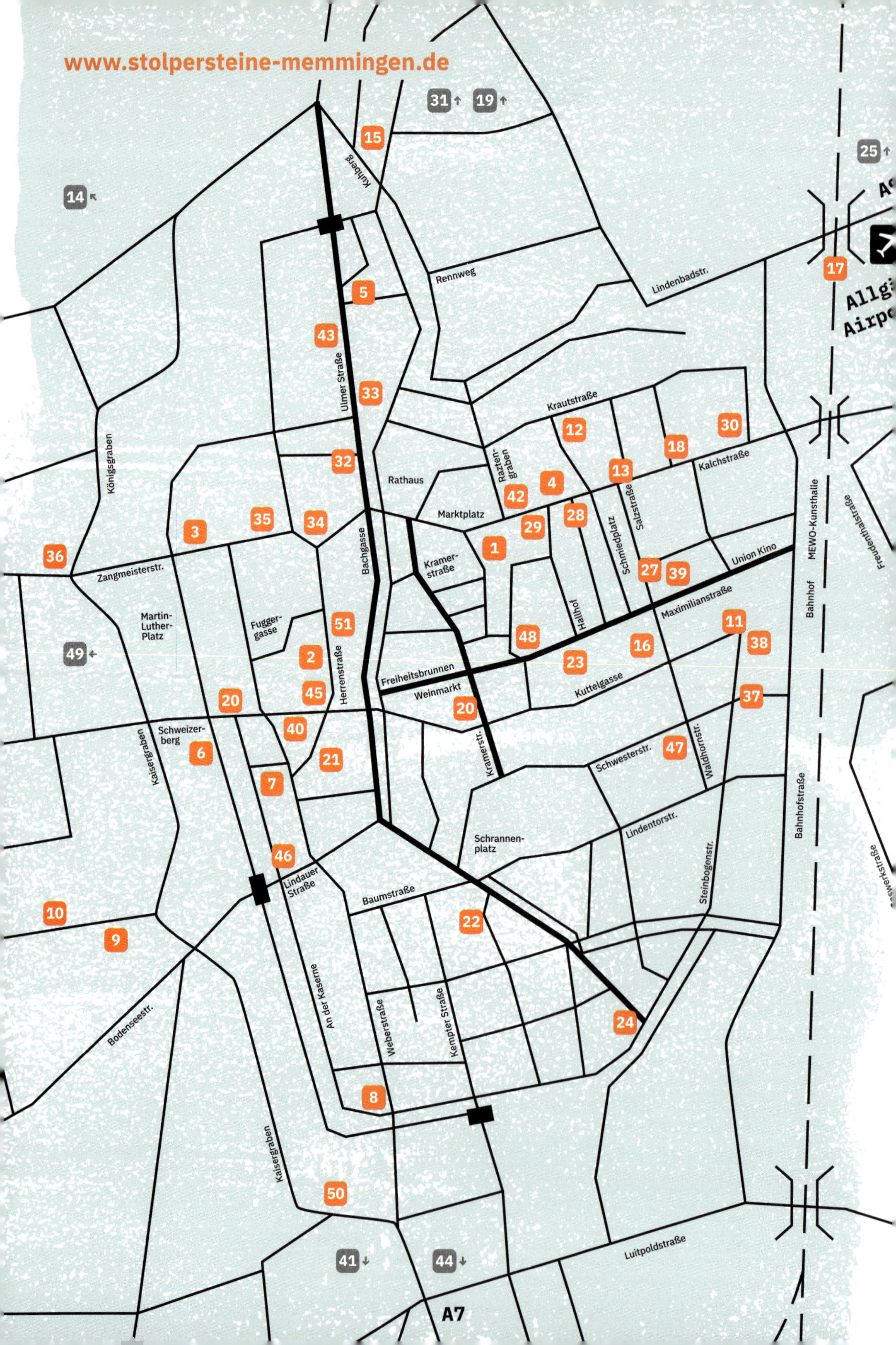
www.stolpersteine-memmingen.de
31
19
25
15
Kuhberg
14
17
Allg
Airp
Lindenbadstr.
Rennweg
5
43
Ulmer Straße
33
Krautstraße
12
30
18
Kalchstraße
13
Razten-
graben
4
42
32
Rathaus
Marktplatz
Königsgraben
35
34
3
28
29
1
Salzstraße
Schmiedplatz
MEWO-Kunsthalle
Bahnhof
Freudenthalstraße
36
Zangmeisterstr.
Bachgasse
Kramer-
straße
27
39
Union Kino
Maximilianstraße
Martin-
Luther-
Platz
Fugger-
gasse
51
Hallhof
48
11
38
49
2
Herrenstraße
16
23
Freiheitsbrunnen
Kuttelgasse
20
45
Weinmarkt
20
37
Schweizer-
berg
40
Kaisergraben
6
21
Kramerstr.
Schwesterstr.
47
Waldhornstr.
7
Schrannen-
platz
Lindentorstr.
Bahnhofstraße
46
Lindauer
Straße
Baumstraße
Steinbogenstr.
10
22
9
Bodenseestr.
An der Kaserne
Weberstraße
Kempter Straße
24
8
Kaisergraben
50
41
44
Luitpoldstraße
A7

Stolpersteine in Memmingen

An 51 Orten erinnern Steine an 135 Opfer des Nationalsozialismus.

1 **Kalchstraße 8**
Julius Guggenheimer
(1885 – Flucht Holland 1939 – deportiert 1943)
Regina K. Guggenheimer
(1891 – Flucht Holland 1939 – deportiert 1943)
Lotte Lore Guggenheimer
(1913 – Flucht 1939)
Fritz Heinrich Guggenheimer
(1920 – Flucht 1939)

2 **Herrenstraße 7**
Alfred Guggenheimer
(1877 – deportiert 1944)
Anna Maria Guggenheimer (1896 – überlebt)
Ursula Guggenheimer (1922 – überlebt)
Oskar Guggenheimer (1881 – Flucht)
Wally Guggenheimer (1889 – Flucht)
Klaus Wolfgang Guggenheimer
(1921 – Flucht)

3 **Zangmeisterstraße 24**
Jakob Einstein (1880 – deportiert 1942)
Gerta Einstein (1890 – deportiert 1942)
Louis Einstein (1876 – deportiert 1942)
Selma Einstein (1887 – deportiert 1942)

4 **Kalchstraße 19**
Josef Diefenthaler (1888 – 1940)

5 **Ulmer Straße 28**
Karolina Laupheimer
(1879 – deportiert 1942)

6 **Schweizerberg 17**
Emil Liffgens (1897 – deportiert 1943)
Irma Liffgens (1903 – deportiert 1943)
Lothar Liffgens (1926 – deportiert 1942)

7 **Lindauer Straße 10**
Martin Mayrock (1884 – 1944)

8 **Weberstraße 50**
Fritz Bürk (1893 – 1933)
Karoline Bürk (1900 – überlebt)

9 **Moltkestraße 1**
David Laupheimer (1881 – deportiert 1942)
Julius Laupheimer (1885 – deportiert 1942)
Jeanette Laupheimer
(1894 – deportiert 1942)
Salo Laupheimer (1882 – deportiert 1942)
Mathilde Laupheimer
(1890 – deportiert 1942)

10 **Moltkestraße 8**
Rosalie Günzburger (1893 – deportiert 1942)
Josef Günzburger (1883 – deportiert 1942)
Edith Günzburger verh. Eis (1921 – Flucht 1939)
Max Günzburger (1923 – Flucht 1939)

11 **Bahnhofstraße 8**
Stella Freund (1906 – deportiert 1941)
Klara Guggenheimer (1861 – deportiert 1942)
Max Guggenheimer (1880 – Flucht 1939)
Sophie Guggenheimer (1882 – Flucht 1939)

12 **Künergasse 8**
Jakob Jacobs (1869 – deportiert 1944)
Sara Nathan (1880 – deportiert 1942)
Hermann Nathan (1870 – 1936)
Alexander Nathan (1905 – 1939)
Siegfried Nathan (1911 – Flucht 1939)
Rosalie Oppenheimer
(1873 – deportiert 1943)

13 **Kalchstraße 31**
Bernhard Frankenthaler
(1873 – deportiert 1943)
Lina Frankenthaler
(1878 – deportiert 1942)

14 **Illerstraße 17** (nicht abgebildet)
Bernhard Freimann (1901 – deportiert 1942)
Hans Jakob Freimann (1931 – deportiert 1942)
Lisa Zeline Freimann (1907 – deportiert 1942)

15 **Saarlandstraße 3 1/3**
Anton Bihler (1888 – 1940)

16 **Maximilianstraße 22**
Julius Gutmann (1873 – deportiert 1942)
Pauline Gutmann (1882 – deportiert 1942)
Ida Gutmann (1873 – deportiert 1942)

17 **Lindenbadstraße 14**
Dr. Max Held (1887 – deportiert 1943)

18 **Kalchstraße 39**
Albert Schnaier
(1881 – 1940 Grafeneck „Aktion T4“)

19 **Obere Straße 25 (Amendingen)**
(nicht abgebildet)
Franziska Endres
(1933 – 1943 Kaufbeuren)

20 **Kramerstraße 29**
Aronold Löwensteiner (1876 – Flucht 1940)
Fanny Löwensteiner (1884 – Flucht 1940)
Frieda Günzburger (1860 – deportiert 1942)

21 **Roßmarkt 5**
Hedwig Bähr (1891 – deportiert 1942)
Hugo Bähr (1895 – Flucht 1939)
Martha Bähr (1892 – deportiert 1941)
Albert Bacharach (1879 – deportiert 1942)
Cäcilie Bacharach (1882 – deportiert 1942)
Martha Bacharach
(1920 – deportiert 1942, Auschwitz)

22 **Rabenstraße 2**
Gustav Bacharach (1886 – deportiert 1942)
Eva Elisabeth Bacharach
(1892 – deportiert 1942)
Erich Bacharach (1922 – Flucht: Eric Baker)
Egon Bacharach (1920 – Flucht: Ed Baker)

23 **Maximilianstraße 12**
Samuel David
(1883 – 1938 Polenaktion, ermordet)
Emilie Sabine David (1890 – 1939 Flucht nach Polen, 1943 deportiert ermordet)
Bruno Josef David (1920 – 1938 Flucht – 1943 deportiert, ermordet)

24 **Frauenkirchplatz 6**
Ernst Förster (1875 – 1944 Kaufbeuren)

25 **Lindenbadstraße 29** (nicht abgebildet)
Alfred Dorner
(1942 – 1945 Kaufbeuren)

26 **Schweizerberg 14**
Alfred Konrad Stiegeler
(1926 – 1940 Kaufbeuren-Irsee)

27 **Rosengasse 4**
Kreszentia Ortlieb
(1920 – 1941 Hartheim, „Aktion T4“)

28 **Kalchstraße 12**
Betty Heilbronner
(1850 – 1943 Theresienstadt)
Ida Heilbronner
(1878 – deportiert 1942)

29 **Kalchstraße 10**
Emil Kitzinger (1873 – 1935 Freitod)
Leopold Kitzinger (1903 – 1939 Flucht)
Paula Kitzinger (1917 – 1939 Flucht)

30 **Kalchstraße 47**
Alfred Heilbronner (1899 – Flucht 1939)
Helene Heilbronner (1899 – Flucht 1938)
Hans Heilbronner (1926 – Flucht 1938)
Walter Heilbronner (1924 – Flucht 1938)
David Heilbronner (1864 – 1937)

31 **Donaustraße 27** (nicht abgebildet)
David Sommer (1880 – deportiert 1942)
Flora Sommer (1891 – deportiert 1942)

32 **Zwinggasse 12**
Georg Johann Huith (1889 – 1940)

33 **Ulmer Straße 6**
Heinrich Sommer (1884 – Flucht 1939)
Johanna Sommer (1895 – Flucht 1939)
Richard Sommer (1922 – Flucht 1938)
Sophie Sommer (1923 – Flucht 1939)
Ruth Sommer (1924 – Flucht 1938)

34 **Zangmeisterstraße 8**
Heinrich Heilbronner
(1896 – deportiert 1942)
Richard Heilbronner (1922 – Flucht 1938)
Sophie Heilbronner (1923 – Flucht 1939)
Ruth Heilbronner (1924 – Flucht 1939)

35 **Zangmeisterstraße 12**
Katharina Bihler
(1890 – 1943 Hartheim „Aktion T4“)
Anton Bihler (1890 – 1943 Kaufbeuren)

36 **Buxacher Straße 6**
Dr. Hermann Pineas
(1892 – überlebt mit Tarnidentität)
Herta Pineas
(1898 – überlebt mit Tarnidentität)

37 **Ottobeurer Gasse 5**
Max Strauß (1873 – 1944 Theresienstadt)
Moriz Bacharach (1862 – Flucht 1933)
Karolina Bacharach (1878 – Flucht 1933)
Leopold Bacharach (1901 – Flucht 1933)
Rosa Bacharach (1902 – Flucht 1933)
Ernst Elias Bacharach (1903 – Flucht 1933)

38 **Bahnhofstraße 12**
Otto Nussbaum (1906 – 1944 Buchenwald)

39 **Maximilianstraße 13**
Isak Bacharach (1882 – Flucht 1940)
Luise Bacharach (1887 – Flucht 1940)
Kurt Bacharach (1912 – Flucht 1938)
Hans Bacharach (1922 – Flucht 1938)

40 **Schweizerberg 7**
Philip Osswald (1862 – 1935)
Sophie Osswald
(1874 – deportiert 1942, Theresienstadt)

41 **Kaisergraben 15** (nicht abgebildet)
Bertha Weill (1878 – 1940 „Aktion T4“)

42 **Kalchstraße 11**
Benno Rosenbaum
(1883 Flucht 1941 – 1944 Freitod)
Martha Rosenbaum (1885 – Flucht 1941)

43 **Ulmer Straße 17**
Anna Feiner
(1882 – 1941 Hartheim „Aktion T4“)

44 **Im Dickenreis** (nicht abgebildet)
Karl Metzeler
(1912 – 1940 Grafeneck „Aktion T4“)

45 **Herrenstraße 3**
Maria Stetter (1885 – 1944 Kaufbeuren)

46 **Lindauer Straße 28**
Martha Zettler (1903 – 1945 Kaufbeuren)

47 **Schwesterstraße 16**
Josef Hirth (1889 – 1943)

48 **Maximilianstraße 5**
Moses Eisfeld (1875 – 1938)
Laura Eisfeld (1878 – deportiert 1944)
Elise Klara Halle
(deportiert 1944 – ermordet 1944)

49 **Habsburgerstraße 3** (nicht abgebildet)
Hugo Günzburger (1890 – „Schutzhaft“ 1934 – deportiert 1944 – überlebt)
Else Günzburger (1903 – überlebt)
Horst Günzburger
(1931 – Flucht in die Schweiz)

50 **Kaisergraben 15**
Wilhelm Rosenbaum
(1875 – „Schutzhaft“ 1933 – Flucht 1933)
Gertrud Rosenbaum (1910 – Flucht 1934)
Alice Rosenbaum (1918 – Flucht 1934)
Susanne Rosenbaum
(1886 – Flucht 1933 – Tod 1942)
Hilde Rosenbaum (1915 – Flucht 1936)

51 **Herrenstraße 14**
Jakob Feibelmann (1880 – Flucht 1934)
Irma Feibelmann (1888 – Flucht 1934)
Heinz Feibelmann (1912 – Flucht 1934)
Maria Feibelmann (1920 – Flucht 1934)

Der Künstler Gunter Demnig verlegt bis heute Stolpersteine für Opfer des NS in ganz Europa – auch in Memmingen.

Foto: Christoph Kölle,

„Ein Mensch ist erst vergessen, wenn sein Name vergessen ist."

Talmud

Foto: Christoph Morlok

Impuls-Stadtführungen zu Memmingens jüdischer Vergangenheit

Das Grauen passierte mitten unter uns – mitten in Memmingen. Hier lebten jüdische Familien, denen alles genommen wurde, die verzweifelt versuchten, ihre Kinder über Hilfsaktionen oder privat aus Nazi-Deutschland in Sicherheit zu bringen und selbst in Konzentrationslagern ermordet wurden.

Nachfolgend die Standorte der einstündigen Führungen mit einer Kurzfassung der thematischen Ausführungen:

Foto: privat

1. Standort: Hermansbau

Zaghafter Beginn einer Aufarbeitung der jüdischen Geschichte

Im Jahr 1968 erschien im Klett-Verlag Stuttgart das Heft 7 „Aus den deutschen Landerziehungsheimen" mit dem Titel „Das Schicksal der jüdischen Bevölkerung in Memmingen von 1933 bis 1945". Es hatte sich um eine, im Jahr 1960 von der UNESCO angeregte, Oberstufenarbeit für Gymnasiasten zur Bewusstmachung „der unmittelbaren jüdischen Vergangenheit" gehandelt. Die Verfasserin der Arbeit war die Schülerin Dorothee Linn, deren Vater Schulleiter des Landschulheimes Schondorf war. Aus seiner Bekanntschaft mit dem damaligen Oberbürgermeister der Stadt Memmingen, Dr. Berndl, warb er für „das sicher nicht bedeutende, aber auch nicht uninteressante Projekt". Die Stadtverwaltung zeigte sich interessiert, half bei Kontakten mit im Ausland lebenden ehemaligen Memminger Juden, öffnete ihr Archiv und gab der Schülerin die Informationen, die vom Oberbürgermeister und den damaligen Verantwortlichen als relevant für eine solche Arbeit angesehen worden waren. Der einstige Kreisleiter der NSDAP, Rechtsanwalt und Herausgeber des „Allgäuer Beobachter", Wilhelm Schwarz, war ebenfalls als Zeitzeuge angefragt worden. Ebenso der einzige noch in Memmingen lebende Memminger Jude Hugo Günzburger, dessen Leidenszeit während der NS-Diktatur in der Arbeit geschildert wurde. Hugo Günzburger war Überlebender des Ghettos Theresienstadt und blieb mit seiner Ehefrau Else in seiner Heimatstadt wohnhaft. Die Familie seines Bruders war ermordet worden. Die Publikation enthält Erinnerungen Memminger Jüdinnen und Juden, die auf die briefliche Anfrage der Stadt geantwortet hatten, sowie vielfache Auszüge aus der Zeitung „Allgäuer Beobachter".

An keiner Stelle werden Namen genannt; diese sind lediglich verschlüsselt mit den Initialen zu finden. Das war eine Auflage von Dr. Berndl, da „nicht alle Betroffenen ihr Schicksal bekanntgegeben sehen wollen", wie einem Briefwechsel Dr. Berndl / Schwarz zu entnehmen ist. Der große Memminger „Synagogenprozess" von 1948 mit der Anklage von über 30 Tätern findet keine Erwähnung. Lediglich der Tathergang in der Pogromnacht ist in einem teilweisen Auszug aus dem Gerichtsurteil vom September 1948 enthalten. Auch hierauf hatte Oberbürgermeister Dr. Berndl Wert gelegt.

2. Standort: Herrenstraße 7, Wohnhaus der Familien Guggenheimer

Schicksal einer alteingesessenen jüdischen Pferdehändlerfamilie

Die drei Brüder Max, Oskar und Alfred Guggenheimer waren als erfolgreiche Pferdehändler tätig. Die gemeinsamen Geschäftsräume mit Stallungen befanden sich seit der Firmengründung im Jahr 1866 in der Herrenstraße 7. Max bewohnte mit seiner Familie eine herrschaftliche Villa in der Maximilianstraße / Ecke Bahnhofstraße.

Oskar und Alfred Guggenheimer hingegen wohnten auch in der Herrenstraße 7. Oskar mit seiner Frau Wally und den Kindern Barbara und Klaus Wolfgang im 1. Stock und Alfred mit seiner nichtjüdischen Gattin Annemarie und der Tochter Ursula im 2. Stock des Hauses.

Die nationalsozialistischen Schikanen der 30er Jahre führten zur erzwungenen Geschäftsaufgabe, finanziellen Schwierigkeiten mit dem unfreiwilligen Verkauf des Hauses sowie weiteren Enteignungen. Die Brüder Oskar und Max flüchteten rechtzeitig mit ihren Familien aus Nazideutschland und konnten überleben.

Im Jahr 1942 ließen sich Annemarie und Alfred pro forma scheiden. Die Idee war eine finanzielle Vorsorge für die Tochter Ursula. Damit verlor Alfred den „Arierschutz“ und musste zunächst ins Judenhaus in der Zangmeisterstraße 24 umziehen, kam dann nach Fellheim und wurde von dort im Mai 1944 ins Ghetto Theresienstadt deportiert. Im August 1944 starb er.

Für Annemarie und Ursula wurde das weitere Leben in Memmingen zu einem unaufhaltsamen sozialen Abstieg, der in größter finanzieller Not und geringster Empathie vonseiten der Bevölkerung mit dem Tod von Annemarie im Jahr 1975 und dem Tod von Ursula im August 1981 endete.

3. Standort: Roßmarkt

Beeinflussung durch die Zeitung „Allgäuer Beobachter"

Am Roßmarkt 3 befand sich die Großhandlung für Kurz-, Weiß- und Wollwaren der Familie Seligmann. Im Februar 1938 war es unter finanziellem Druck zur „Arisierung" des Geschäftes gekommen. Welchen Einfluss der „Allgäuer Beobachter" mit seinem Chefredakteur, dem hiesigen Kreisleiter der NSDAP, Schwarz, auf die Leser ausübte, ist im nachstehenden Beitrag vom 12.2.1938 zu lesen, welcher der Linn-Veröffentlichung entnommen wurde:

„Die Firma J.S. (Josef Seligmann) ist durch Kauf in den Besitz des mehr als zwei Jahrzehnte in diesem Hause tätigen Reisevertreters H.D. (Diem) in Verbindung mit dem weiteren Gesellschafter T.K. (Knöringer), Kaufmann von hier, übergegangen ... Es ist damit die Grundlage eines rein arischen Unternehmens gegeben. Das Geschäft wird in seinem vollen Umfang weitergeführt.

Anmerkung der Schriftleitung: Damit ist erfreulicherweise wieder ein jüdisches Unternehmen in Memmingen verschwunden. Memmingen, das früher als das „schwäbische Jerusalem" galt, als Stadt, in der sich die Juden in Massen tummelten, schickt sich an, seinen Ruf von ehemals zurückzuholen, eine Stadt des ehrbaren Kaufmanns zu sein. es schickt sich an, seinen Handel und sein Geschäftsleben wieder ganz durch deutsche Volksgenossen besorgen zu lassen. Die örtliche nationalsozialistische Politik hat damit einen neuen Erfolg errungen und man kann die zuständigen Stellen dazu nur von Herzen beglückwünschen. W.,G.,S. und wie sie alle heißen, jene des auserwählten Volkes, die Memmingen beglückt haben, sie sind verschwunden, dass die anderen bald nachfolgen, das hoffen wir."

Foto: privat

4. Standort: Weinmarkt / Ecke Kramerstraße

Geschäftshaus für Herrenbekleidung „Laupheimer“, Kramerstraße 27

Das Herrenkonfektionsgeschäft der Gebrüder Laupheimer war weithin bekannt und beliebt. Die Zerstörung des Ladens in der Pogromnacht stand auf der offiziellen Liste, die im Tagesverlauf des 10. November 1938 erstellt worden war. Die Fotos entstanden am Folgetag.

Julius und Jeannette Laupheimer und Salo und Mathilde Laupheimer, die früheren Geschäftsinhaber, gehörten zu den Memminger Juden und Jüdinnen, die am 31. März 1942 zum Bahnhof getrieben und von dort in den Tod in einem KZ in Polen deportiert wurden. Ihre Töchter Ruth, Ilse, Lore und Anneliese konnten durch die Schweizer Kinderhilfsaktion im Jahr 1939 gerettet werden.

5. Standort: Kramerstraße 15

Neid und Missgunst als Antrieb für Antisemitismus

Kaufhaus-Filialen der Leipziger Firmenkette „Wohlwert-GmbH“ als neuartiges Einkaufserlebnis waren die deutsche Antwort auf die im Jahr 1879 gegründete amerikanische Woolworth-Kaufhauskette. Im Oktober 1931 eröffnete „Wohlwert“ auch in Memmingen in der Kramerstraße 15 eine Niederlassung. Bereits im Vorfeld war es zu starkem Widerstand der Geschäftswelt gekommen, und nach Eröffnung bildete der Memminger Einzelhandel eine Front gegen Wohlwert, später in Volksbedarf umbenannt, und seine jüdischen Geschäftsführer. Die in Memmingen neue Art der Präsentation von Waren zum Ansehen und Anfassen, die Schaufenstergestaltung als „Hingucker“ sowie eine attraktive Lebensmittelabteilung zogen die Bevölkerung an und bescherten dem Warenhaus Erfolg und gute Einnahmen. Eine starke antisemitische Strömung unter den Konkurrenten machte sich breit. Die Schikanen gegen das bei der Bevölkerung nach wie vor außerordentlich beliebte Kaufhaus „Volksbedarf“ erfuhren in der Weihnachtszeit 1934 einen Höhepunkt, als sich eine aufgebrachte Menschenmenge vor dem Kaufhaus versammelte und Geschäftsführer Meyer gar mit dem Tod bedrohte. Auch von offizieller Seite wurde nun zugunsten der alteingesessenen Einzelhändler versucht, das Warenhaus zügig zu verdrängen. Im Januar 1936 wurde das Kaufhaus schließlich liquidiert.

6. Standort: Kramerstraße 12, Wohn- und Geschäftshaus der Familie Pick

Eine deutsche Familie

Die Memminger Eisdiele „Pick“, die von 1951 bis in die 90er Jahre in Memmingen existierte, ist vielen Einheimischen nach wie vor ein Begriff. Sie war von Edgar Pick, dem Sohn des Memminger Juden Hermann (1881–1948) und seiner nichtjüdischen Frau Ida (1883–1982), gegründet worden.

Edgar Pick war verheiratet mit Liselotte (geb. Göring) und hatte zwei Töchter, Gabriele (geb. 1945) und Eva (geb. 1952).

Die Zerschlagung seiner beruflichen Ziele als „Halbjude" in der NS-Zeit hatte Edgar Pick auf die innovative Idee einer „Eisdiele" nach italienischem Vorbild gebracht.

Edgar Pick.

Lilo Pick am Eisverkauf.

Edgar Pick	Lilo (Liselotte) Pick
Geboren: 1911 Gestorben: 1966	Geboren: 1924 Gestorben: 1967

Der nachfolgende Text wurde der Verfasserin von Eva Pick, der jüngeren Tochter von Edgar Pick, zur Verfügung gestellt und wird deshalb unverändert übernommen wiedergegeben:

Eva Pick hat vier Töchter, lebt in Neuseeland und arbeitet dort als Homöopathin.

Der Vater von Edgar Pick, Hermann Pick (geb. 5.9.1881) war – im Gegensatz zu seiner ursprünglichen jüdischen Familie – evangelisch getauft, und sah sich als Teil der Gemeinde Memmingen, war ehrenamtlich Vorsitzender der städtischen Wohlfahrtsorganisation für Armenfürsorge, und hatte im ersten Weltkrieg als Deutscher gedient.

Unter der NS-Herrschaft war er natürlich wieder ‚juedisch', was hiess, dass während der NS-Zeit die vierköpfige Familie Pick alle Facetten des verbrecherischen Regimes erlebte.
Das Textilwarengeschäft, das er und seine (nichtjüdische) Frau Ida (geborene Miller geb 18.3.1883), in der Kramerstrasse 12 aufgebaut hatten, wurde enteignet.

Ebenso wurde während der Kristallnacht alles zerschlagen, so dass die Familie kein Zuhause mehr hatte.

Hermann Pick war Diabetiker. Da ihm als Jude die Behandlung verweigert wurde, erblindete er.

Seine Frau Ida wurde unter Druck gesetzt, sich von ihm scheiden zu lassen, da sie ‚arisch' war, und es einfacher war Juden ohne ‚arische' Familie ins KZ zu überführen.

Sie hat sich geweigert und ihm damit das Leben gerettet.

Das Haus in der Kramerstrasse 12 wurde von der Stadt zwangsenteignet, nach dem Krieg musste der Sohn, Edgar Pick, der Stadt Memmingen den Prozess machen um es endlich zurückzubekommen.

Dieser Prozess dauerte Jahre.

Sabine Streck, in Zusammenarbeit mit Eva Pick

Fotos: Familie Pick

ST. MARTIN
SELIG
SIND
DIE

Links: Die Stadtpfarrkirche steht dem Stadtmuseum gegenüber.

Gedenkgottesdienst in der Stadtpfarrkirche Sankt Martin

Am 14. Juli 2021 fand in der Martinskirche ein Gedenkgottesdienst für die Opfer des Nationalsozialismus aus Memmingen und Umgebung statt.

Der Kirchenraum von St. Martin

Am 14. Juli 2021 wurde in der Martinskirche vom Dekan des evangelisch-lutherischen Dekanats Memmingen, Christoph Schieder, ein Gottesdienst zum „Gedenken der regionalen Opfer des Nationalsozialismus“ gefeiert. Das Akkustik-Duo Rainer von Vielen stimmte die Besucher musikalisch ein. Oberbürgermeister Manfred Schilder überbrachte die Grüße der Stadt. Der Schirmherr der Ausstellung, Dr. Ludwig Spaenle, der Beauftragte der Bayerischen Staatsregierung für jüdisches Leben und gegen Antisemitismus, für Erinnerungsarbeit und geschichtliches Erbe, hielt eine viel beachtete Ansprache. Er betonte, dass es nicht nur um das Erinnern, sondern auch um den Kampf gegen Rechtsextremismus heute gehe. Kuratorin Regina Gropper M.A. erläuterte das Anliegen des Projekts „VerVolkt“, allen Opfern des nationalsozialistischen Terrors ein Gesicht und eine Stimme zu geben und zur Wachsamkeit gegen rechte Tendenzen heute aufzurufen. Leo Hiemer bezeichnete „VerVolkt“ als Impfung gegen „rechtes Gedankengut“. Im Anschluss wurde der Film „Kann Spuren von Nazis enthalten“ von Leo Hiemer erstmals öffentlich gezeigt.

Oberbürgermeister Manfred Schilder
hielt ein Grußwort

Dr. Ludwig Spaenle
bei seiner Ansprache

Kuratorin Regina Gropper begrüßte die Gäste,
rechts: Leo Hiemer

Das Akustik-Duo Rainer von Vielen
stimmte die Besucher musikalisch ein

Links: Das Stadtmuseum Memmingen ist im historischen Hermansbau untergebracht.

Ausstellung im Stadtmuseum Memmingen

Mit der Lockerung der Coronamaßnahmen konnte die Ausstellung im Stadtmuseum im Juli 2021 still geöffnet werden. Das Stadtmuseum bot Schutzraum für die Darstellung der persönlichen Schicksale und Kinderopfer aus Memmingen und Umgebung. Dieser Schutzraum war dringend notwendig, da zu diesem Zeitpunkt schon Attacken von rechts gegen die Open-Air-Ausstellung stattgefunden hatten.

Blick in die Ausstellung mit verbogenen Stelen der Außenausstellung auf dem Fußboden.

Foto: Christian Schäfler

5

1

Memmingen und der Nationalsozialismus

Fotos: Stadtmuseum Memmingen

Memmingen 1934,
Rathausplatz

Nach der „Machtergreifung“ der Nationalsozialisten 1933 bleibt Dr. Heinrich Berndl, seit 1931 Bürgermeister der Stadt Memmingen, weiter im Amt. Die NSDAP übernimmt die Führung.

Straßen und Plätze werden umbenannt. Der Weinmarkt heißt nun Adolf-Hitler-Platz. Historische Bauten sollen großen Aufmarschplätzen weichen. Das öffentliche Leben wird der nationalsozialistischen Ideologie angepasst und kontrolliert.

1895 leben 231 Juden und Jüdinnen in Memmingen. 1940 sind es nur noch 40. Die meisten sind ausgewandert oder umgezogen.

Bis 1938 werden systematisch alle jüdischen Geschäftsleute aus dem Berufsleben ausgeschaltet. Das tägliche Leben wird, wo irgend möglich, erschwert. So dürfen jüdische Memminger:innen ab 1938 nicht mehr auf dem Wochenmarkt einkaufen. Demütigungen sind an der Tagesordnung. Immobilienbesitz ist nicht mehr erlaubt. Der Schulbesuch für jüdische Kinder wird verboten.

Am Morgen des 10. November 1938 werden in Memmingen jüdische Männer verhaftet. In der Nacht zerstören Nationalsozialisten Wohnungen und Geschäfte von Juden, die Synagoge am Schweizerberg wird im Novemberpogrom gesprengt.

Fotos: Stadtmuseum Memmingen

Maibaum auf dem Weinmarkt, damals Adolf-Hitler-Platz

Hitlerjugend mit Hakenkreuzfahne.

Festumzug mit Hakenkreuzfahne.

Die Kosten für die Zerstörung muss die jüdische Gemeinde selbst übernehmen. Ein Gedenkstein am Platz der früheren Synagoge erinnert an dieses Ereignis.

1941 werden die letzten in Memmingen lebenden Juden in ein Haus mit zwei Wohnungen eingewiesen. 1942 werden 25 von ihnen deportiert und in einem Konzentrationslager im Osten getötet.

Kreisleiter Wilhelm Schwarz wurde im Juli 1948 beim sog. „Synagogenprozess“ durch das Landgericht Memmingen zu zwei Jahren Gefängnis wegen Zerstörung der Memminger Synagoge verurteilt. Im Februar 1949 wurde er in der Entnazifizierung als Hauptschuldiger eingestuft und unter Anrechnung der Haft zu drei Jahren Arbeitslager verurteilt. Im Juli 1950 folgte die Einstufung als Belasteter durch die Berufungskammer. Schwarz wurde mit einem Verbot zur Bekleidung eines öffentlichen Amtes, einschließlich des Notariats und der Tätigkeit als Anwalt belegt, welches im August 1958 aufgehoben wurde. Anschließend arbeitete er wieder als Rechtsanwalt in Memmingen.

Regina Gropper

Foto oben, links: Stadtarchiv Memmingen

Dr. Heinrich Berndl (1887–1973)

Die Rolle des Ersten Bürgermeisters bei der Verfolgung und Ausplünderung der jüdischen Bürgerinnen und Bürger in Memmingen

Von links nach rechts: Hermann Esser, Wilhelm Schwarz, Heinrich Berndl

Foto: Stadtmuseum Memmingen

Dr. Heinrich Berndl,[1] Jurist, Verwaltungsfachmann und Mitglied der Bayerischen Volkspartei, kam 1926 als Rechtsrat in die Dienste der Stadt Memmingen. Berndl erwarb sich rasch Vertrauen und wurde 1931 einstimmig, also auch mit den Stimmen der nationalsozialistischen Stadträte, zum Ersten Bürgermeister gewählt. Dieses Amt übte er von 1932 bis 1945 aus. Sein Entnazifizierungsverfahren endete mit der Einstufung als „Entlasteter". Er wurde 1948 wieder in der Memminger Stadtver-waltung eingestellt. Nach seiner Pensionierung war er von 1952 bis 1966 Oberbürgermeister von Memmingen.

Nach der „Machtergreifung" 1933 drängten Nationalsozialisten auf seine Absetzung zugunsten eines NSDAP-Parteimitglieds. Er behielt sein Amt, weil sich die radikaleren und die gemäßigteren Parteimitglieder nicht auf einen gemeinsamen Kandidaten einigen konnten und er das Vertrauen der beiden NSDAP-Kreisleiter Fritz Reiger und Wilhelm Schwarz genoss. Diese schützten ihn gegen Kritiker, so dass er sein Amt in der Folgezeit trotz des andauernden Misstrauens der radikaleren nationalsozialistischen Kreise weiter unangefochten ausüben konnte. Zudem kam er, soweit es die städtischen Finanzen und die Rechtslage zuließen, zumeist den Forde-

Quellen- und
Literaturverzeichnis:
222 ff.

rungen der Kreisleiter nach. Der altgediente Nationalsozialist Hermann Schweyer wurde 1933 Zweiter Bürgermeister und fungierte als „Aufpasser“ von Berndl.

Berndl trat am 1. Mai 1933 der NSDAP bei und näherte sich allmählich der nationalsozialistischen Ideologie an. Wie tief seine inhaltliche Annäherung tatsächlich ging, ist nur teilweise fassbar. Erkennbar ist, dass der konservativ und autoritär eingestellte Berndl Hitler als Einigungsfigur für das deutsche Volk und Reich empfand und einem unkritischen Hitler-Mythos huldigte.[2] Seine Rolle bei der Umsetzung nationalsozialistischer Politik ist jedoch bekannt. Im Folgenden soll deshalb an einigen Beispielen seine Beteiligung an der Verfolgung und Ausbeutung der jüdischen Bevölkerung beschrieben werden.

Berndl agierte dabei im Zusammenspiel mit anderen Behörden, Parteistellen oder der Gestapo. Aber er war nicht nur passiv aufgrund seines Amtes notgedrungen daran beteiligt, sondern er trieb in vielerlei Hinsicht von sich aus aktiv die Verfolgung der jüdischen Einwohner mit voran. Dabei bediente er sich gezielt des Instrumentariums, das ihm der nationalsozialistische Staat zur Verfügung stellte.[3]

So nützte er die Rechtslage, die die Ausbeutung der jüdischen Mitbürger ermöglichte, erfolgreich für die „Arisierung“ von Immobilien im jüdischen Besitz aus, damit er sie zu einem möglichst niedrigen Preis unterhalb des Einheitswerts für die Stadt erwerben konnte.[4] Es ist bezeichnend, dass die meisten von der Stadt „arisierten“ Immobilien in den Restitutionsverfahren nach dem Krieg als „schwere Entziehung“ im Sinne des Restitutionsgesetzes (MRG 59) galten,[5] wie bei dem Gebäude Kramerstraße 12. Berndl wollte unbedingt das Haus in die Hand bekommen, um eine Engstelle der Kramerstraße zu beseitigen. Er nahm deshalb zusammen mit Kreisleiter Schwarz als Verwaltungsratsmitglied bei der Stadtsparkasse Memmingen einen geringen Zinsrückstand als Anlass dafür, dass das Hintergebäude der Kramerstraße 12 zwangsversteigert wurde, und verhinderte damit, dass die jüdische Eigentümerfamilie die Immobilie auf dem freien Markt verkaufen konnte. Zudem drängte Berndl auch noch einen Mitbewerber aus dem Zwangsversteigerungsverfahren, indem er sich auf die Verordnung über den Einsatz des jüdischen Vermögens vom 3. Dezember 1938 (RGBl. I, S. 1709) berief. So erreichte er, dass nur die Stadt Memmingen als Bieter zugelassen wurde. Die Stadt konnte deshalb das Gebäude für einen erheblich niedrigeren Preis kaufen, als der Mitbewerber geboten hatte.[6] An diesem Beispiel wird deutlich, dass Berndl zusätzlich als Mitglied des Verwaltungsrats der Stadtsparkasse Memmingen bei „Arisierungen“ mitbeteiligt war. Das galt auch, wenn bei diesen Vorgängen andere Erwerber die Nutznießer waren. Dies war insbesondere bei

Das Porträt von 1941 gab Dr. Berndl selbst beim Maler Max Unold in Auftrag. Das ist ungewöhnlich, denn normalerweise wurden Bürgermeisterporträts erst zum Ende der Amtszeit angefertigt. Bildinschrift, Stadtwappen links oben und Amtskette verweisen auf Berndl als Ersten Bürgermeister. Er trägt nicht Zivil, sondern die Uniform eines Luftwaffenoffiziers. Nur die Hakenkreuzbinde verweist auf seine NSDAP-Mitgliedschaft. An dieser Komposition ist Berndls Selbstverständnis erkennbar. Er sieht sich vor allem als Stadtvater, aber verankert im Deutschen Reich und im Nationalsozialismus.

Das Gemälde wird in der Sammlung Unold in der MEWO-Kunsthalle aufbewahrt.

Gemälde: Nachlass Max Unold, Stadt Memmingen / MEWO Kunsthalle

der Ausschaltung der jüdischen Bevölkerung aus dem Wirtschaftsleben der Fall.[7] Die Sparkasse trieb gezielt jüdische Geschäftsleute in den Ruin bzw. beförderte die „Arisierung" dieser Firmen, indem sie Kredite kündigte und dabei betriebswirtschaftliche Interessen vorschob, die sie so bei „arischen" Kunden nicht anwandte.[8]

Berndl beteiligte sich auch an weiteren Verdrängungen jüdischer Geschäftsleute. So unterstützte er die Schikanen gegen jüdische Warenhäuser seit 1933, insbesondere gegen das Kaufhaus „Volksbedarf".[9] Er wirkte auch bei der „Arisierung" zahlreicher jüdischer Geschäfte und Firmen in Memmingen mit.[10] So unterstützte er beispielsweise die Aktionen des NS-Kreiswirtschaftsberaters gegen die Hadernsortieranstalt der Firma Simon Sommer, indem er David Sommer 1937 die Gewerbelegitimationskarte für den Einkauf von Lumpen entzog. Weil es keine gesetzliche Grundlage dafür gab, musste er Sommer die Legitimation wieder zurückgeben.[11]

Bürgermeister Berndl beteiligte sich seit 1934 im Zusammenspiel mit anderen Verwaltungsstellen und Parteistellen auch bei der Verdrängung des jüdischen Viehhandels aus Memmingen. Er scheute sich dabei nicht, Informationen aus einem Personalakt eines Viehhändlers an die Zeitung weiterzureichen, die den Händler öffentlich diffamierte. Er suchte systematisch nach Anlässen, um den Viehhändlern ihre Legitimationskarten entziehen zu können oder sie gar nicht erst zuzulassen. Berndl gab 1935 gegenüber einem Rechtsanwalt offen zu, dass man die Juden aus dem Viehhandel verdrängen wolle. Dabei handelte er sogar teilweise gegen städtische

Interessen, denn die jüdischen Viehhändler waren ein wichtiger Wirtschaftsfaktor und nicht ohne Weiteres zu ersetzen, so dass die Stadtverwaltung noch 1936 jüdische Viehhändler zulassen musste, um die Fleischversorgung der Bevölkerung zu gewährleisten.[12]

Berndls jahrelange Versuche, den jüdischen Friedhof zu erwerben, scheiterten nur deshalb, weil dieser unter die Verfügungsgewalt des Deutschen Reiches geriet. Der Staat war ein starker Verhandlungspartner, den er preislich nicht erpressen konnte. Ganz im Gegensatz zu den jüdischen Bürgerinnen und Bürgern der Stadt, die unter einem erheblichen Verfolgungsdruck standen. Sein Nachkriegsnarrativ, dass er den Friedhof mit dem Kauf und der zwischenzeitlichen Verpachtung als Hühnerhof letztendlich vor dessen Zerstörung schützen wollte, überzeugt nicht, wenn man seine übrige Verstrickung in die Verfolgung der jüdischen Bevölkerung betrachtet.[13]

Berndl bemühte sich auch um die Übernahme von Einrichtungs- und Kunstgegenständen aus jüdischem Besitz. Nachdem bei der Pogromnacht 1938 in jüdischen Wohnungen gewütet worden war, ließ er dort das kunsthistorisch wertvolle Inventar verzeichnen.[14] Er versuchte noch 1938 dessen Verkauf durch die jüdischen Besitzer gesetzwidrig von der Genehmigung eines städtischen Treuhänders abhängig zu machen.[15] 1939 versuchte er einen anderen Weg, sich diese Objekte, welche die auswanderungswilligen jüdischen Bürgerinnen und Bürger aufgrund der Unterschreitung der Wertgrenze hätten mitnehmen dürfen, für das Stadtmuseum Memmingen zu sichern. Er regte bei der Gestapo an, dass das Hauptzollamt die Ausfuhr verweigern solle.[16] Auch wenn das vermutlich so nicht durchgeführt wurde, kam die Stadt Memmingen in der Folgezeit trotzdem günstig in den Besitz von Kunstgegenständen und wertvollerem Wohnungsinventar, wie Möbel und Teppiche. Sie wurden in das Rathaus und in das Stadtmuseum gebracht. So beispielsweise Fotoplatten von Julius Guggenheimer oder eine Holztruhe von Max Guggenheimer.[17] Aus dem beschlagnahmten Besitz von Benno Rosenheim erwarb die Stadt 1941 günstig 37 Stücke, darunter Möbel, Ölbilder, Zinngeschirr und Teppiche.[18] Im Zeitraum von 1938 bis 1941 kaufte die Stadt nicht nur von Memminger, sondern auch von Fellheimer, Ichenhausener und Münchner Juden Kunstgegenstände, Wohnungsinventar und einen PKW, offenbar aus beschlagnahmtem Besitz und Zwangsverkäufen.[19]

Berndl setzte auch das Reichsgesetz vom 30. April 1939 um, das ermöglichte, dass die noch in Memmingen lebenden jüdischen Einwohner ihre Wohnungen verloren und in fünf kleine Memminger Häuser zusammengepfercht wurden. Ein von der Kreisleitung generell gewünschtes Betretungsverbot für Juden in den Hauptstraßen von 9 bis 22 Uhr

Die Fotografien vom August 1944 zeigen, dass das Porträt hinter seinem Schreibtisch im Amtszimmer des Rathauses hing. Links daneben ein Bild von Kaiser Maximilian samt Familie als Reminiszenz an die Reichsstadtzeit. Auf dem Schreibtisch steht prominent in Sichtachse der Besucher platziert ein Fahnenwimpel mit Hakenkreuz. Auf dessen Rückseite ist in Blickrichtung des Bürgermeisters das Stadtwappen angebracht.

konnte er zwar nicht erlassen, weil er dafür nicht zuständig war. Aber er schrieb an die Familien und verbot ihnen unter Strafandrohung, sich in der Öffentlichkeit auf den Hauptstraßen zu zeigen. Weil seine Sperre strenger war als die vom Reichsführer SS Heinrich Himmler verhängte, musste diese Anordnung wieder aufgehoben werden.[20]

Berndl rechtfertigte sich nach dem Krieg damit, dass er nur geltendes Recht angewandt habe, was übrigens nicht stimmt. Denn er versuchte, wie oben an Beispielen beschrieben, durchaus auch ohne gesetzliche Grundlage zu handeln bzw. die geltende strenger zum Nachteil der jüdischen Bevölkerung anzuwenden. Außerdem sei es ihm immer nur um die Interessen der Stadt gegangen. Moralische Aspekte blendete er aus. Die Verharmlosung seines Handelns im Entnazifizierungsverfahren und seine Einstufung als „Entlasteter" gelangen im Berufungsverfahren unter anderem, weil die Spruchkammer die Arisierungsvorgänge nicht anhand der Akten untersuchte.[21] Berndl wurde deshalb 1948 in der Stadt als Abteilungsleiter wiedereingestellt und war seit 1950 als Stadtsyndikus tätig. Deshalb war er für die Verhandlungen zur Restitution der von der Stadt erworbenen jüdischen Immobilien zuständig. Die ehemaligen jüdischen Besitzer bzw. deren Erben waren somit bei ihren Bemühungen, ihren Besitz zurückzuerhalten, mit dem Haupttäter konfrontiert. Auch in den

Fotos: Stadtarchiv Memmingen, Fotograf unbekannt

Auf der anderen Zimmerseite hängt ein Hitlerporträt. Mit diesem sorgfältigen Arrangement wird auf die im Rückblick als glanzvoll empfundene Zeit Memmingens als selbständige Reichsstadt verwiesen, gleichzeitig auf die zeitgenössische Verankerung im nationalsozialistischen Staat. Zudem inszeniert sich Berndl mit seinem Porträt selbstbewusst und unübersehbar als Erster Bürgermeister.

Restitutionsverfahren, in denen deutlich seine Verstrickung zur Sprache kam, zeigte er keine Einsicht in seine Täterschaft und argumentierte rein formaljuristisch und legalistisch. Als die Kritik an seiner Person zu stark wurde, sorgte er dafür, dass die Verhandlungen nach außen von dem Rechtsanwalt und Stadtrat Wilhelm Rauh geführt wurden, behielt aber intern die Verfahren in seiner Hand.[22]

Heinrich Berndl ist ein typisches Beispiel dafür, dass es nicht notwendig war, ein fanatischer und/oder gewaltbereiter Nazi der ersten Stunde zu sein, um die nationalsozialistische Herrschaft zu festigen und durchzusetzen. Er diente sich den Nationalsozialisten an, um seinen Posten als Erster Bürgermeister behalten zu können, den er wirtschaftlich gar nicht nötig hatte.[23] Wie tief tatsächlich seine inhaltliche Annäherung an die nationalsozialistische Ideologie reichte, wissen wir letztendlich nicht. Auch wenn er sich für eine kampflose Übergabe der Stadt einsetzte, weil er erkannte, dass der Krieg verloren war, lässt sich an seinem Beispiel feststellen: Teilübereinstimmungen mit nationalsozialistischen Interessen und Ideologien reichten völlig aus, sich am nationalsozialistischen Unrecht aktiv zu beteiligen. Er wollte als Bürgermeister gestaltend und nicht nur reaktiv verwaltend wirken.[24]

Katrin Holly

Wilhelm Rosenbaum, Fabrikant

Familie Rosenbaum

Der jüdische Käsegroßhändler Wilhelm Rosenbaum erkennt im Frühjahr 1933 die von den Nationalsozialisten ausgehende Gefahr und wandert zusammen mit seiner Frau Susanne, geb. Offenbacher, und den Töchtern Alice, Gertrud und Hilde aus.

Wilhelm Rosenbaum wird am 31. März 1933 in Memmingen verhaftet und im Gefängnis des Landgerichts in „Schutzhaft“ genommen. Am 29. Mai wird er ins Konzentrationslager Dachau eingeliefert und dort schwer misshandelt. Am 2. Juni 1933 wird er entlassen, kehrt aber nicht nach Memmingen zurück.

Erst sucht er Unterschlupf im Oberallgäu, später am Niederrhein. Er wandert 1933 nach Holland, dann nach Belgien und von dort 1936 nach Palästina aus. Unser Plakat zeigt die Rosenbaumtöchter auf dem ersten Automobil der Familie.

Wir bedanken uns bei den Nachkomm:innen für die Genehmigung der Veröffentlichung.

Zusätzliche Informationen finden Sie in der Abteilung »Jüdisches Leben in Memmingen« im Stadtmuseum Memmingen.

Regina Gropper / Sabine Streck

Fotos: Stadtarchiv Memmingen; privat

Das Leben im Hermansbau, gerade im 20. Jahrhundert, ist kaum erforscht. Unterstützen Sie deshalb unsere Arbeiten und hinterlassen uns hier Ihre Erinnerungen an Erlebtes, an die Bewohner sowie Ihre eigenen Geschichten. Übergeben Sie uns außerdem gerne Ihre Kontaktdaten, damit wir uns mit Ihnen in Verbindung setzen können.

Sicher ist, dass hier außer der Eigentümerfamilie von Herman und von Wachter auch Familien und Einzelpersonen in Mietwohnungen lebten. So auch die jüdische Familie Heilbronner.

In der Ausstellung wurde dazu aufgerufen, Informationen über die Bewohner des Museumsbaus in der NS-Zeit an das Stadtmuseum weiterzugeben. Tatsächlich gingen viele Hinweise aus der Bevölkerung ein.

Die Heilbronners im Hermansbau

Heinrich Heilbronner (1896–deportiert 1942)
Richard Heilbronner (1922–Flucht 1938)
Sophie Heilbronner (1923–Flucht 1939)
Ruth Heilbronner (1924–Flucht 1939)

Während des Dritten Reichs war hier im Hermansbau die jüdische Familie Heilbronner angesiedelt. Damals war die Adresse noch Westerstraße 8, erst 1933 wird die Straße in Zangmeisterstraße umbenannt. Man kann davon ausgehen, dass dies die elterliche Wohnung war, da dort ein Leo H. 1911 im Einwohnerbuch gemeldet war.

Am 29.05.1937 zog die Familie in die Illerstraße 15 – dazu findet man 1937 im Einwohnerbuch auch Rike H. Sohn Richard Heilbronner flieht 1938, die Töchter Sophie und Ruth 1939.

Viele Fragen zur Familie Heilbronner sind noch offen:

Wo im Hermansbau befand sich die Wohnung der Familie?

War Heinrich Heilbronner geschieden oder verwitwet?

Wohin flüchteten seine Kinder?

Gibt es Briefe oder Fotos?

Nach der Pogromnacht im November 1938 wurde Heinrich Heilbronner verhaftet und nach Dachau ins Konzentrationslager gebracht. Irgendwann zwischen dem 30.11.1938 und dem 14.12.1938 wurde er bereits wieder entlassen. Im selben Jahr noch Ende Dezember meldete Heinrich Heilbronner sein Gewerbe als Handelsvertreter ab.

Am 22.02.1939 muss Heinrich Heilbronner in die Zangmeisterstraße 24 ins frühere Haus der jüdischen Familie Einstein, später „Sammelhaus" der Memminger Juden, umziehen. Am 13.03.1942 wird er nach Fellheim umgesiedelt; von dort wird er deportiert. Ermordung in Piaski / Polen.

Gropper / Sabine Streck

Jüdinnen in Memmingen

Die Frauengeschichtswerkstatt Memmingen forscht seit 1994 über das Leben Memminger Frauen. Schon früh fiel ihr Blick auf die tragischen Schicksalsberichte der jüdischen Memmingerinnen, die sie über Jahrzehnte aufarbeitete.

Für die Ausstellung wurden Kurzportraits der Lebensberichte erstellt.

Foto: Kirstin Köllner

Channah Tishbi-Berman

Die drei Rosenbaum-Töchter (Channah rechts) beim Faschingsfest der Israelitischen Kultusgemeinde im Memminger Burgsaal.

1915 - 2011	
Memminger Jüdin, Emigrantin, Kibbuz-Pionierin	

Channahs Söhne Yissachar und Eli kamen 1995 nach Memmingen, als die Stadt zum „Gedenken 50 Jahre nach Kriegsende" eingeladen hatte. Die Mutter konnte sich nicht dazu entschließen. Sie war nach ihrer Emigration nach Palästina nur noch einmal in ihre Geburtsstadt zurückgekehrt. Als sie vor dem verschlossenen jüdischen Friedhof stand und das Grab ihres früh verstorbenen Bruders besuchen wollte, war kein Schlüssel zu bekommen. Sie versuchte über die Mauer zu steigen und wurde wüst beschimpft. Mit dieser Enttäuschung kehrte sie Memmingen für immer den Rücken. Tishbi-Berman, geboren als Hilde Rosenbaum, war die mittlere der drei Töchter des Memminger Käsegroßhändlers Wilhelm Rosenbaum. Ihre Jugend sei sehr belastet gewesen als Kind einer streng religiösen jüdischen Familie, erzählte sie neunzigjährig einer Besucherin aus Memmingen.

Ihr Lehrer, Dr. Hans Weis, begeisterte sie für die zionistische Bewegung. Dies veranlasste sie, mit den „Jungen Pionieren" nach Italien zu emigrieren. Zuvor hatte sie noch die Ausbildung zur Kindergärtnerin in Berlin absolviert. Als Mussolini an die Macht kam, wurde das Lager in Italien aufgelöst. Hilde Rosenbaum ging nach Palästina, wo sie sich fortan Channah nannte. 52 Jahre lang lebte sie unter härtesten Bedingungen in einem Kibbuz bei Gaza. Erst nach zehn Jahren bekamen sie und ihr Mann – Channah war inzwischen verheiratet und hieß Tishby – eigenes Land. Als der Kibbuz im Befreiungskrieg zerstört wurde, bauten die Kibbuznikim auf den Ruinen einen neuen Kibbuz auf. Im Sechstagekrieg starb Channahs Mann. Drei Jahre später heiratete sie einen Witwer mit fünf Kindern. 2003 holten die leiblichen Kinder die wieder verwitwete Mutter in den Kibbuz, in dem ihr Sohn Eli Bürgermeister war. 2011 starb sie dort. Am 95. Geburtstag hatte sie sich noch über eine Grußbotschaft aus Memmingen gefreut.

Erika Gäble

Alle Fotos in diesem Abschnitt: Stadtarchiv Memmingen; privat

Edith Eis

geb. 1921	
Emigrantin, Amerikanerin	

Die jüdische Memmingerin Edith Eis, geb. Günzburger, besuchte ihre Geburtsstadt nach dem Zweiten Weltkrieg oft und bis ins hohe Alter. Gern plauderte sie auf dem Memminger Marktplatz mit alten Schulkameradinnen. Etwa dreißig Mal kam sie zurück in ihre erste Heimatstadt, obwohl ihre Eltern aufgrund der NS-Verfolgung ums Leben gekommen waren und sie selbst nur über die Emigration ihr Leben retten konnte. Edith Eis entstammt der jüdischen Unternehmerfamilie Günzburger. An die Pogromnacht 1938, als auch in ihrem Elternhaus an der Moltkestraße das Mobiliar kurz und klein geschlagen wurde, erinnerte sie sich lebenslang schmerzhaft.

Drei Jahre lang besuchte sie die Höhere Töchterschule am Memminger Hallhof, bis es der Schulleiterin Marie Köberle nicht länger gelang, die jüdischen Kinder vor Spott und Ausgrenzung von Mitschülerinnen zu schützen. Ediths Eltern veranlassten die weitere Ausbildung an der jüdischen Wirtschafts-Frauenschule in Wolfratshausen.

Auf Drängen ihrer Eltern bereitete sich Edith zur Ausreise vor. 1939 gelang es nach vergeblichen Versuchen, über Schweden, Russland und Japan in die USA zu emigrieren. Chicago wurde für 49 Jahre zur neuen Heimat der Allgäuerin.

Edith Eis und ihre deutsche Freundin hofften lange, die Eltern könnten ihnen folgen. Doch sie musste damit leben, dass ihre Eltern nach Piaski deportiert wurden und nach dem Transport als verschollen galten. Auf der Schiffsreise nach San Francisco lernte Edith Eis ihren späteren Ehemann kennen, der als Frankfurter Jude ebenfalls aus Deutschland emigrieren musste. Maurice Eis kehrte im Zweiten Weltkrieg als amerikanischer Soldat nach Deutschland zurück, 1946 heirateten die beiden. Sie schafften es mit Fleiß und Ausdauer, in anspruchvollen Berufen tätig zu werden. Mit zwei Kindern lebten sie in Skokie und ab 1989 in Kalifornien, nahe dem Sohn und seiner Familie.

Erika Gäble

Elisheva Ramon

1918 – 2012	
Memminger Jüdin, Emigrantin, Psychologin	

Als Brückenbauerin wurde sie gerühmt, als sie noch im hohen Alter und mit Hörgerät ausgerüstet immer wieder in ihre Geburtsstadt Memmingen kam, um in Vorträgen, vor allem in Schulen, für Völkerverständigung, Frieden und Freiheit zu werben. Das Verhältnis Deutschland-Israel war ihr ein Herzensanliegen. Für ein friedliches Miteinander von Rassen und Religionen warb die Zeitzeugin des Holocaust noch als 90-Jährige eine Stunde lang im Memminger Kreuzherrnsaal – stehend.

Als Alice Rosenbaum, dritte Tochter des Käsegroßhändlers Wilhelm Rosenbaum, in der elterlichen Villa am Kaisergraben in einer streng religiösen Familie aufwuchs, erlebte sie schon früh Feindschaft. Lehrer und Mitschülerinnen an der Höheren Töchterschule verspotteten sie. Ihr Vater war der erste verfolgte jüdische Unternehmer in Memmingen. Zuerst waren es nur Nadelstiche, man nahm sie hin, man war Jude und das schloss Leiden ein.

Alice floh fünfzehnjährig nach Berlin und von dort mit der zionistischen Jugendorganisation Alija nach Palästina. Auf dem Schiff gab sie sich selbst den Namen Elisheva. Sie arbeitete hart beim Aufbau des Kibbuz Sgeh Elijahn und ließ sich in Jerusalem zur Kindergärtnerin ausbilden. 1951 / 52 durfte sie mit einem Stipendium in den USA Psychologie studieren. Dort sammelte sie 20.000 Dollar, mit denen sie, nach Israel heimgekehrt, einen Musterkindergarten gründete. In Israel kam noch das Studium der Pädagogik und der Soziologie hinzu. Nach ihrer Heirat arbeitete sie mit ihrem Mann, einem Arzt, ab 1962 noch einmal elf Jahre in einem Kibbuz.

1995 überzeugte sie Nichten und Neffen sowie deren Kinder, mit ihr nach Memmingen zur Teilnahme am „Gedenkgottesdienst 50 Jahre nach Kriegsende“ zu reisen. Verwitwet übersiedelte Elisheva Ramon nach Jerusalem in das Altenheim Beit Barth, wo sie 2012 starb.

Erika Gäble

Hedwig Bähr

1891 – 1942	
Jüdin, ermordet in Auschwitz	

Hedwig Bähr wurde am 07.08.1891 in Memmingen geboren. Sie war alleinstehend und als Haushälterin ausgebildet. Sie lebte, als „Haustochter", die im Haushalt mithilft, bei ihren Eltern in der Herrenstraße 12. Am 01.09.1938, als der Druck durch die Nazis in Memmingen immer stärker wurde, zog sie nach Berlin-Charlottenburg zu Verwandten, wo sie fortan lebte. Ihre beiden Neffen waren bereits 1933 und 1936 nach England emigriert.

Emanuel Wolf, ihr Schwager, emigrierte 1939 ebenfalls nach England und schaffte es, seinen Vater nach England mitzunehmen. Aber sein Versuch, seine Schwägerin Hedwig mitzunehmen, scheiterte am nationalsozialistischen Regime. In der Familienchronik der Wolf-Nachkommen in England wird dazu vermerkt: „Could not get Hedwig out, died in concentration camp".

Am 14.12.1942 wurde sie ins Vernichtungslager Auschwitz deportiert und kam dort ums Leben.

Im Oktober 2016 wurde für Hedwig Bähr ein Stolperstein vor ihrem Elternhaus, Roßmarkt 5 (ehemals Schweizerberg 5), verlegt. Auch an die Geschwister Martha Frank, geb. Bähr und Hugo Bähr erinnern dort Stolpersteine.

Ursula Hinske-Gengnagel

Sofie Friedman

geb. 1923	
geb. Sommer, Memminger Jüdin	

Sofie Sommer wurde im Jahr 1923 in Memmingen geboren und lebte mit ihren Eltern und zwei Geschwistern bis 1939 in der Ulmer Straße 6 in Memmingen. Sie emigrierte im Frühjahr 1939 über England in die USA. Sofie Friedman erinnert sich an Memmingen: „Als ich, es war 1930, in der 1. Klasse war, sagte ein Schulkamerad zu mir: ‚Wenn Hitler an die Macht kommt und die Juden Deutschland nicht verlassen, wird er euch alle umbringen.' Ich kam heulend und völlig außer mir heim, aber meine Eltern konnten nichts anderes tun als mich zu beruhigen. Langsam wurde alles schlimmer. Wir waren vom Sportverein und dem Freibadbesuch ausgeschlossen. In der Schule wurde uns der Sportunterricht verboten. Im Unterricht mussten wir in der letzten Reihe sitzen. Während der Pause durften wir nicht mehr mit den anderen Kindern spielen; wir waren auf eine kleine Fläche beschränkt. Wir durften auch außerhalb der Schule nicht mehr mit anderen Kindern spielen. Später durften wir überhaupt nicht mehr zur Schule." Nach der Pogromnacht beantragte ihre Mutter für ihre Tochter Sofie die Aufnahme in ein Kinder-Hilfsaktionsprogramm mit England. Anfang 1939 konnte und musste die 16-jährige Sofie Deutschland verlassen. 1942 begann sie in London eine Ausbildung zur staatl. geprüften Krankenschwester. Anfang 1946 reiste sie nach Kalifornien aus. Mit 30 Jahren heiratete sie in Los Angeles; die Ehe wurde nach 15 Jahren kinderlos geschieden. Sofie Friedman gehörte der weltweiten Organisation „Friendship Force" an, deren Motto „Eine Welt von Freunden ist eine Welt von Frieden" lautet.

Als sie 2008 mit der Gruppe in Berlin war, entschied sie sich, einen Abstecher dahin zu machen, „wo ich aufgewachsen war. [...] Es war das erste Mal, dass ich nach fast 70 Jahren nach Deutschland zurückkehrte." Anfang 2012 zog Sofie in ein jüdisches Seniorenheim in Los Angeles um. Weiterhin hält sie mit ihren Freunden Kontakt. In ihrem letzten Brief vom Dezember 2012 schreibt sie: „Ich gehe täglich spazieren, und außer den Einschränkungen mit den Augen und dem Gehör bin ich fit. Ich bin glücklich."

Sabine Streck

Zusätzliche Informationen finden Sie in der Abteilung »Jüdisches Leben in Memmingen« im Stadtmuseum Memmingen.

Ursula Guggenheimer

1922 – 1981	
Opfer des Nationalsozialismus	

Geboren am 5. Dezember 1922 in Memmingen. Gestorben mit nur 58 Jahren in Memmingen. Wie das Leben der Ursula Guggenheimer zwischen dem 3. und 10. August 1981 endete, vermag niemand zu sagen. Neben persönlicher Veranlagung, Krankheit und schwer nachvollziehbaren Entscheidungen war es zweifelsfrei vor allem die Tatsache, dass Ursula Guggenheimer das Kind einer Verbindung war, die unter dem Regime der Nationalsozialisten als „Mischehe" bezeichnet wurde.

Nach dem Ende des Zweiten Weltkrieges erfolgte eine heute nur mehr schwer nachvollziehbare Verschleppung der Wiedergutmachungsverfahren. Der Jahrzehnte lange Kampf der Mutter, Annemarie Guggenheimer, lag auch als schwere Last auf der Tochter. Sie war das einzige Kind des Memminger jüdischen Pferdehändlers Alfred Guggenheimer und seiner zwanzig Jahre jüngeren Ehefrau. Die Jugendzeit im Elternhaus war bereits überschattet, als ihr Vater 1933 vorübergehend verhaftet wurde und fünf Jahre später die Wohnung in der Pogromnacht brutal zerstört wurde.

Nach fünfjährigem Besuch wurde Ursula Guggenheimer von der Städtischen Mädchenoberschule verwiesen. Ihre Ausbildung an der Berlitz-Fremdsprachenschule in Hamburg musste sie abbrechen. 1939 wurde ihr Vater gezwungen, sein Haus zu verkaufen. Die Eltern beantragten einvernehmlich mit falschen Angaben die Scheidung in der vergeblichen Hoffnung zu retten, was noch zu retten sein könnte. Alfred und Annemarie hielten heimlich Kontakt und unterstützten sich so gut wie möglich, bis Alfred in Theresienstadt starb. Die Witwe und ihre Tochter mussten sich gezwungenermaßen auf eine Odyssee nach Württemberg und zurück nach Memmingen begeben. Immer begleitet von finanziellen Sorgen, auf die Hilfe von Freunden angewiesen. Nach dem Tod der Mutter war die Tochter gebrochen und krank, zog sich von der Außenwelt völlig zurück.

Erika Gäble

Lotte-Lore Michaelis

1913 – 2013	
Ich wäre so gerne in Memmingen alt geworden	

An ihrem 100. Geburtstag nahm sie sichtlich gerührt Blumenstrauß und Glückwunschschreiben des Memminger Oberbürgermeisters entgegen. Sie betonte ihre Freude in immer noch deutlich memmingerisch gefärbtem Deutsch. Besonders berührt war sie beim Händedruck der zwei jungen Memminger, längst Freunde ihrer Großneffen und der Großnichte. Mit dieser Freundschaft hat sich für die ehemalige Memminger Jüdin der Kreis zur immer noch geliebten Heimat geschlossen. Am 15. November 1913 in der Memminger Kalchstraße geboren, auf Wunsch der Eltern von einem streng katholischen Kinderfräulein erzogen, in der Höheren Töchterschule erstmals mit der englischen Sprache, die sie nie mochte, vertraut gemacht, arbeitete sie anschließend im Textileinzel- und Großhandel des Vaters – nur weil dieser darauf bestand. Ihr Berufswunsch, Kinderkrankenschwester, erfüllte sich erst viel später in London.

Nach der Pogromnacht, in der auch die Wohnung der Familie Guggenheimer stark beschädigt wurde, ermöglichte Julius Guggenheimer Sohn und Tochter die Flucht nach England. Dort höchst unwillkommen, übernahm Lotte-Lore Haushaltsarbeiten, die sie nie vorher geschätzt und erlernt hatte. Nach harten Jahren erreichte sie einen Ausbildungsplatz in einem Kinderkrankenhaus. Die alsbaldige Heirat mit einem aus Berlin geflohenen Juden musste sie verheimlichen.

Während ihrer Berufstätigkeit wurde sie ob ihres großen Engagements gelobt und ausgezeichnet. Nach der Scheidung arbeitete sie als Rentnerin mit einem weit überdurchschnittlichen Engagement ehrenamtlich in vielen Bereichen weiter. Dafür wurde sie im Jahr 2000 mit dem Titel „Frau des Jahres im sozialen Bereich" von der Stadt Bradford bedacht und öffentlich geehrt. Noch vor dem 101. Geburtstag starb Lotte-Lore Michaelis, in England Lola genannt.

Erika Gäble

* Staatsarchiv Augsburg,
Staatsanwaltschaft Augsburg,
Sondergericht München 2, 832

Die Polen-Erlasse und die Rassenschande

Die Männer sind im Krieg, die Frauen und Kinder allein auf dem Land. Polnische „Fremdarbeiter" werden den Bauernhöfen als Arbeitskräfte zugeteilt. Rund zwei Drittel der circa 300.000 „Fremdarbeiter" und zahlreiche Kriegsgefangene arbeiten in der Landwirtschaft, um die „Ernährung des deutschen Volkes zu sichern".

Ein halbes Jahr nach Kriegsbeginn treten im März 1940 die Polen-Erlasse in Kraft. Mehrere Anordnungen regeln das Verhältnis zwischen der deutschen Bevölkerung und den polnischen Zwangsarbeitern bei der Arbeit und im Alltag. Dazu gehört die Kennzeichnungspflicht mit dem Buchstabe „P" an der Kleidung. Die Präsenz der Polen im öffentlichen Raum soll auf ein Minimum reduziert werden:

Sie dürfen keine Gaststätten betreten und an keinen Veranstaltungen teilnehmen. Sogar der gemeinsame Kirchenbesuch ist verboten.

Deutschen sind alle privaten Kontakte untersagt. Es ist nicht erlaubt, sich zum Essen gemeinsam an einen Tisch zu setzen. Intime Beziehungen werden streng geahndet: Deutsche Frauen kommen ins Konzentrationslager, polnischen Männern droht die Todesstrafe.

Schon „unsittliche Berührung", ja der bloße Verdacht genügt für eine Bestrafung. Laut Sondergericht haben diese Frauen das „gesunde Volksempfinden" gestört und „die Würde und das Ansehen der deutschen Frau schwer geschädigt".*

Regina Gropper

Quelle: „P – the sign of Poles forced to work in the Third Reich"

Anni Wrzesinski

26. Juni 1921 – 25. März 2008
geborene Anna Maria Zick

Heinrich (Henryk) Wrzesinski

8. Juni 1920 – 13. Januar 1993

Anna Maria Zick (Anni) lernt als junge Magd auf einem Bauernhof im November 1940 in Wolfertschwenden den 20-jährigen polnischen Zwangsarbeiter Henryk Wrzesinski kennen. Es ist der Beginn einer verbotenen Liebe, da Beziehungen zwischen Polen und Deutschen damals als Rassenschande gelten. Zwei Jahre halten sie ihre Liebe geheim, dann wird Anni schwanger.

Henryk, den im Dorf alle Heinrich nennen, wird umgehend verhaftet und nach München / Stadelheim gebracht. Dort sitzt er ein halbes Jahr in der Todeszelle, ehe man ihn in das KZ Dachau verlegt. Anni bekommt im Mai 1943 Tochter Elisabeth. Am 8. Dezember wird Anni verhaftet und wird nach langer Tortur am 8. Februar 1944 im KZ Ravensbrück inhaftiert.

Sie überlebt und findet ausgezehrt im Januar 1945 nach Wolfertschwenden heim. Am 29. April 1945 wird das KZ Dachau befreit. Heinrich kehrt schwer krank zu Anni zurück. Am 16. Juli 1945 heiraten die beiden, 1949 bekommen sie ihr zweites Kind. Da Heinrich in Deutschland staatenloser Ausländer ist, wird Anni nach der Hochzeit die deutsche Staatsbürgerschaft aberkannt. Weder sie noch ihre Kinder bekommen deutsche Ausweispapiere. Ende der 60er Jahre bekommt Henryk erstmals eine Reiseerlaubnis zu seiner Familie nach Polen. Anni hat keinerlei Entschädigung für ihre KZ-Haft erhalten, Henryk wurde mit wenigen hundert D-Mark abgefunden. Er hat sich nie von den Qualen der KZ-Haft erholt. Als die körperlichen Schmerzen unerträglich werden, begeht er Selbstmord.

Regina Gropper

Foto: privat

Heidi
(erste von rechts)
mit ihren
Schwestern

Adelheid Schieß

26. März 1918	
geb. im Brandholz, Gemeinde Wolfertschwenden	

Adelheid Schieß, genannt Heidi, wird am 26. März 1918 im Brandholz, Gemeinde Wolfertschwenden, geboren. Sie besucht die Volksschule und wird schließlich Magd auf dem Nachbarhof. Seit Sommer 1940 ist dort der junge Pole Richard zu Zwangsarbeit verpflichtet. Die beiden verlieben sich ineinander und träumen vom Heiraten. Heidi wird schwanger. Durch den Polenerlass von 1940 wird diese Schwangerschaft zur Katastrophe für Heidi – Polen und Deutschen ist jeglicher Kontakt untersagt. Aus Liebe wird Rassenschande.

In Ronsberg wird Heidi von einem Kind entbunden, das jedoch schon nach kurzer Zeit stirbt. Die junge Frau wird bald darauf verhaftet und ins KZ Ravensbrück eingeliefert. Sie habe gegen das „Blutschutzgesetz“ verstoßen.

Erst 1944 wird sie völlig abgemagert aus der Haft entlassen. Auch Heidi musste unterschreiben, dass man sie „gesund“ entlassen habe. Aber Heidi ist an Leib und Seele krank. Sie kommt ins Stiftsspital nach Kempten. Ihre Schwester besucht sie noch zwei Tage vor ihrem Tod. Am 29. Mai 1944 stirbt Adelheid Schieß. Der Nachbar holt die Leiche der 26-Jährigen mit dem Pferdefuhrwerk nach Wolfertschwenden, wo sie am 31. Mai 1944 beerdigt wird.

Richard überlebt das KZ, kehrt im Frühjahr 1945 auf den Schießhof zurück und muss erfahren, dass sowohl Heidi als auch ihr gemeinsames Kind tot sind.

Max Dodel / Regina Gropper

Foto: privat

Michael Paraszcuk

– Portrait eines Staatenlosen

Michael Paraszcuk auf dem Horex Moped seines Vaters. Aufnahme ca. 1958 im Valka-Lager. Das Moped diente auch als Transportfahrzeug für Brennholz, Kohlen oder Altmetall.

… „staatenlos", geboren in Bayern.

Michael Paraszcuk ist 1953 „staatenlos" in Nürnberg geboren. Er trägt den Nachnamen und den Rechtsstatus seines Vaters, wenngleich seine Mutter Deutsche ist. Sein Vater Danilo wird 1911 in Galizien geboren. Nach dem Einmarsch der Wehrmacht in Polen wird er zur Zwangsarbeit nach Deutschland verschleppt und muss am Nürnberger Rangierbahnhof arbeiten, wo er auch die Befreiung durch die amerikanischen Alliierten erlebt. Bei einer Rückkehr in die Heimat 1945 wäre Danilo Sowjetbürger geworden, was er ablehnt. Er und mit ihm sein Sohn Micha bleiben „staatenlos".

Im Kinderheim der Salesianer in Pfaffenhofen verbringt Michael drei Schuljahre.

Kindheit im Valka-Lager

Micha Paraszcuk wächst im „Valka-Lager" in Nürnberg-Langwasser auf – dem Auffanglager für „Displaced Persons". Dort leben knapp 4.000 Menschen aus 30 Nationen in ärmlichsten Verhältnissen. Micha sagt dennoch: „Als Kind war ich sehr frei. Doch mit uns Lagerkindern wollten die anderen nichts zu tun haben. Für viele waren wir die ‚Dreckspolaken'.

Anna Maria Willer

Fotos: privat

Menschenversuche an Kindern in der Heil- und Pflegeanstalt Kaufbeuren-Irsee (1942–1944)

KINDERHEILSTÄTTE MITTELBERG
bei Oy, bayer. Allgäu
TELEFON Oy 14
Postscheckkonto München
51313

MITTELBERG BEI OY, den 26.10.42.

Sehr geehrter Herr Kollege!

Zur Ergänzung meiner wissenschaftlichen Versuche über die Tuberkulose-Schutzimpfung beim Menschen möchte ich einige tuberkulinnegative Kinder einer Vaccination mit meinem Impfstoff (bestehend aus sicher abgetöteten Tuberkelbazillen und Lanolin) unterziehen. Mein früherer Lehrer, Herr Professor B e s s a u, Direktor der Universitäts-Kinderklinik Berlin, führt Parallelversuche dieser Art bei Kindern der Heil- und Pflegeanstalt Wittenau durch. Der Reichsgesundheitsführer Dr. C o n t i, sowie der Reichstuberkulose-Ausschuss befürworten diese Untersuchungen sehr, da hiervon die baldige Einführung einer allgemeinen Tuberkulose-Schutzimpfung abhängig ist.

Sie können versichert sein, dass die Kinder durch die Vaccination keinen körperlichen Schaden erleiden. Die Vaccination ist an zahlreichen Tierversuchen erprobt und durchaus unschädlich. Ich wäre Ihnen dankbar, wenn Sie mir möglichst umgehend mitteilen würden, wieviel Kinder Sie mir für diesen Zweck zur Verfügung stellen können. Ich würde in diesem Falle selbst die vor der Impfung notwendige Prüfung auf Tuberkulinempfindlichkeit vornehmen und die Vaccination später anschliessen. Der Impfstoff ist nach meinem Rezept im Behring-Institut Marburg/Lahn hergestellt worden. Ich habe selbst schon 2 Kinder geimpft; dieselben haben keinerlei Schaden erfahren.

Für Ihre Bemühungen im voraus meinen verbindlichsten Dank.
Mit besten kollegialen Empfehlungen und

Heil Hitler!

Dr. med. habil. G. Hensel
Mittelberg b. Oy/Allgäu

P.scr:
Herr Reg.Rat Gaum vom Innenministerium München gab mir Ihre werte Adresse und würde es begrüssen, wenn ich meine Untersuchungen in Ihrem Hause durchführen könnte.

D.U.

Quelle: Historisches Archiv des Bezirkskrankenhauses Kaufbeuren

In der Kinderfachabteilung werden kleine Patienten getötet, deren Leben als „unwert“ gilt. Zwischen 1942 und 1944 werden Menschenversuche an ihnen durchgeführt.

Der Tuberkulose-Spezialist Dr. med. habil. Georg Hensel erprobt schon 1938 in Berlin eine Schutzimpfung an „körperlich nicht besonders wertvollen“ Säuglingen. 1942 ist Hensel Oberarzt in der Kinderheilstätte Mittelberg. Mit Genehmigung des Direktors der Heil- und Pflegeanstalt Kaufbeuren, Dr. Valentin Faltlhauser, missbrauchte er mindestens 13 Patient:innen für seine Impfversuche. Sechs Kinder sterben. 1944 veröffentlicht er seine Erkenntnisse.

Am 7. August 1946 wird Dr. Hensel angeklagt, weil er „Impfversuche mit Tuberkelbazillen an Kindern vorgenommen habe, die den Tod der Geimpften zur Folge gehabt hätten.“ Seit Kriegsende ist er leitender Chefarzt der Lungenheilstätte Lautrach. Mangels Beweisen wird er freigesprochen. Hensel leitet die Lungenheilstätte bis zu seinem Ruhestand.

Wie zahlreiche andere Forscher interessiert sich Dr. Hensel nicht für die Kinder. Sie sollten wenigstens noch der Wissenschaft von Nutzen sein, da deren „Lebenserhaltung für die Nation keinen Vorteil bedeutet[e]“. Vielfach veranlassten Forscherdrang, Aussicht auf Karriere und guten Verdienst Ärzte zu Menschenversuchen. Ambitionierte und hoch-qualifizierte Wissenschaftler machten die Vernichtung als minderwertig Erachteter erst möglich.

Petra Schweizer-Martinschek

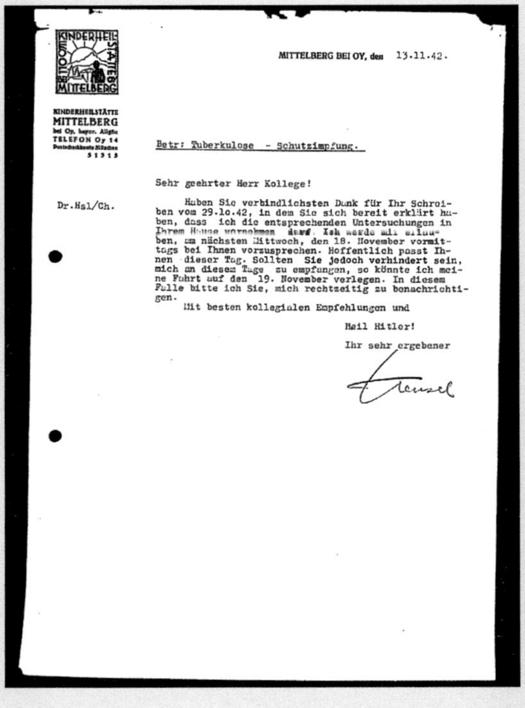

KINDERHEILSTÄTTE BEI OY BEI MITTELBERG

KINDERHEILSTÄTTE
MITTELBERG
bei Oy, bayer. Allgäu
TELEFON Oy 14
Postscheckkonto München
51313

MITTELBERG BEI OY, den 13.11.42.

Dr.Hsl/Ch.

Betr: Tuberkulose - Schutzimpfung.

Sehr geehrter Herr Kollege!

Haben Sie verbindlichsten Dank für Ihr Schreiben vom 29.1o.42, in dem Sie sich bereit erklärt haben, dass ich die entsprechenden Untersuchungen in Ihrem Hause vornehmen darf. Ich werde mir erlauben, am nächsten Mittwoch, den 18. November vormittags bei Ihnen vorzusprechen. Hoffentlich passt Ihnen dieser Tag. Sollten Sie jedoch verhindert sein, mich an diesem Tage zu empfangen, so könnte ich meine Fahrt auf den 19. November verlegen. In diesem Falle bitte ich Sie, mich rechtzeitig zu benachrichtigen.

Mit besten kollegialen Empfehlungen und

Heil Hitler!

Ihr sehr ergebener

Hensel

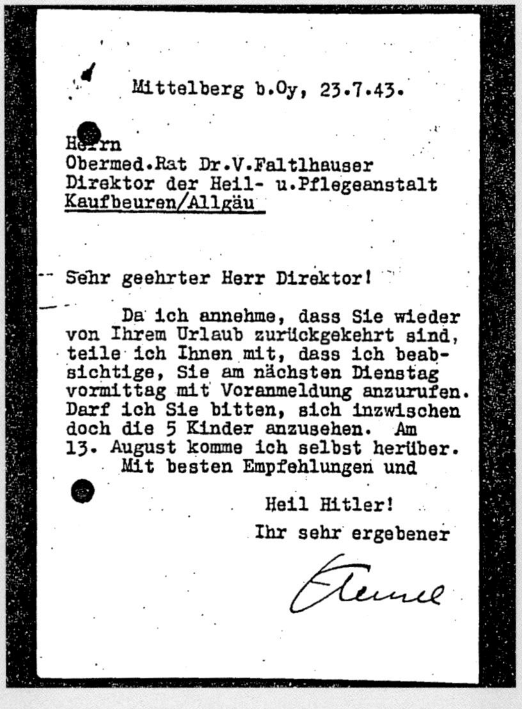

Mittelberg b.Oy, 23.7.43.

Herrn
Obermed.Rat Dr.V.Faltlhauser
Direktor der Heil- u.Pflegeanstalt
Kaufbeuren/Allgäu

Sehr geehrter Herr Direktor!

Da ich annehme, dass Sie wieder von Ihrem Urlaub zurückgekehrt sind, teile ich Ihnen mit, dass ich beabsichtige, Sie am nächsten Dienstag vormittag mit Voranmeldung anzurufen. Darf ich Sie bitten, sich inzwischen doch die 5 Kinder anzusehen. Am 13. August komme ich selbst herüber.

Mit besten Empfehlungen und

Heil Hitler!

Ihr sehr ergebener

Hensel

Ernst Lossa zwischen seinen Schwestern

Ernst Lossa

Ernst Lossa	
geb.: 01. November 1929 in Augsburg	
Wurde am 09.08.1944 mit 14 Jahren im Zuge der nationalsozialistischen Krankenmorde in der Heil- und Pflegeanstalt Irsee umgebracht.	

Ernst Lossa wurde 1944 mit 14 Jahren im Zuge der nationalsozialistischen Krankenmorde in der Heil- und Pflegeanstalt Irsee umgebracht. Zum Verhängnis wurde ihm zum einen seine Abstammung, zum anderen sein unangepasstes Verhalten.

Ernst wird am 1. November 1929 in Augsburg geboren. Seine Eltern zählen zur Volksgruppe der Jenischen, die seit Generationen als fahrende Händler, Handwerker oder Künstler unterwegs waren. Aufgrund ihrer Lebens- und Arbeitsweise wurden sie häufig als „Zigeuner“ diskriminiert.

Ernst hat drei jüngere Geschwister: Amalie (*1931), Anna (*1932) und Christian (*1933). Wenn die Familie nicht auf Reisen ist, wohnt sie in Augsburg. Dort geraten die Lossas 1933 ins Fadenkreuz der Behörden. In den Akten ist von einer „Zigeuner-Familie“ die Rede. Im Juli 1933 werden den Eltern die vier Kinder weggenommen und auf verschiedene Heime verteilt. Der dreijährige Ernst kommt in ein Waisenhaus.

Bald häufen sich dort negative Berichte über den Jungen. Darin heißt es, Ernst sei ein „schwer auffälliges Kind“. Er lüge und stehle und habe eine „asoziale Veranlagung“. Im Februar 1940 wird Ernst in ein Erziehungsheim der Nationalsozialistischen Volkswohlfahrt (NSV) in Markt Indersdorf verlegt. Auch dort gilt er als Störenfried und Dieb. Ein Gutachten beschreibt ihn als „triebhaften Psychopathen“. Im April 1942 wird der nun zwölfjährige Ernst in die Heil- und Pflegeanstalt Kaufbeuren überstellt, ein Jahr später in die Nebenanstalt Irsee verlegt.

In der Anstalt Kaufbeuren / Irsee werden zu dieser Zeit Hunderte Patientinnen und Patienten durch überdosierte Medikamente oder gezielte Hungerkost getötet. Ernst wird Zeuge dieser Krankenmorde. Er äußert mehrmals gegenüber Pflegern, dass er nicht mehr lange leben werde. Am Abend des 8. August 1944 wird dem Vierzehnjährigen eine Überdosis Morphium-Scopolamin gespritzt, an der er am Nachmittag des 9. August stirbt.

Robert Domes

Foto: privat

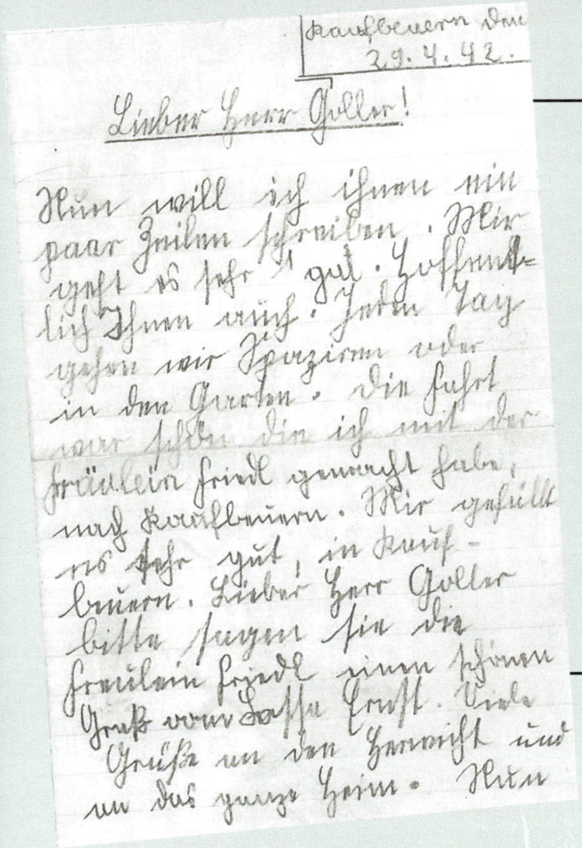
Kaufbeuern den 29.4.42.

Lieber Herr Goller!

Nun will ich ihnen ein paar Zeilen schreiben. Mir geht es sehr gut. Hoffentlich Ihnen auch. Jeden Tag gehen wir Spazieren oder in den Garten. Die Fahrt war schön die ich mit der fräulein friedl gemacht habe, nach Kaufbeuern. Mir gefällt es sehr gut in Kaufbeuern. Lieber Herr Goller bitte sagen sie die fräulein friedl einen schönen Gruß von Lossa Ernst. Viele Grüße an den Herwicht und an das ganze Heim. Nun

Transkription:

„Lieber Herr Goller!
Nun will ich Ihnen ein paar Zeilen schreiben. Mir geht es sehr gut. Hoffentlich Ihnen auch. Jeden Tag gehen wir spazieren oder in den Garten. Die Fahrt war schön, die ich mit der Fräulein Fried gemacht habe nach Kaufbeuern. Mir gefällt es sehr gut in Kaufbeuern. Lieber Herr Goller, bitte sagen Sie die Fräulein Friedl einen schönen Gruß von Lossa Ernst. Viele Grüße an den Herwicht und an das ganze Heim. Nun will ich schließen für heute.

Ernst Lossa“

Diesen Brief schrieb Ernst Lossa kurz nach seiner Ankunft in Kaufbeuren an das Erziehungsheim.

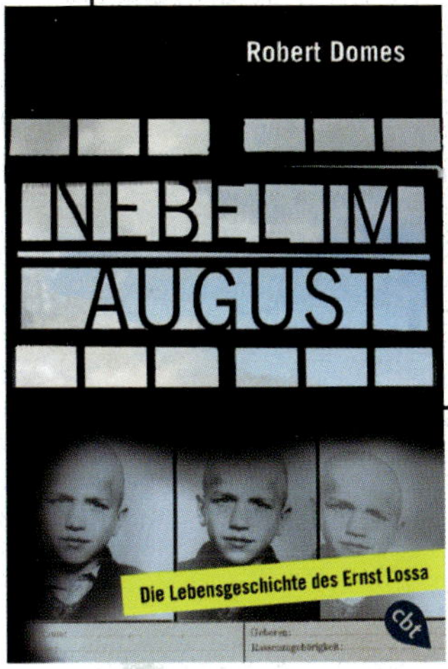

Die Lebensgeschichte von Ernst Lossa erzählt Robert Domes in seinem Roman „Nebel im August“, der unter der Regie von Kai Wessel auch verfilmt wurde.

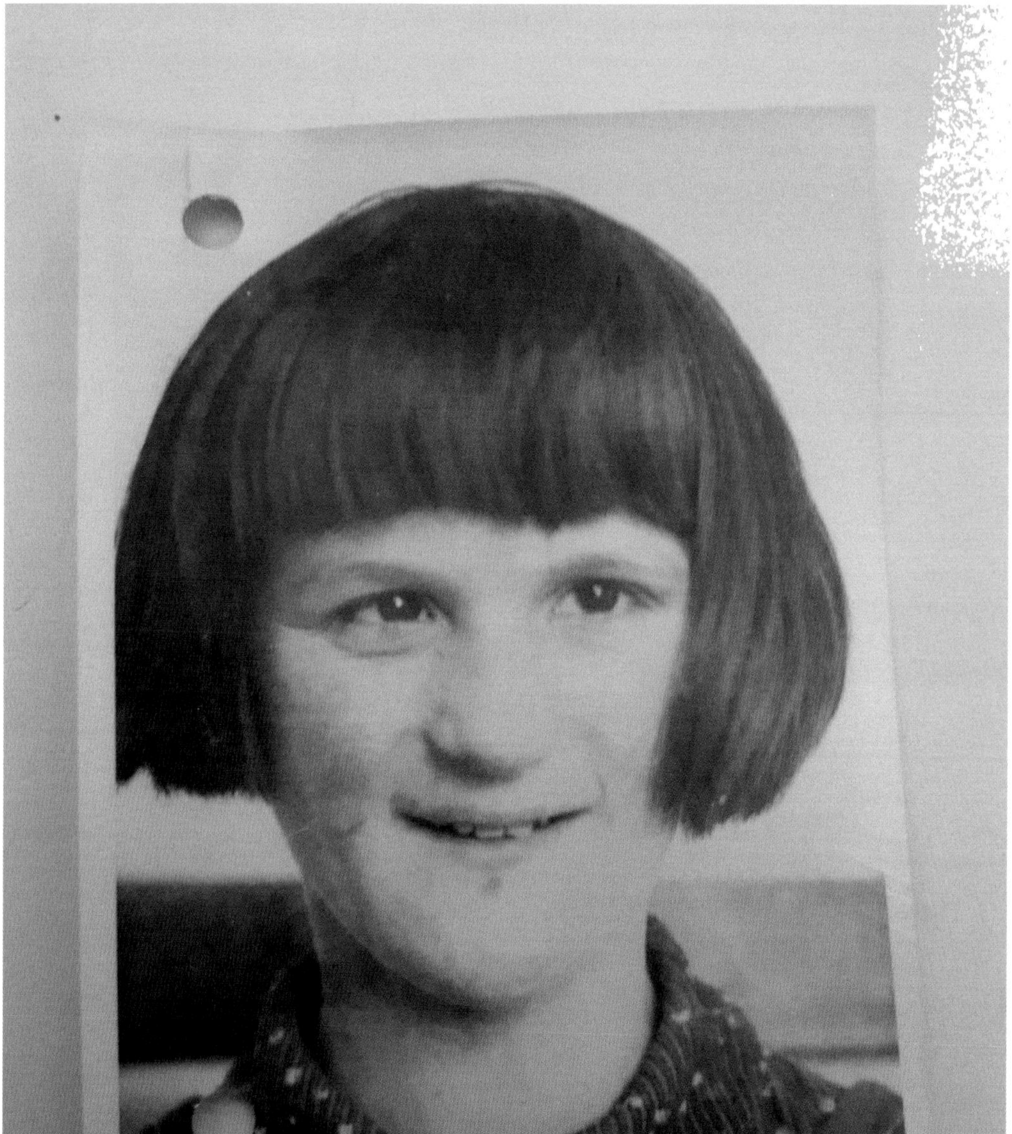

Quelle: Historisches Archiv des Bezirkskrankenhauses Kaufbeuren

Franziska Endres

– ein Opfer der NS-Krankenmorde

Franziska Endres,	
geboren am 01.10.1933, wird von ihrer Familie Fanny genannt.	
Am 8.11.1943 wird sie in der Heil- und Pflegeanstalt Kaufbeuren ermordet.	

Franziska wächst zusammen mit ihrem älteren Bruder auf einem Bauernhof in Amendingen auf. Sie ist entwicklungsverzögert, lernt erst mit vier Jahren laufen, mit fünf fängt sie an, einzelne Wörter zu bilden. Im März 1940 – inzwischen hat sie noch zwei Schwestern bekommen – wird Franziska auf Wunsch der Eltern im „Schutzengelheim“ Lautrach aufgenommen. Ein Arzt stellt fest, dass sie ständiger Unterbringung und Aufsicht in einer geschlossenen Anstalt bedarf. Ende 1940 wird aus dem Heim ein Lazarett. Zusammen mit weiteren 90 Insass:innen wird Franziska in die Heil- und Pflegeanstalt Kaufbeuren-Irsee verlegt.

Den Nationalsozialisten gilt sie als „lebensunwertes Leben“. Klinikdirektor Dr. Faltlhauser ist überzeugter Befürworter der „Ausmerzung“ nutzloser „Ballastexistenzen“ wie Franziska. Er sieht in ihr nur den aussichtslosen Fall, nicht den hilfsbedürftigen Menschen. Am 1. November 1943 teilt die Anstaltsleitung den Eltern mit, dass das Mädchen schwer erkrankt sei. Am 8. November ist Fanny tot.

Es war gängige Praxis, durch eine Überdosierung des Beruhigungsmittels Luminal lungenentzündungsähnliche Symptome hervorzurufen, die ohne Behandlung in wenigen Tagen zum Tod führten. Fannys Vater ließ sich nicht täuschen. Er sagte: „Die hat der Hitler umgebracht.“

Thomas Epple

Anne Franks schwäbische Geschwister

Die Wanderausstellung „Anne Franks schwäbische Geschwister“ wurde von Gernot Römer im Auftrag des Bezirks Schwaben kuratiert. Initiiert hat sie der damalige Bezirkstagspräsident Dr. Georg Simnacher. Die Eröffnung war am 19.11.1997 in der Synagoge Ichenhausen, danach wurde die Ausstellung bis ca. 2005 regelmäßig an verschiedenen Orten gezeigt.

„Anne Franks schwäbische Geschwister“ beleuchtet Kinderschicksale aus dem gesamten Regierungsbezirk. Hier werden von Gernot Römer aufgearbeitete Lebensgeschichten aus dem direkten Einzugsgebiet des Stadtmuseums Memmingen mit der Genehmigung des Bezirks Schwaben aufgezeigt.

„Die Ausstellung handelt von jungen Menschen und ist vor allem für junge Besucher gedacht. Sie soll zeigen, dass Nationalsozialisten nicht allein Erwachsene wegen ihres jüdischen Glaubens verfolgt haben. Auch Säuglinge, kleine Kinder und Jugendliche fanden keine Gnade." Gernot Römer

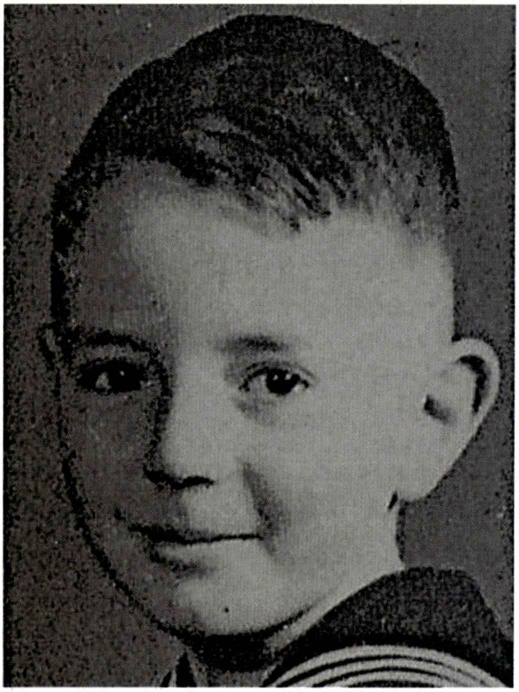

Hans-Jakob Freimann

Geboren:	27. Februar 1931
Geburtsort:	Memmingen
Wohnte in Memmingen, zuletzt in Fellheim, Hauptstr. 74	

Das Kind war elf Jahre alt, als es gemeinsam mit den Eltern 1942 nach Piaski in Polen deportiert wurde. Aus diesem Transport überlebte niemand.

„Hänsle" riefen Verwandte und Bekannte den kleinen Hans-Jakob Freimann. Er soll ein sehr fröhlicher Bub gewesen sein, der „Sonnenschein" seiner Familie. Als die Memminger ihre Stadt im Dritten Reich „judenfrei" machten, kam er mit den Eltern Bernd und Lisa Freimann nach Fellheim. Von dort musste er Ende März 1942 die Reise in den Tod antreten.

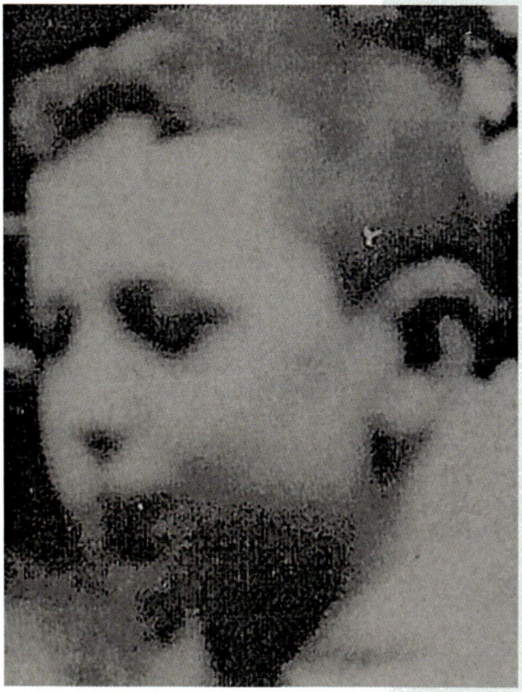

Lothar Liffgens

Geboren:	21. April 1926
Geburtsort:	Trabelsdorf / Franken
Wohnte in Memmingen	

Der Bub wurde 1942 nach Polen deportiert.

Lothar Liffgens stammt aus dem Fränkischen. Weil der begabte Bub eine bessere Schule besuchen soll, geben ihn seine Eltern von 1936 – 1938 zu seinem Onkel Emil Liffgens. Dieser ist damals Lehrer und Kantor der Israelitischen Gemeinde in Memmingen. Als Onkel und Tante die Stadt verlassen, weil Emil Liffgens Lehrer der letzten in Augsburg verbliebenen jüdischen Kinder wird, kommt Lothar in das Jüdische Waisenhaus nach Esslingen. Von dort ist er deportiert worden. „Verschollen im Osten" heißt es in den amtlichen Papieren.

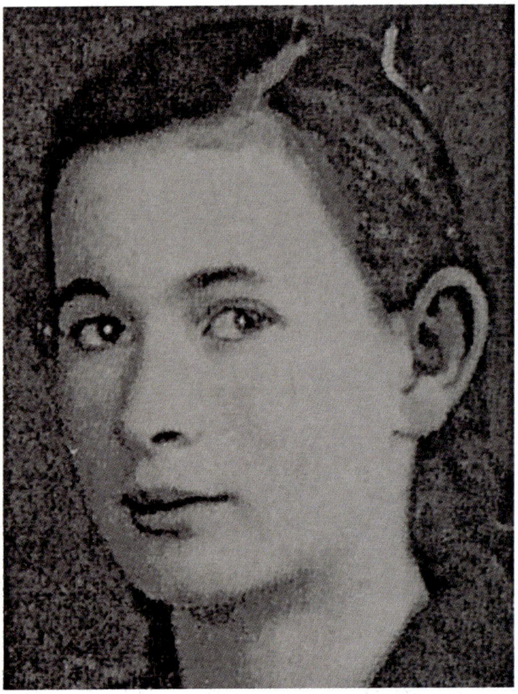

Hanna Lieselotte Mayer

Geboren:	10. November 1923
Geburtsort:	
Geburts- und Wohnort: Fellheim bei Memmingen	

Mit ihren Angehörigen ist Hanna Lieselotte Mayer 1942 aus Fellheim deportiert worden.

Mit den drei Geschwistern Beate (geb. 1922), Martin (geb. 1926) und Hans (geb. 1931) sowie den Eltern ist Johanna Lieselotte Mayer im Frühjahr 1942 nach Piaski deportiert worden. Wo sie ermordet wurde, ist unbekannt. „Verschollen im Osten" heißt es in den Listen der Holocaust-Opfer hinter ihrem Namen. Es ist oft gefragt worden, ob die deportierten Juden gewusst hätten, was ihnen bevorstehe. Einige ahnten es auf jeden Fall. Als eine Fellheimerin beim Abschied „Auf Wiedersehen" sagte, antwortete ein Verwandter von Johanna Lieselotte Mayer: „Ja, im Massengrab."

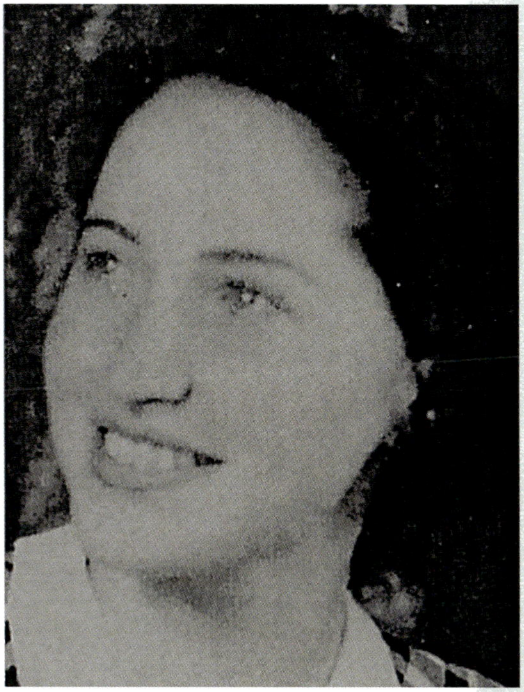

Traudl Löw

Geboren:	21. Dezember 1921
Geburtsort:	Kempten
Wohnte in Kempten, Bahnhofstr. 8 (heute Nr. 10)	

Verließ Deutschland 1939 mit einem Kindertransport nach England.

Lucy, Traudl Löws ein Jahr ältere Schwester, hat Deutschland bereits im November 1938 verlassen. Einige Monate später bringen die Eltern Traudl in Sicherheit, ehe sie selbst im Mai 1939 nach England auswandern können. Die Löws gehören zu den wenigen jüdischen Flüchtlingen, die nach der Befreiung heimkehren. Zuerst kommen die Töchter nach Deutschland zurück. Nachdem sie in England eine Demokratie erlebt haben, wollen sie tatkräftig beim Aufbau eines neuen, demokratischen Deutschlands mithelfen. Die Eltern folgen bald darauf den Töchtern.

Mehr über Traudl und Lucy Löw ist zu finden in „Die Austreibung der Juden aus Schwaben“ von Gernot Römer (Augsburg, 1987, ISBN 3-89639-048-1)

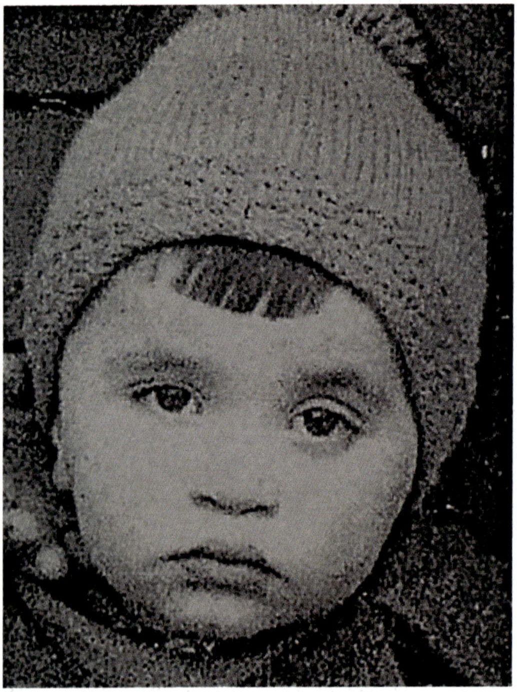

Herbert Seligmann

Geboren:	26. Februar 1935
Geburtsort:	Krumbach
Wohnte in Krumbach, Synagogenstr. 3	

Herbert Seligmann war sieben Jahre alt, als er in das Lager Trostenez nahe Minsk deportiert wurde.

Vater Seligmann war der letzte Lehrer der Jüdischen Gemeinde Krumbach. Was er 1938 im KZ Dachau Schreckliches erlebt, veranlasst ihn, sofort nach der Entlassung mit seiner Frau nach Palästina auszuwandern – illegal, deshalb dürfen die beiden Kinder nicht mitreisen. Sie sollen in der Schweiz aufgenommen werden. Ein Versprechen, das nicht eingehalten wird. Herbert und seine Schwester Henny kommen daraufhin in das Jüdische Kinderheim Köln. Henny darf bald den Eltern nach Palästina folgen. Der kleine Bruder bleibt allein zurück, bis auch er ein Visum erhält. Aber der Vater wartet in Haifa vergeblich, Herbert befindet sich nicht auf dem Schiff. Warum, das ist bis heute rätselhaft. Im Juli 1942 wird der Bub von Köln aus deportiert.

Mehr über dieses Schicksal in „In der Fremde leben meine Kinder“, Autor Gernot Römer (Augsburg, 1996, ISBN 3-89639-040-6)

Josef Strauß

Geboren:	27. April 1923
Geburtsort:	
Lebte in der St. Josefskongregation Ursberg	

Weil er jüdisch war, musste der geistig behinderte Bub im September 1940 das Heim in Ursberg verlassen. Er wurde ermordet, weil er geistig krank war („Euthanasie"-Aktion).

Das nationalsozialistische Regime kannte keine Gnade. Am 14. September 1940 musste Josef Strauß mit zwei anderen jüdischen Pfleglingen aus Ursberg in die Heil- und Pflegeanstalt Eglfing-Haar gebracht werden. Nach kurzem Aufenthalt dort wurde er angeblich nach Polen verlegt. Im Mai 1941 erfahren die Ursberger Schwestern durch ein Schreiben der „Irrenanstalt Cholm, Post Lublin", ihr Pflegling sei am 22. Januar 1941 verstorben. Heute weiß man, dass Schreiben mit diesem Briefkopf in Berlin bei der für die Ermordung von Geisteskranken eingerichteten Dienststelle geschrieben worden sind.

Gernot Römer hat dieses Schicksal in „Die grauen Busse in Schwaben" (Augsburg, 1986) beschrieben.

Die Tierzuchthalle im Spiegel von KZ-Zeichnungen

Titelportrait:
KZ-Zeichnungen:
„Paul Wernet".

Paul Wernet und seine „Erinnerungen aus der Gefangenschaft" im KZ-Außenlager Kempten

Paul Wernet (1922–2016) aus Sarreguemines in Lothringen kommt als 22-jähriger Anfang August 1944 in das KZ-Außenlager Kempten. Er war Mitglied der französischen Widerstandsbewegung Résistance und deshalb inhaftiert worden. Ein unbekannter Mithäftling hat für ihn Szenen aus dem Lageralltag in 30 Zeichnungen festgehalten, die heimlich entstanden sind.

KZ-Außenlager von Dachau in der Stadt

Zur Vereitelung von Fluchtversuchen wird den Häftlingen ein sofort erkennbarer Haarschnitt verpasst (s. Zeichnung S. 127 Mitte).

Erinnerung als Aufgabe

Der französische Häftlingsverband initiiert 1999 die Anbringung einer Gedenktafel an der Allgäuhalle. Kann das genügen?

Markus Naumann

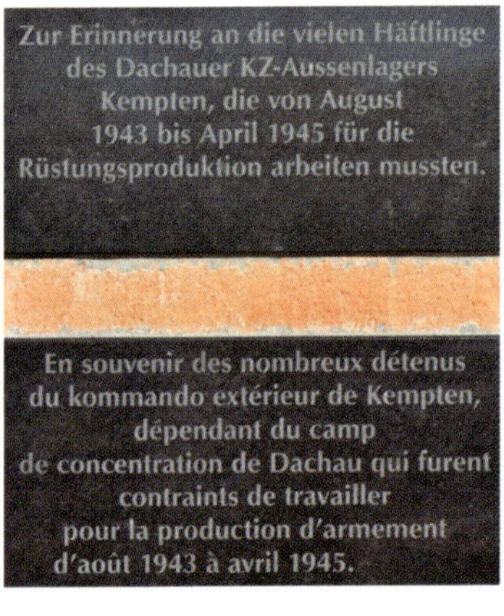

Gedenktafeln dt. / franz. an der Allgäuhalle

Fotos: Markus Naumann; Stadtarchiv Kempten;

„Arbeitskommando Schneeräumen“.

„Beim Lagerfriseur“.

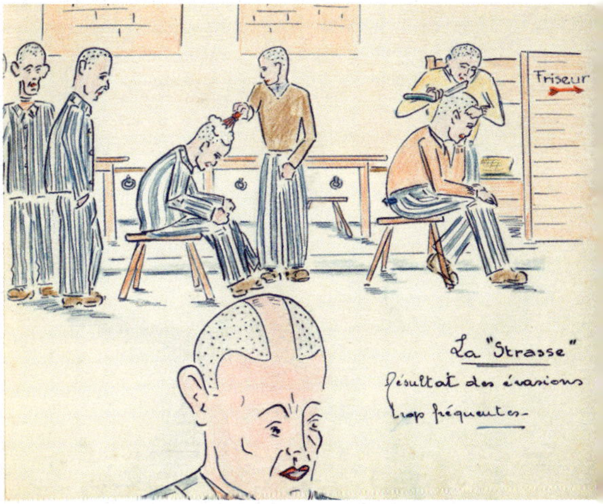

„Prangerstehen auf dem Appellplatz nach gescheitertem Fluchtversuch“.

Quelle: Museen der Stadt Kempten (Allgäu)

Kann Spuren von Nazis enthalten

Abrufbar unter:

Ein Film von Leo Hiemer für das Ausstellungsprojekt VerVolkt

60 min., HD / Deutschland 2021

Schon im Winter 2020/21 erteilte mir Kuratorin Regina Gropper M. A. den Auftrag, einen Film für VerVolkt zu drehen. Wie der aussehen sollte? Keine Ahnung! Wie sollte ich die vielen Aspekte des Themas NS-Opfer in Memmingen und in der Region, die vielen Schicksale, in einen Film packen? Wie könnte ich in dem Film wenigstens einen Eindruck von der Vielfalt der Verfolgungsgeschichten geben?

Regina hatte ihr Projekt auf das Wissen und die Beiträge einschlägiger Fachleute vor Ort gegründet. Zeitzeugen gibt es ja so gut wie keine mehr. Diese Expertinnen und Experten konnte ich befragen, interviewen oder einfach bitten, mich an ihrem Wissen teilhaben zu lassen. Aber was wäre das für ein Film? Nur sprechende Köpfe … Schließlich leben wir in einer Bilder-Welt! Es stellte sich heraus, dass viele Experten und Expertinnen

Foto: Brigitte Hefele-Beitlich

Links: Leo Hiemer betrachtet ein Modell Memmingens im Stadtmuseum.

auch etwas zu zeigen hatten. Meist hatten sie neben Dokumenten auch Fotos oder Zeichnungen gesammelt. Zudem ließen sich diese Menschen selbst mit historischen Bauwerken, Straßenschildern und Kunstwerken in Zusammenhang setzen. Im Stadtarchiv fanden sich aussagekräftige historische Fotos und sogar Filme, die die amerikanische Siegermacht im Jahr 1945 gedreht hatte. Auch aus Privatbesitz kamen Fotos, die im Film erstmalig öffentlich gezeigt werden konnten. Das Thema ließ sich anhand dieser Menschen, die selbst über Opfer der Verfolgung geforscht hatten, und mit Bildern im Kontext erzählen.

Fehlte noch der Aufhänger! Den fand ich im Stadtmuseum Memmingen, wo VerVolkt gezeigt werden sollte. Das Stadtmuseum verfügt über mehrere spektakuläre Modelle der Stadt aus früheren Jahrhunderten. Ein liebevoll bis ins Detail ausgearbeitetes Modell von Memmingen von der Mitte des 19. Jahrhunderts hatte die richtige Größe für meine Zwecke: Mit dem Modell konnte ich den Schauplatz des Films, nämlich Memmingen, auf elegante Weise einführen und zugleich auf „eine andere Zeit“ verweisen. Außerdem ermöglichte es mir, mich selbst als filmische Figur vorzustellen. Wie Gulliver im Lande Liliput erscheine ich, natürlich mit dem unvermeidlichen Strohhut auf dem Kopf, hinter dem Modell. Ich gehe sozusagen auf wie die Sonne. Ja, so konnte ich mich als filmische Figur etablieren, als der Filmemacher und Forscher Leo Hiemer, der sich mit NS-Opfern in Memmingen und in der Region beschäftigt. Bei den Interviews und Gesprächen mit den Protagonistinnen und Protagonisten wollte ich unsichtbar bleiben und die einzelnen Stationen mit Kommentaren aus dem Off verbinden. Ja, so könnte es gehen!

Für die Kamera engagierte ich meine Tochter Samira Oberberg, die in London Kamera studiert hat. Die Filmmusik komponierte ich selbst am Klavier und spielte sie mithilfe von Tonmeister Erich Hipp ein. Rainer von Vielens „Oriom“ mit seinen elektronischen Klangteppichen, Obertongesang und archaischer Anmutung faszinierte mich. Seine Musik schuf das ideale Gegengewicht zu den meist melancholischen Klavierklängen.

Ich setzte mich also hin und schrieb eine Art Drehbuch, ein Konzept für den Film. Am Ende sollte es noch einen Ausblick auf heute geben, Neonazis gibt es auch und gerade um Memmingen im Unterallgäu. Nicht nur Obst und Gemüse, sondern auch Blut und Boden liebende Biohof-Betreiber sorgten schon für Schlagzeilen. Querdenker nutzten ungeliebte Maßnahmen gegen die Corona-Pandemie für Hetze gegen alle Andersdenkenden und verschafften so auch rechtsradikalen Tönen Gehör. Aber wie sollte der Film beginnen?

Alle Fotos in diesem Kapitel sind Standbilder aus dem Film

Unten:
Blick aus der ehemaligen
Synagoge Fellheim.

Die Idee war, dass ich mich als der Mann vorstelle, der mit der Erforschung des Schicksals der kleinen Gabriele Schwarz in der Region eine gewisse Bekanntheit erlangt hatte und der nun den Blick weitet und ihn auf Memmingen und das Allgäu richtet. Das konnte mit Fotos und Off-Kommentaren sicher bewerkstellig werden, aber das war kein Anfang! Anfangen sollte das Ganze mit einem Leo Hiemer, der in der Landschaft oder an der Autobahn oder irgendwo nach irgendwas suchte, mit einem Spurensucher ... Tatsächlich drehten wir auch solche Aufnahmen, aus gutem Grund fehlen sie aber im fertigen Film. Ich fand Besseres!

Der erste Drehtag kam. Der erste Dreh war vorbei. Es war noch etwas Zeit, und ich beschloss, für die tragische Geschichte von Heidi Schieß, die ein Kind mit einem polnischen Fremdarbeiter hatte, oben an der Brandstätte bei Wolfertschwenden an dem Marterl zu drehen, an dem Gedenktafeln an ihre gefallenen Brüder erinnern – an sie nicht. Ich wollte meinen Anmarsch zum Marterl und dabei auch die weite Hochebene zeigen. Aber es war Anfang April, und ein heftiger Schneeschauer kam nieder. Ich kämpfte mit dem Wind, der mir den Strohhut vom Kopf reißen wollte. Wir drehten die Szene am Marterl, aber bei der Sichtung des Materials kam mir die Idee: So könnte der Film losgehen! Hiemer kämpft mit Strohhut gegen Sturm und Schnee! Damit war die Figur, die durch den Film führen sollte, hinreichend charakterisiert.

Anschließend stelle ich mich kurz vor und erzähle von Gabi, dazu ein paar bewegende Kinderfotos des kleinen Mädchens, das als

„Nazi-Aufmarsch auf dem Weinmarkt Memmingen."

Pflegekind auf einem Allgäuer Bauernhof aufgewachsen mit 5 Jahren in Auschwitz ermordet wurde.

Dann das Modell: Spurensuche in Memmingen steht an. Mein Strohhut erscheint hinter dem Modell, dann wird mein Gesicht erkennbar. Eine Montage aus historischen Fotos zeigt Aufmärsche der Nazis, hakenkreuzbeflaggte Häuser, kleine Mädchen mit zum „deutschen Gruß" ausgestrecktem rechten Arm – alles in Memmingen. „Man nennt sich stolz judenfrei!"

Die Anfangstitel. Dann fliegt ein Strohhut ins Bild und landet auf meinem Schreibtisch. Ich recherchiere am Computer im Gedenkbuch des Bundesarchivs für die in der Nazizeit verfolgten Juden. Unter dem Suchbegriff „Memmingen" finden sich 116 Namen!

Memmingen beherbergte einst die größte jüdische Gemeinde in Schwaben. Kulturamtsleiter Dr. Bayer erzählt in der jüdischen Abteilung des Stadtmuseums ihre Geschichte. Der Anfang vom Ende kam im November 1938, als die erst 1909 erbaute Synagoge zerstört wurde. Nur ein kleiner Stein des Tora-Schreins ist erhalten geblieben. Dr. Bayer hält ihn in die Kamera.

Fotos der Synagoge außen und innen und des Kantors und seiner Frau, die nebenan im Lehrerhaus wohnten, führen zu ihrem Neffen Lothar Liffgens, den sie 1936 bei sich aufnahmen. Er stammte aus Franken und sollte sich in der guten Allgäuer Luft erholen. Ein Foto des Jungen findet sich auf einer Karteikarte aus einer früheren Ausstellung über „Anne Franks schwäbische Geschwister". Ich sitze am Küchentisch und betrachte das Foto. Die Erholung fand 1938 ein jähes Ende, als die Synagoge zerstört wurde. Die Stadtchronik erzählt die Geschichte. Für diesen Off-Text konnte ich die Schauspielerin und Sprecherin Ute Kaiser gewinnen. Ihre sanfte Stimme steht in scharfem Gegensatz zu dem brutalen Geschehen, das durch Fotos belegt wird.

Hans Jakob Freimann, das ‚Hänschen', und sein Stolperstein." Standbild aus dem Film.

Helmut Wolfseher, der Vorsitzende des Vereins Stolpersteine Memmingen e. V., zeigt uns die Stolpersteine für Lothar Liffgens, seinen Onkel und seine Tante. An der Gedenkstätte am Ort der zerstörten Synagoge erläutert Herr Wolfseher Sinn und Zweck der Stolpersteine, von denen bereits 120 in Memmingen verlegt wurden. Leo Hiemer putzt derweil die angelaufenen Messingplatten der Steine für die Liffgens. Aus dem Off erzählt Herr Wolfseher vom Schicksal des 16-jährigen Lothar sowie seines Onkels und seiner Tante. Diese wurden am 13. März 1943 in einen Zug nach Auschwitz verfrachtet. Im selben Zug saß die kleine Gabi…

Anhand von Fotos wird anschließend die Geschichte der Familie Laupheimer erzählt. Ihr angesehenes Geschäft für Herrenkonfektion wird im November 1938 ebenfalls zerstört. Bislang unveröffentlichte Fotos zeigen, dass die Nazis dort wie die sprichwörtlichen Vandalen gehaust haben. Das Geschäft war allerdings bereits in nicht-jüdische Hände übergegangen. Der neue Besitzer ließ als Nachweis für die Schäden „Tatort-Fotos" anfertigen und lieferte damit einen der wenigen Belege für Verwüstungen von privatem Besitz im Zusammenhang mit der Pogromnacht. Die Villa der Laupheimers ist erhalten. Davor sind Stolpersteine für die ganze Familie verlegt. Alle wurden deportiert und ermordet. Auch hier gilt es, die Steine blank zu putzen.

Julius Guggenheimer ist für einen Film deswegen prädestiniert, weil er wunderbare Fotos seiner Stadt Memmingen und seiner Menschen hinterlassen hat. Leo Hiemer sucht seinen ehemaligen Wohnort im Zentrum von Memmingen auf. Auch hier Stolpersteine. Guggenheimers stimmungsvolle Fotos verzaubern noch heute. Sogar die Fratres des nahen Benediktinerklosters Ottobeuren stellten sich ihm als Objekte seiner Kunst zur Verfügung! Ein Foto zeigt den Blick aus dem Erkerfenster seiner Wohnung auf den Marktplatz. Wir haben das Foto nachgestellt und versucht, den Blick heute noch einmal einzufangen. Sogar einen Blumenstrauß wie auf dem Original haben wir auf den Tisch gestellt. Eine Hommage! Der Off-Kommentar erzählt Guggenheimers Schicksal, während auch dieser Stein blank poliert wird.

Zurück am Küchentisch. Leo Hiemer hat eine neue Karteikarte in der Hand, die von „Hänsle“, Hans-Jakob Freimann. Das Foto zeigt einen fröhlichen Buben. Zusammen mit seiner Familie und allen anderen Memminger Juden muss er 1942 die Stadt verlassen. Sie werden in Fellheim, dem „Judendorf“ ganz in der Nähe aufgenommen. Doch schon bald wird die Familie nach Polen deportiert. Niemand überlebt – auch nicht das „Hänsle“. Auch sein Stolperstein hat es nötig, geputzt zu werden.

Die ehemalige Synagoge in Fellheim dient heute als Konzert- und Veranstaltungssaal. Juden gibt es hier schon lange nicht mehr. Fellheim beherbergte einst eine jüdische Gemeinde. 1942 wurden auch die Juden von Fellheim deportiert. Mit dabei auch die 18-jährige Hanna Lieselotte. „Verschollen im Osten“ heißt es lapidar in ihren Papieren. Als eine Fellheimerin beim Abschied zu den Juden sagte: „Auf Wiedersehen!“, antwortete eine von ihnen: „Ja, im Massengrab!“. Vor dem jüdischen Friedhof von Fellheim scharren Hühner.

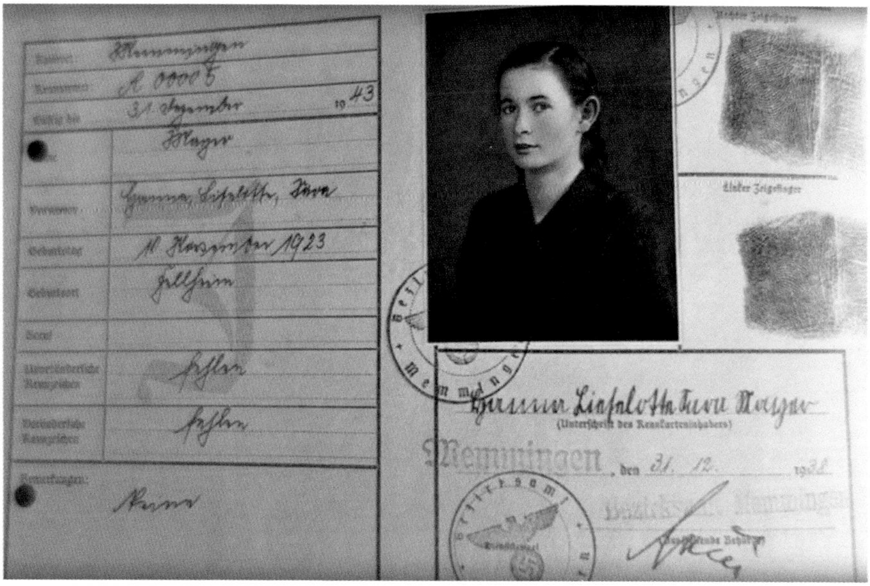
(Unterschrift des Kennkarteninhabers)
Memmingen, den 31. 12.

Kennkarte von Hanna Lieselotte Sara Mayer.

Quelle: Stadtarchiv Memmingen

Im Memminger Ortsteil Amendingen putzt Leo Hiemer schon wieder einen Stolperstein: den von Franziska Endres. Auch sie wurde umgebracht. Nicht weil sie Jüdin war; sie galt als geistig behindert: „lebensunwertes Leben“. Im Archiv der ehemaligen „Heil- und Pflegeanstalten Kaufbeuren-Irsee“ blättert Archivarin Petra Schweizer-Martinschek in ihrer Krankenakte. Obenauf liegen zwei Fotos des kleinen Mädchens. Quälend lange sucht die Archivarin nach der Benachrichtigung der Eltern über den Tod der 12-jährigen. Franziska hatte eine Überdosis Beruhigungsmittel erhalten und war daran verstorben. Sie ist ein Opfer der „Euthanasie“-Aktion.

Endlich sind wir am Marterl im Brandholz nebst Schneesturm angelangt. Tafeln erinnern an die Gebrüder Schieß, beide im Osten gefallen. Vom Schicksal ihrer Schwester Heidi weiß Max Dodel, ein ehemaliger Nachbar. Er hat Heidi nicht mehr gekannt, hat aber gehört, was mit ihr geschehen ist, und konnte die Sache nicht auf sich beruhen lassen. Er stellte Fragen und recherchierte so lange, bis er Heidis Geschichte erzählen konnte. Sie hatte sich in einen Polen verliebt. Dass dies ein Verbrechen war, belegt Herr Dodel mit Zitaten aus Nazi-Schriften. Polen, Russen, überhaupt Osteuropäer galten den Nazis als „Untermenschen“, die noch unter den Tieren stünden. Umgang mit ihnen oder gar geschlechtlicher Verkehr mit ihnen war strengstens verboten. Und Heidi bekam sogar ein Kind von einem Polen! Doch das Kind starb schon bald nach der Geburt, Heidi selbst kam ins Frauenkonzentrationslager Ravensbrück. Kurz nach ihrer Entlassung verstarb sie an den Folgen der Haft. Später habe ich erfahren, dass es auch eine Gedenktafel für Heidi am Marterl gibt. Anders als die Tafel ihrer gefallenen Brüder, hängt diese allerdings nicht an der Wand, sondern ist als Bodenplatte vor dem Marterl eingelassen.

Archivarin Schweizer-Martinschek verdeckt menschenverachtende Ausdrücke aus der Krankenakte von Franziska Endres im Archiv des Bezirkskrankenhauses Kaufbeuren.

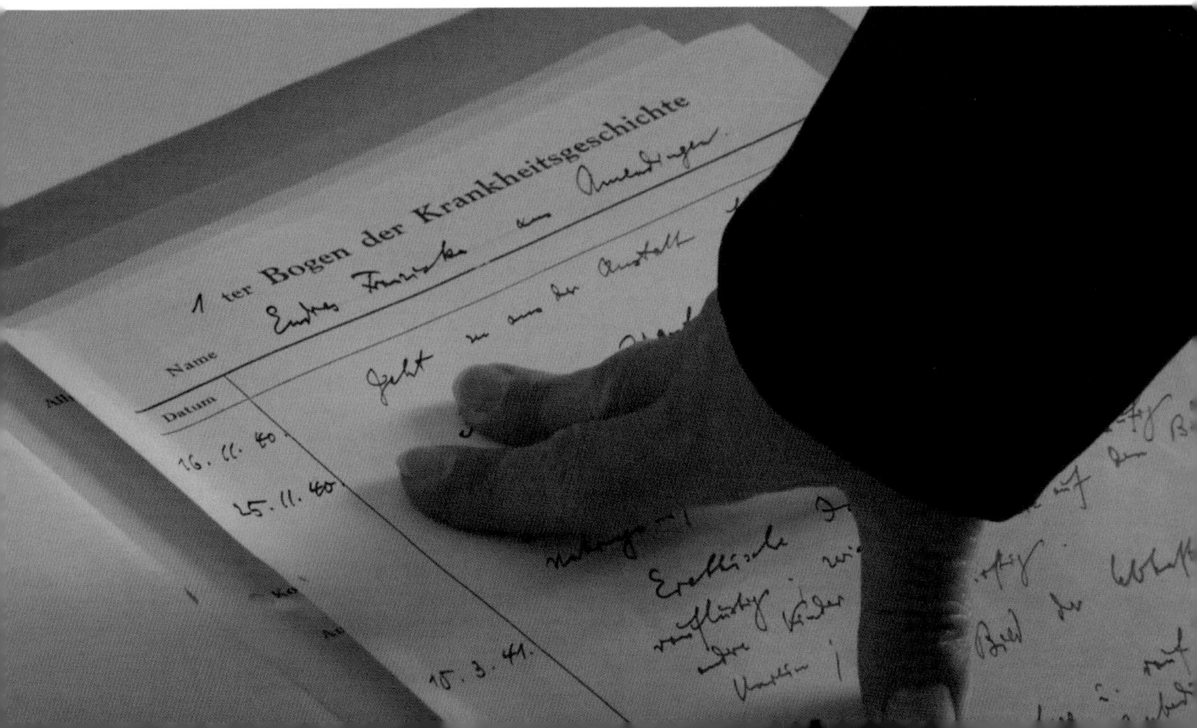

Leo Hiemer steckt zwei Rosen zur Erinnerung an Heidi Schieß und ihr Kind an das Marterl in den Brandstätten.

Leo Hiemer steckt eine große rote und eine kleinere weiße Rose in das Gitter am Marterl. Die Liebe zwischen einer Deutschen und einem Polen – damals ein Verbrechen!

Dr. Heinrich Berndl war 1932 bis 1945 1. Bürgermeister von Memmingen, der Stadt, aus der über hundert Juden erst entfernt, dann deportiert und schließlich umgebracht wurden, der Stadt, aus der mindestens ein Kind stammte, das als „lebensunwert" ermordet wurde. Katrin Holly, Historikerin beim Bezirk Schwaben, erläutert uns ein Ölgemälde aus dem Jahr 1941, das Dr. Berndl mit Amtskette und Hakenkreuzarmbinde zeigt. Dr. Berndl hat sich auch an der Judenverfolgung beteiligt, sofern sie den Interessen der Stadt nutzte. Das Porträt von Dr. Berndl hing in seinem Amtszimmer. Das beweist ein Foto aus dem Jahr 1944. Auf seinem Schreibtisch eine Standarte mit der Hakenkreuzfahne, gegenüber ein Porträt Hitlers an der Wand. Auf dem jüdischen Friedhof in Memmingen erzählt Frau Holly, wie der Friedhof trotz aller Bemühungen von Dr. Berndl, den Friedhof für die Stadt zu kaufen, erhalten blieb – bis heute.

Schwungvolle Musik und bunte Bilder vom Memminger Marktplatz 1945 reißen uns aus unseren Betrachtungen. Die Kamera verfolgt einen Mann, der auf das historische Rathaus zugeht. Im Gegenschnitt marschiert auch Leo Hiemer heute dorthin. Schwenk über die Fassade des historischen Gebäudes nach oben. Die Musik erreicht ihren Höhepunkt. Wir landen im Amtszimmer von Oberbürgermeister Manfred Schilder, der uns die Aktivitäten der Erinnerungskultur in Memmingen aufzählt. Er nennt die jährliche Gedenkfeier am 9. November und die Verlegung der Stolpersteine. Der Oberbürgermeister nimmt auch Bezug auf die „Stadt der Freiheitsrechte", wie sich Memmingen mit Bezug auf die Abfassung der 12 Artikel in den Mauern der Stadt während des Bauernkrieges 1525 nennt. Der Ober-

Katrin Holly erläutert die Geschichte
des jüdischen Friedhofs in Memmingen.

bürgermeister zeigt sich auch beunruhigt von Aktivitäten am rechten Rand des politischen Spektrums und ruft zur Verteidigung unserer freiheitlichen Gesellschaft auf.

Die Benediktinerabtei Ottobeuren. Heimatforscher Helmut Scharpf erzählt von der Verfolgung von Katholiken im Dritten Reich. Die Geschichte der Hitlereiche macht fassungslos. Als sie wenige Wochen nach der Pflanzung am 1. Mai 1933 einging und man feststellte, dass sie angesägt worden war, gab es eine große Verhaftungswelle in dem stockkatholischen Ort. Vor allem Angehörige des Kolping-Vereins und der Bayer. Volkspartei wurden festgenommen und nach Memmingen ins Gefängnis transportiert, wo sie durch die Straßen quasi Spießrutenlaufen mussten. Am Ende stellte sich heraus, dass die SS das Ganze inszeniert hatte, um die katholische Kirche an die Kandare zu nehmen. Es gab sogar Pläne, die noch nicht deportierten Juden im Kloster Ottobeuren zu internieren.

Anhand von Fotos erzählt Leo Hiemer sodann die Geschichte des Stalag VII B Memmingen, des zentralen Kriegsgefangenenlagers für Schwaben. Zum Lager gehörten über 23.000 Gefangene, verteilt auf über 800 Arbeitskommandos. Die Befreiung erlebten hier etwa 2.400 Menschen. Auf dem Waldfriedhof Memmingen findet sich eine Ecke mit den Gräbern von 92 Kriegsgefangenen, die im Lager verstarben.

Auch in der Allgäuhalle in Kempten gab es damals ein Lager. Der Lehrer und Historiker Markus Naumann erzählt darüber in der Halle, die zunächst als Verteilzentrum für polnische Zwangsarbeiter, später als Außenlager von Dachau diente. Hier lebten Häftlinge, die in Rüstungsbetrieben in Kempten arbeiten mussten. In einer Nebenhalle waren französische KZ-Häftlinge untergebracht. Einer von ihnen widmete einem Schicksalsgenossen zwei Hefte mit Zeichnungen vom Leben im Lager, die heute eine wichtige Quelle darstellen. Markus Naumann zeigt und erläutert uns an Ort und Stelle einige Motive. Auf einer Zeichnung sehen wir einen entflohenen und wieder eingefangenen Häftling, der vor der Halle auf einem Hocker stehen muss und vom Lagerführer zur Schau gestellt wird. Auf einer anderen Zeichnung erhalten Häftlinge den typischen Haarschnitt „La Strasse", an dem KZler sofort zu erkennen sind. Nur zwei kleine Gedenktafeln auf Deutsch und Französisch am Halleneingang erinnern an die einstige Funktion des Gebäudes als Teil des Konzentrationslagersystems.

Sprung nach heute: Ein Polizist erläutert die Erkenntnisse des Verfassungsschutzes zu rechtsradikalen Kreisen im Allgäu. Dabei hebt er besonders die Gruppe „Voice of Anger" im Unterallgäu hervor, die größte noch existierende Skinhead-Kameradschaft in Süddeutschland. Er nennt speziell einen Aktivisten, der einen Handel mit entsprechenden Tonträgern und Druckwerken betreibt.

Ein Ausschnitt von einem Konzert der Band „Faustrecht" schockiert: Der Frontman der Band hetzt gegen Menschen, die das Ziel hätten, „die weiße Rasse" zu zerstören. Das Publikum antwortet mit „Sieg Heil"-Rufen.

Der Polizist verhehlt nicht seine Enttäuschung über den Ausgang eines langwierigen und aufwendigen Verfahrens gegen den rechtsradikalen Händler. Er räumt ein, dass er sein Geschäft noch immer unbehelligt und erfolgreich betreibt...

Markus Naumann zeigt in der Tierzuchthalle Kempten Zeichnungen des Lageralltags.

Aufkleber der sogenannten ‚identitären Bewegung'.

Leo Hiemer nennt als Beispiele für den Rechtsruck der letzten Jahre die „Identitäre Bewegung", die sogenannten „Reichsbürger", die auch im Allgäu vertreten sind. Er nennt auch Bio-Höfe, die man mitunter als „Biotope von radikal rückwärtsgewandten, rassistisch und völkisch geprägten Vorstellungen vom richtigen Leben" bezeichnen muss. Auf Bildern von „Querdenker-Demonstrationen" gibt es auch Aufnäher mit Judenstern und dem Schriftzug „ungeimpft". Leo Hiemer stellt die Frage: Wie kann man sich mit den verfolgten Juden im Dritten Reich gleichstellen und gleichzeitig Andersdenkende unbarmherzig bekämpfen? Auf einem Foto hält eine junge Frau ein Plakat hoch: „Es ist der braune Mob, mit dem Ihr grollt!" steht darauf. Wie recht sie hat! Leo Hiemer stellt fest: „Auch für Querdenker gilt: Kann Spuren von Nazis enthalten."

Zurück zum Modell von Memmingen. „Stadt der Freiheitsrechte" – angesichts der Geschichte der Stadt, auch und gerade in der Zeit des Nationalsozialismus ein Versprechen – und eine Verpflichtung.

Eine Ortstafel: Memmingen. Darunter eine Tafel mit der Aufschrift: „Juden sind hier unerwünscht." Schneetreiben. Aus dem Off wieder die vertraute Stimme von Ute Kaiser. Sie trägt eine kurze Passage aus dem Polizeibericht der Stadt Memmingen von 1935 vor: „Unbekannte Täter überstrichen eine Tafel mit weißer Farbe, so dass die Aufschrift jetzt lautet: Juden sind hier erwünscht." Leo Hiemer macht sich mit weißer Farbe und Pinsel an der Tafel zu schaffen: „Juden sind hier – erwünscht."

Der Film folgt den Spuren von Kindern, die Opfer des Nazi-Terrors wurden: jüdischen

Foto: Alexandra Vogt

Kindern, behinderten Kindern, Kindern, die Opfer von Menschenversuchen wurden, Kindern von Müttern, denen man wegen ihrer Beziehung zu Zwangsarbeitern aus Osteuropa „Rassenschande“ vorwarf und die man ins Konzentrationslager steckte. Auch weniger bekannte Themen wie die Zwangsarbeiter im Stalag Memmingen oder in der Außenstelle des KZ Dachau in der Tierzuchthalle Kempten, jetzt Allgäu-Halle, werden angesprochen. Die Erinnerungskultur in Memmingen wird ebenfalls untersucht. Am Ende drängt sich die Frage nach aktuellen rechtsradikalen Tendenzen in unserer Gesellschaft und im schönen Allgäu regelrecht auf. „Kann Spuren von Nazis enthalten“ – ein Film, der zum Mitfühlen und Nachdenken, zur Diskussion und zum Eintreten für die Menschenrechte und gegen „rechtes Gedankengut“ anregt.

Abspann. Ende.

Leo Hiemer

Eine Passage aus dem Polizeibericht inspirierte Leo Hiemer zum Übermalen eines Schildes.

Keimzelle und Mittelpunkt von „VerVolkt“

Die Wanderausstellung „Geliebte Gabi. Ein Mädchen aus dem Allgäu – ermordet in Auschwitz“

Gabi bei ihrer Lieblingsbeschäftigung, dem Hühnerfüttern.

Gabi

Die Idee zu dem Projekt „VerVolkt“ entstand durch die Ausstellung „Geliebte Gabi“. Die Ausstellung stellt ein kleines Mädchen vor, das mit fünf Jahren Opfer des Rassenwahns der Nationalsozialisten wurde.

Dieses Kinderschicksal berührt mich tief, nicht zuletzt, weil die kleine Gabi fast ihr ganzes, allerdings sehr kurzes Leben in Stiefenhofen zugebracht hat. In jenem beschaulichen Westallgäuer Dorf ist auch meine Mutter aufgewachsen. Als ihre Eltern 1937 nach Stiefenhofen zogen und den Widdumshof direkt neben der Kirche in Pacht nahmen, war meine Mutter gerade mal vier Jahre alt. In diesem Jahr wurde Gabi geboren und kam mit drei Wochen als Pflegekind auf den Hof der Familie Aichele etwas außerhalb des Dorfes. Gabi ist also wie meine Mutter in Stiefenhofen aufgewachsen. Sie hat die kleine Gabi sogar gekannt und sie um ihre Locken und die schönen Anziehsachen beneidet. Gabi war auch manchmal dabei, wenn die Milch vom Hof in die Sennerei gebracht wurde. Dabei hat meine Mutter sie einige Male gesehen. 1943 musste Gabi dann von einem Tag auf den anderen ihrer Heimat für immer Lebewohl sagen.

Der Ortsgruppenleiter und Bürgermeister von Stiefenhofen hatte den Aicheles einen Befehl des Landrats von Sonthofen ausgerichtet. Gabi, ihr jüdisches Pflegekind, dürfe keinen Tag länger von ihnen erzogen werden. Gabis Mutter war eine Jüdin aus Augsburg, den Vater hat sie niemals angegeben, vermutlich, um die verbotene Verbindung mit einem

Nicht-Juden zu verheimlichen. Da die Geburt außerehelich und nach dem in den „Nürnberger Gesetzen“ verankerten Stichtag geschehen war, galt Gabi als „Volljüdin“.

Gabis Mutter war in der Tötungsanstalt Bernburg ermordet worden. Gabi war nun „Vollwaise“ und galt als „Volljüdin“. Nach dem Tod der Mutter löste eine Anfrage ihrer Hausbank bei der Finanzaufsicht eine tödliche Kettenreaktion aus. Die Finanzaufsicht schickte die Anfrage, was mit dem Pflegegeld für Gabi, der Tochter der Jüdin, geschehen solle, zuständigkeitshalber an die Gestapo. Die erkundigte sich in Berlin, das verfügte, dass Gabi nicht länger bei ihren „arischen“ Pflegeeltern bleiben dürfe. Der Befehl wurde an den Landrat von Sonthofen weitergegeben. Jetzt mussten die Aicheles ihr Pflegekind, das sie liebten wie ein eigenes, am nächsten Tag auf den ersten Zug bringen und an eine Fürsorgeschwester übergeben. Gabi wurde nach München in die „Heimanlage für Juden Berg am Laim“ gebracht. Verzweifelte Versuche, das Kind zurückzuholen, scheiterten. Bald darauf wurde das Heim aufgelöst, und sämtliche Insassen wurden in einen Zug nach Auschwitz verfrachtet. Dort wurden die Alten, Kranken und Arbeitsunfähigen, darunter auch die Kinder, an Ort und Stelle in der Gaskammer ermordet.

Meine Mutter war zehn Jahre alt, als Gabi in Auschwitz sterben musste. Ihre Fragen nach der kleinen Gabi blieben unbeantwortet. Viele Jahre wurde in Stiefenhofen über Gabis Schicksal geschwiegen. Auch mir gegenüber schwieg meine Mutter.

Als ich zum ersten Mal auf einen Zeitungsartikel über Gabi stieß, war ich irritiert: Warum hatte niemals jemand das schreckliche Schicksal der kleinen Gabi erwähnt? Erst jetzt erzählte mir meine Mutter auf Nachfrage, dass sie das Mädchen gekannt und sich gefragt hatte, warum sie so plötzlich verschwunden war und wohin. Auf meine Frage, warum sie nie etwas erzählt habe, sagte sie, die Leute wollten von diesen Geschichten nichts mehr hören. Das war in den 80er Jahren.

Niemand will davon hören

Ich konnte die Sache nicht auf sich beruhen lassen. Gabis Schicksal beschäftigte mich und das Dorf, in dem sie fünf Jahre gelebt und ich etwa 20 Jahre später glückliche Kindertage bei meinen Großeltern verbracht hatte. Vom Südwestfunk bekam ich den Auftrag, eine einstündige Radio-Sendung über Gabi zu machen. Ich fuhr nach Stiefenhofen, um den Bauernhof aufzusuchen, auf dem Gabi gelebt hatte, und mit Zeitzeugen zu sprechen. Doch das war ein schwieriges Unterfangen. Die Sache war längst zu einem Politikum geworden. Ein „Erinnerungskreis Gabriele“ wollte eine Gedenktafel für sie an der Kirche anbringen lassen, Pfarrer und Bürgermeister und einige einflussreiche Gemeindebürger sträubten sich. Man wollte sich nicht das Etikett „braunes Dorf“ anhängen lassen. Doch meine Mutter unterstützte mich tatkräftig und brachte die Menschen schließlich zum Sprechen. So saßen wir in mancher Stube und hörten uns an, was die Leute über Gabi und die Nazi-Zeit im Dorf zu berichten hatten. Meist wurden auch Fotos von Gabi vom Dachboden geholt. Offenbar war das Kind viel fotografiert worden. Doch die Fotos halfen mir nicht viel. Schließlich produzierte ich ja eine Sendung fürs Radio.

Foto: Archiv Leo Hiemer

Die Ausstrahlung der Sendung wirbelte dann zumindest in Stiefenhofen einigen Staub auf. Öffentlich erklärte der Pfarrer, meine Darstellung sei einseitig. Obendrein schwärzte er mich beim Sender an, Leute, die ich interviewt hatte, erklärten schriftlich, ich hätte Aussagen erpresst usw. Mein Redakteur forderte mich auf, zu jedem einzelnen Vorwurf Stellung zu nehmen. Natürlich konnte ich alles entkräften.

Leni muss fort

Cover der DVD „Leni ...muss fort“.

Gabis Pflegevater hat eigens eine Kindergabel für sie gemacht, mit der sie mit aufs Feld durfte.

Jetzt widmete ich mich dem Drehbuchschreiben. Ich wollte einen Spielfilm aus Gabis Schicksal machen. Da es sich um einen Spielfilm handelte, änderte ich die Namen. Aus Gabi wurde Leni. 1994 feierte „Leni ... muss fort“ auf dem Festival Max-Ophüls-Preis in Saarbrücken Premiere. Ein paar Wochen später wurde er auch in der überfüllten Turn- und Festhalle Stiefenhofen gezeigt. Der Streifen wurde mit dem Prädikat „besonders wertvoll“ und einigen internationalen Filmpreisen, u.a. in den USA, Frankreich und in der Schweiz, ausgezeichnet. Mit einer Tournee durch Allgäuer Turnhallen sorgte der Film für Furore – jede Vorführung war ausverkauft! Offenbar wollten die Leute doch von Gabis Schicksal hören – und sehen. Nachdem sich kein deutscher Verleiher des Films annehmen wollte, gründete ich meinen eigenen Filmverleih und brachte „Leni ... muss fort“ höchstpersönlich ins Kino. Ich begleitete den Film über hundert Mal und ließ mich bei Schulvorstellungen befragen.

Mittlerweile hing die Gedenktafel für Gabi in einer Kapelle - nicht in Stiefenhofen, sondern im Nachbarort Oberstaufen, wo einer der Initiatoren des „Erinnerungskreises“ eine Kapelle betreute, die auf seinem Grund stand. Ich hatte viel für das Gedenken an Gabi getan – aber noch nicht genug.

Das Buch „Gabi“

Das Cover von „Gabi (1937 – 1943). Geboren im Allgäu – ermordet in Auschwitz", erschienen 2019 im Metropol Verlag Berlin.

2007 begann eine neue Runde der Recherche. Der Kemptner Lehrer Albert Eichmeier hatte mich aufgesucht und um Dokumente zum Fall Leni bzw. Gabi gebeten. Ich suchte sie ihm zusammen; ein paar Wochen später legte er mir Dokumente aus diversen Archiven auf den Tisch. Sperrfristen waren mittlerweile abgelaufen. So konnten nun Dokumente eingesehen werden, die mir in den 90er Jahren noch verschlossen geblieben waren. Viele neue Einzelheiten kamen ans Tageslicht. Vielleicht war es nun möglich, sogar Gabis Vater ausfindig zu machen?

Ich suchte nach den Spuren von Gabis Mutter in Liechtenstein, wo sie 1936 mit Gabi schwanger geworden war, spürte Dokumente über ihre Mutter in Berlin, Notizen über sie in den Tagebüchern von Kardinal Faulhaber auf und ging jedem Hinweis nach. Eine besondere Rolle spielte dabei Resi Baumann, die jüngste Tochter der Aicheles. Als Gabi auf den Hof gekommen war, wurde sie gerade 16 Jahre alt. Jetzt ist sie eine betagte Dame, bereit, nicht nur alles zu erzählen, was sie von damals wusste, sondern mir auch Sachen zu zeigen, die einmal Gabi oder ihrer Mutter gehört hatten. Man hätte nämlich nach der Abgabe von Gabi viele Dinge aufgehoben und in der Familie weiterverwendet. Und dann gab es ja noch die vielen, vielen Fotos, die digitalisiert und ausgewertet werden wollten. Die Idee, mit Gabis Geschichte, den Fotos und Gegenständen eine Ausstellung zu machen, setzte sich schon damals in meinem Kopf fest. Doch wie sollte ich das angehen?

Zunächst erzählte ich Gabis Geschichte auf Grundlage der vielen Quellen in einem Buch. 2019 erschien „Gabi (1937–1943). Geboren im Allgäu. Ermordet in Auschwitz" im Metropol Verlag Berlin. Die erste Auflage war rasch vergriffen und die „Bundeszentrale für Politische Bildung" nahm das Buch sogar in ihre Schriftenreihe auf. Gabis Geschichte fand also die verdiente Beachtung.

Geliebte Gabi

Fotos: Archiv Leo Hiemer

Blick in die Ausstellung „Geliebte Gabi": hinten eine Ortsansicht von Stiefenhofen aus den 30er Jahren.

Links vorne die Rekonstruktion des von Gabis Mutter Lotte angelegten Fotoalbums für ihre Tochter.

Ich machte einen neuen Anlauf, Gabis Schicksal in einer Ausstellung darzustellen. In Regina Gropper M.A. fand ich für dieses Unternehmen die richtige Partnerin. Sie hat europäische Kulturwissenschaften studiert und schon einige Erfahrung mit Ausstellungsprojekten gesammelt. Sie war beim Stadtmuseum Memmingen für Ausstellungen zuständig und vom ersten Moment an von Gabis Geschichte elektrisiert. Sie hatte ganz persönlich eine Verfolgungsgeschichte aus der NS-Zeit erfahren: die Nachbarsfrau, die auf sie als kleines Kind immer aufgepasst hatte, war wegen Rassenschande im KZ gewesen. Ihre Geschichte war von einer Memminger Lehrerin aufgeschrieben worden. Bei einem Dokumentarfilm über sie hatte Regina Gropper selbst mitgearbeitet. Kurz und gut: sie war nicht nur Feuer und Flamme für das Projekt, sondern verfügte auch über die notwendigen Qualifikationen, um aus dem umfangreichen Material, das ich über die Jahre gesammelt hatte, eine wunderbare Ausstellung zu machen.

Mit Hilfe einer Förderung des Bundesministeriums für Landwirtschaft und Ernährung im Rahmen des Programms LandKULTUR und der Stiftung Kultur und Bildung des Bezirks Schwaben konnte die Ausstellung in Angriff genommen werden. Aber wie sollte die Ausstellung aussehen? Obendrein sollte sie als Wanderausstellung funktionieren, weil wir die Ausstellung aufs Land zu den Menschen bringen wollten. Dieses Dorfthema sahen wir beide deshalb erstmal nicht in einem großstädtischen Museum.

In Prof. Claudia Frey fanden wir die richtige Person, die uns eine Wanderausstellung entwarf, die all unseren Anforderungen genügte und auch dem kleinen Mädchen, das

Fotos: Stadtmuseum Memmingen

In der Ausstellung sind auch Exponate wie Gabis Kinderheugabel oder ihr „Sitzerle" zu sehen.

ja im Mittelpunkt der Ausstellung stand, in der Gestaltung gerecht wurde. Fünf Stationen sollten das Herzstück der Ausstellung bilden. Jede Station sollte aus zwei kreuzförmig ineinander gestellten Tafeln bestehen, die jeweils vier kleine Nischen ergaben. Die Holztafeln sollten nicht zu groß und mächtig werden, damit auch Kinder alles gut sehen könnten. Die im Original nur wenige Zentimeter messenden Fotos von Gabi sollten so vergrößert werden, dass jeder ihr auf Augenhöhe begegnen könnte. Texte und Fotos von Gabi sollten direkt auf die präparierten Holztafeln gedruckt werden, Exponate auf den Tafeln befestigt werden. Einzelne größere Exponate sollten auf Podesten präsentiert und den Stationen zugeordnet werden.
So sollte z.B. auf der Tafel, die ein Foto mit einer Kinderheugabel auf der Wiese zeigt, die Original-Kinderholzgabel von Gabi befestigt werden. Vor einem Foto, das Gabi Weihnachten 1938 auf dem Schoß ihrer Mutter mit ihren Weihnachtsgeschenken zeigt, sollte die Puppenwiege stehen, die auch auf dem Foto abgebildet ist. Der Fotoapparat, mit dem all die wundervollen Fotos von Gabi gemacht worden waren, sollte auf einer hölzernen Stele präsentiert werden. Wir waren begeistert von Prof. Freys Konzept und setzten es genauso um.

Am 9. Oktober 2019 wurde die Ausstellung in Marktoberdorf, dem Geburtsort von Gabi, von Schirmherr Dr. Gerd Müller, dem damaligen Bundesminister für Entwicklung und Mitglied des Bundestags, eröffnet. Es war der Tag des Anschlags von Halle. An Jom Kippur, dem höchsten Feiertag der Juden, hatte ein Rechtsextremist versucht, in die Synagoge von Halle einzudringen und die dort betenden Juden zu erschießen. Glücklicherweise misslang der Anschlag, dennoch gab es zwei unschuldige Opfer. Als wir zum ersten Mal mit den zahlreichen Besuchern und unserem Schirmherrn die Ausstellung besuchten, standen wir alle unter dem Eindruck dieses Geschehens. Es führte eindringlich vor Augen, wie notwendig und dringend die Aufklärung über und die Arbeit gegen Rassenhass und Rechtsextremismus sind. Das Schicksal der kleinen Gabi, die nach Aktenlage zur Jüdin erklärt und der Vernichtung anheimgegeben wurde, bewegt seither alle Besucher zutiefst.

Im Begleitprogramm der Ausstellung gab es Lesungen aus meinem Buch „Gabi", Vorstellungen meines Films „Leni ... muss fort" mit

Der Katalog zur Ausstellung „Geliebte Gabi“, 2021 erschienen im Metropol Verlag Berlin.

Filmgespräch, Führungen durch die Ausstellung auch speziell für Schulklassen sowie Erinnerungscafés. Dort gab es die Gelegenheit, Geschichten weiterer Opfer des NS-Terrors aus der jeweiligen Region vorzustellen. Diese Veranstaltungen waren ein voller Erfolg! Bei Kaffee und Kuchen sank bei manchem Senior und mancher Seniorin die Hemmschwelle. Man meldete sich zu Wort und erzählte, was man wusste, was lange verdrängt, nie ausgesprochen und sorgsam vergraben war. Außerdem konnten die Besucher der Ausstellung auf Kärtchen ihre Geschichten notieren und auf vorbereiteten Pinnwänden anbringen. Wir sammelten all diese Geschichten, die zumindest eines zeigten: Gabi war bei Weitem nicht das einzige Opfer des nationalsozialistischen Vernichtungswahns im Allgäu. Viele Geschichten von Opfern der Rassenschande, der Wehrkraftzersetzung, der „Euthanasie“, kirchlicher und politischer Verfolgung erreichten uns und wurden von uns gesammelt.

Im Anschluss an die Ausstellung in Marktoberdorf wurde diese im Deutschen Hutmuseum Lindenberg sowie im Museum Hofmühle in Immenstadt gezeigt. In Immenstadt musste die Ausstellung dann von einem Tag auf den anderen schließen. Der Grund waren die Anordnungen, die die Bayerische Staatsregierung aufgrund der sich rapide ausbreitenden Corona-Infektionen erließ. Dennoch bauten wir die Ausstellung im Klostermuseum der Benediktinerabtei Ottobeuren auf. Allerdings konnte sie dort nur eine Woche unter Einhaltung strenger Hygieneauflagen geöffnet bleiben. Über den Sommer ging es dann ins Bauernhausmuseum nach Wolfegg, wo sich das Ausstellungsende bis in den November hinein ausdehnte. Wegen der neu aufgetretenen Delta-Variante des Virus mussten Obergünzburg, Sonthofen und Fellheim entfallen.

In Reaktion auf die pandemiebedingten Schließungen und Ausfälle konzipierten wir eine digitale Ausstellung. Da ich Filmemacher bin, drehte ich eine ganze Reihe von Clips zu Themen der Ausstellung, die auf der Video-Plattform YouTube abrufbar sind. Außerdem erstellten wir einen Katalog zur Ausstellung, der auch pädagogische Handreichungen sowohl zur analogen als auch zur digitalen Ausstellung enthält, also Fragen für Schüler und Antworten für Lehrer.

Leo Hiemer im Stadtmuseum Memmingen bei „VerVolkt“.

Von Geliebte Gabi zu VerVolkt

Von Anfang an hatte Regina Gropper die Idee, die Ausstellung als Abschluss im Stadtmuseum Memmingen zu präsentieren – mit allen Verfolgungsgeschichten, die wir an den verschiedenen Orten gesammelt hatten. Nach all unseren Erfahrungen entschied sich Regina Gropper nun, unsere Ausstellung „Geliebte Gabi“ zwar im Memminger Stadtmuseum zu präsentieren, aber die Thematik auf alle NS-Opfer aus Memmingen und dem Allgäu zu erweitern. Die Idee zu „VerVolkt“ war geboren!

Leo Hiemer

VERVOLKT

Foto: Stadtmuseum Memmingen

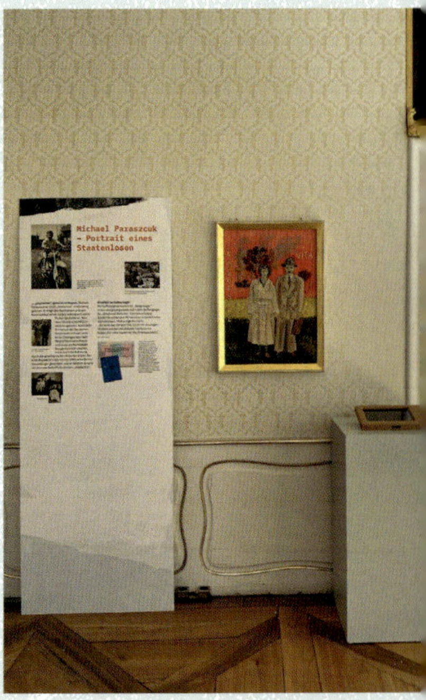

Michael Paraszczuk – Portrait eines Staatenlosen

Verfolgte Kinder & Jugendliche
Anne Franks schwäbische Geschwister
Traudl Löw
VERVOLKT

Fotos: Kirstin Köllner; Christian Schäfler; Christoph Morlok

HEMINGWAY
Ernest Hemingway
Anna Seghers

5

2

Timeline und Begleitprogramm

In der Timeline wird der gesamte Projektverlauf von VerVolkt I inklusive Begleitveranstaltungen vom 26. Mai bis zum 18. November 2021 wiedergegeben.

Foto: Kirstin Köllner

Timeline

Mai 2021

Open-Air-Ausstellung
Sonntag, 16.05.2021, 11 Uhr,
Martin-Luther-Platz Memmingen
Eröffnung der Open-Air-Ausstellung „VerVolkt"

Juni 2021

VHS Online-Kurs
Samstag, 05.06.2021 – Sonntag, 06.06.2021
Online-Kurs: L 16611MMK 15
„Jiddisch zum Kennenlernen – Eine kurze Einführung"

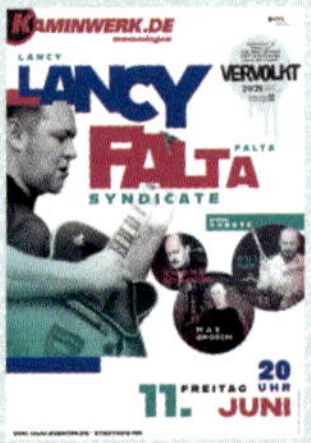

Konzert
Freitag, 11.06.2021, 20 Uhr,
Kaminwerk Memmingen
Konzert mit Lancy Falta

Juli 2021

Ausstellung
Dienstag, 13.07.2021, 19 Uhr,
Stadtbibliothek Memmingen
Ausstellungseröffnung „Verbrannt" zum Gedenken an die Bücherverbrennung vom 10.05.1933
Ausstellungsdauer: 14.07. – 28.08.2021

Gedenken
Mittwoch, 14.07.2021, 19 Uhr,
Kirche St. Martin Memmingen
„Gedenken der regionalen Opfer des Nationalsozialismus, im Rahmen des Projekts VerVolkt". Im Zuge der Gedenkveranstaltung fand auch der Launch des Audioguides statt. An diesem Tag war das Stadtmuseum zusätzlich von 18 – 21 Uhr besuchbar.

Ausstellungsbesuch
Montag, 19.07.2021, 15 Uhr,
Stadtmuseum Memmingen
Besuch von Josip Juratovic, SPD, Mitglied des Bundestags mit Bundestagskandidatin, Regina Leenders (SPD)

Führung

Dienstag, 20.07.2021, 17 Uhr,
Stadtmuseum Memmingen

Führung von stellv. Heimatpflegerin Sabine Streck für die Frauengeschichtswerkstatt Memmingen e.V.

Führung

Mittwoch, 21.07.2021, 9 und 10 Uhr,
Stadtmuseum Memmingen

Führung durch Leo Hiemer für zwei 7. Klassen der Mittelschule Memmingerberg

Ausstellungsbesuch

Dienstag, 27.07.2021, 9 Uhr,
Stadtmuseum Memmingen

Besuch der Hans-Mulzer-Schule aus Leutkirch

Führung

Mittwoch, 28.07.2021, 14 Uhr,
Stadtmuseum Memmingen

Führung durch Leo Hiemer für das Mitglied des Bundestages Uli Grötsch und die SPD-Fraktion des Stadtrats Memmingen

August 2021

In der Nacht vom 6. auf den 7. August 2021 wurden die Tafeln der Außenausstellung teilweise beschädigt.

Vortrag

Mittwoch, 11.08.2021, 19 Uhr,
Stadtmuseum Memmingen – Innenhof

Vortrag: Sebastian Lipp (Allgäu rechtsaußen)
„Wie vor unserer Tür ein brauner Sumpf gedeiht und was wir dagegen tun können“

Lesung

Donnerstag, 12.08.2021, 19 Uhr,
Stadtmuseum Memmingen – Innenhof

Lesung: Regina Gropper
„Es darf nicht sein! Bericht einer Allgäuer Magd über eine lebensgefährliche Liebe“

Lesung

Freitag, 13.08.2021, 19 Uhr,
Stadtmuseum Memmingen – Innenhof
Lesung: Leo Hiemer
„Gabi (1937–1943):
Geboren im Allgäu – ermordet in Auschwitz“

Stadtführung

Donnerstag, 19.08.2021, 19 und 20 Uhr,
Memmingen
Führungen mit der stellv. Heimatpflegerin
Sabine Streck
„VerVolkt: Impuls-Stadtführung zu
Memmingens jüdischer Vergangenheit“

Stadtführung

Freitag, 20.08.2021, 19 und 20 Uhr,
Memmingen
Führungen mit der stellv. Heimatpflegerin
Sabine Streck
„VerVolkt: Impuls-Stadtführung zu
Memmingens jüdischer Vergangenheit“

Führung

Mittwoch, 25.08.2021, 15:30 Uhr,
Stadtmuseum Memmingen
Führung durch die stellv. Heimatpflegerin
Sabine Streck für den Geschichtsverein Augsburg

September 2021

Europäischer Tag der jüdischen Kultur

Sonntag, 05.09.2021
10 – 13 Uhr, Jüdischer Friedhof Memmingen
Öffnung des jüdischen Friedhofs

11 – 17 Uhr, Stadtmuseum Memmingen
Besichtigung der Abteilung „Jüdisches Leben
in Memmingen“ sowie der Sonderausstellungen

15 – 17 Uhr, Ehemalige Synagoge Fellheim
Exkursion: „Das jüdische Fellheim entdecken“

Führung
Samstag, 11.09.2021, 13:30 Uhr, Stadtmuseum Memmingen
Führung durch Leo Hiemer für den Heimatverein Wolfertschwenden

Führung
Montag, 23.09.2021, 9 – 12 Uhr, Stadtmuseum Memmingen
Führung durch Regina Gropper, Leo Hiemer, Sabine Streck und Kristin Becker für vier Schulklassen (9. & 10. Jahrgang) des Marianums Buxheim

Konzert
Freitag, 24.09.2021, 20 Uhr, Dampfsäg Sontheim
Konzert mit der Band Sistanagila

Produktionsbeginn
Samstag, 25.09.2021
„Zwei Männer! Zwei Gitarren! Die Faltas!“
Ein Film von Leo Hiemer für „VerVolkt II“

Stadtführung
Samstag, 25.09.2021, 19 Uhr, Memmingen
Abendführungen mit der stellv. Heimatpflegerin Sabine Streck
„VerVolkt: Impuls – Stadtführung zu Memmingens jüdischer Vergangenheit“

Kino
Sonntag, 26.09.2021, 20 Uhr, Kaminwerk Memmingen
Kino: „Leni … muss fort“ – Ein Film des Allgäuer Filmemachers Leo Hiemer

Führung
Donnerstag, 30.09.2021, 9 und 11:30 Uhr, Stadtmuseum Memmingen
Führungen durch Leo Hiemer für die Pflegeschule des Klinikums Memmingen

Oktober
2021

Führung
Mittwoch, 06.10.2021, 17:30 Uhr,
Stadtmuseum Memmingen
Führung durch Leo Hiemer und Regina Gropper
für das Kulturamt Kempten

Führung
Freitag, 08.10.2021, 9:30 und 10:30 Uhr,
Stadtmuseum Memmingen
Führung durch Sabine Streck
für die Lindenschule Memmingen

Ausstellungsbesuch
Samstag, 09.10.2021, 14 Uhr,
Stadtmuseum Memmingen
Besuch des Heimatbundes Allgäu

Lehrerfortbildung
Montag, 11.10.2021, 14:30 Uhr,
Schulamt Unterallgäu
Lehrerfortbildung durch Regina Gropper,
Kristin Becker, Sabine Streck und Leo Hiemer

Führung
Dienstag, 12.10.2021, 19 Uhr,
Stadtmuseum Memmingen
Kuratorenführung durch Regina Gropper
für eine Gruppe aus Bad Grönenbach

Schulführung
Mittwoch, 13.10.2021, 9:30 Uhr,
Stadtmuseum Memmingen
Schulführung durch die Sonderausstellung
„VerVolkt“

Am Abend des 14. Oktober 2021 wurden erneut Tafeln der Außenausstellung beschädigt.

Die Vergangenheit lässt sich nicht verbiegen!

Führung

Freitag, 15.10.2021
9 und 10:30 Uhr, Stadtmuseum Memmingen
Führungen durch Leo Hiemer und Sabine Streck
für zwei 9. Klassen der Mittelschule Babenhausen

15 Uhr, Stadtmuseum Memmingen
Führung durch Sabine Streck
für das Pastoralkolleg Bad Urach

Führung

Samstag, 16.10.2021, 16 Uhr,
Stadtmuseum Memmingen
Führung für die Freunde der MEWO-Kunsthalle
durch Regina Gropper und Leo Hiemer

Abschlussführung

Sonntag, 17.10.2021, 11 Uhr,
Stadtmuseum Memmingen
Abschlussführung der Ausstellung „Geliebte Gabi.
Ein Mädchen aus dem Allgäu – Ermordet in Auschwitz"

Kochkurs

Donnerstag, 21.10.2021, 18 – 22 Uhr,
Staatliche Realschule Memmingen
Kochkurs „Koschere Küche"
In Kooperation mit der VHS Memmingen

Theater / Uraufführung

Dienstag, 26.10.2021, 20 Uhr,
Theater in Kempten
„Die Jüdin und der Kardinal" von Leo Hiemer
und inszeniert von Silvia Armbruster

Theater

Mittwoch, 27.10.2021, 20 Uhr,
Theater in Kempten
„Die Jüdin und der Kardinal"

Theater
Donnerstag, 28.10.2021, 20 Uhr,
Theater in Kempten
„Die Jüdin und der Kardinal“

Theater / Schulvorstellung
Freitag, 29.10.2021, 10 Uhr,
Theater in Kempten
„Die Jüdin und der Kardinal“

Theater
Freitag, 29.10.2021, 20 Uhr,
Theater in Kempten
„Die Jüdin und der Kardinal“

Kino
Samstag, 30.10.2021, 20 Uhr,
Theater in Kempten
Kino: „Leni … muss fort“ –
Ein Film des Allgäuer Filmemachers Leo Hiemer

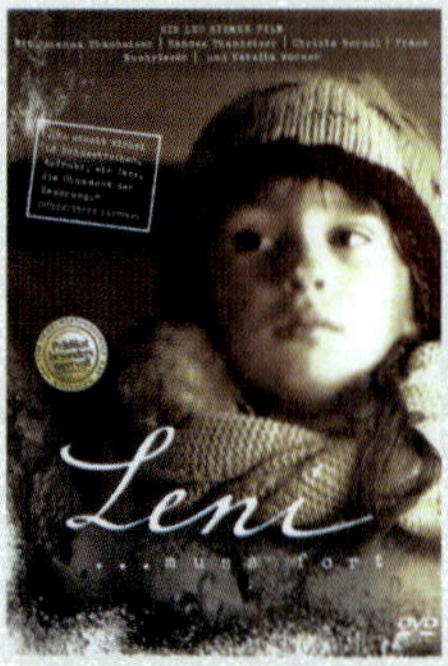

Matinee mit anschließender Podiumsdiskussion
Sonntag, 31.10.2021, 11 Uhr,
Theater in Kempten
Filmvorführung: „Kann Spuren von Nazis enthalten“; Podiumsteilnehmer: Ricardo Felberbaum, Sebastian Lipp, Martin Fink, Leo Hiemer, Radoslav Ganev; Moderation: Regina Gropper

Theater
Sonntag, 31.10.2021, 19 Uhr,
Theater in Kempten
„Die Jüdin und der Kardinal“

November 2021

Theater
Mittwoch, 03.11.2021, 20 Uhr,
Theater in Kempten
„Die Jüdin und der Kardinal“

Theater / Gastspiel

Freitag, 05.11.2021, 19:30 Uhr,
Kurhaus am Park Isny
„Die Jüdin und der Kardinal"

Novemberpogrom

Dienstag, 09.11.2021,
11 – 17 Uhr, Stadtmuseum Memmingen
Besichtigung der Abteilung „Jüdisches Leben in Memmingen" sowie der Sonderausstellung

11 Uhr und 14 Uhr, Stadtmuseum Memmingen
Führung durch die Ausstellung „Vervolkt – Dieses Projekt kann Spuren von Nazis enthalten!"

14 – 16 Uhr, Jüdischer Friedhof Memmingen
Öffnung des jüdischen Friedhofs

Singt ojf Jiddisch!

Montag, 15.11.2021, 19 – 21 Uhr,
Dietrich-Bonhoeffer-Haus Memmingen
Jüdische Lieder und Geschichten
In Kooperation mit der VHS Memmingen

Ausstellung

Donnerstag, 18.11.2021, 19 Uhr,
Kreuzherrnsaal Memmingen
Ausstellungseröffnung: „VerVolkt II"

Wegen der Corona-Auflagen konnte die Ausstellung „VerVolkt II" erst am 15. Mai 2022 eröffnet werden!"

ICH/ IDEOLOGISC
ZIEHUNG
Germanischer Glaube.
das Heilszeichen der
hen der sich bewe-
reuzes.

6

VerVolkt II

Noch mehr Spuren… noch mehr Nazis…

Der zweite Teil des Projekts ist eine Reaktion auf seine Besucher:innen. **VerVolkt II** beantwortet Fragen, füllt Lücken und präsentiert die Ergebnisse der Sammelaktionen des ersten Teils. In Kooperation mit der VHS und dem Bernhard-Strigel-Gymnasium entstand im Projektverlauf die Schüler:innenausstellung **„Verbrannt“**. Diese wird mit dem gleichnamigen Film präsentiert.

Für VerVolkt II produzierte der Filmemacher Leo Hiemer **„Zwei Männer! Zwei Gitarren! Die Faltas!“**.

Foto: Christian Schaffer

Eröffnungsrede zur Ausstellung VerVolkt II

von Frau Prof. Dr. Martina Steber, Universität Augsburg
Institut für Zeitgeschichte München-Berlin

Meine sehr geehrten Damen und Herren,

es ist mir eine Ehre und eine Freude, heute in Memmingen sein zu dürfen. „VerVolkt" startet in die zweite Runde, und der Ausstellung, ihren Macherinnen und Machern und dem Rahmenprogramm sind ein großer Publikumszuspruch und eine ernsthafte Auseinandersetzung mit den eindrücklichen Geschichten zu wünschen, die erzählt werden. Die Schicksale der Opfer des menschenverachtenden nationalsozialistischen Regimes gehen uns allen sehr nahe. Sie stellen die Frage nach dem „Wie war das möglich?" nur umso dringlicher.

Diese Frage steht auch hinter dem von Wolfgang Proske herausgegebenen Sammelband „Täter, Helfer, Trittbrettfahrer. NS-Belastete aus dem Allgäu", der heute ebenfalls vorgestellt wird. Er konfrontiert mit Biografien von Verantwortungsträgern, vornehmlich Männern, die in sehr verschiedenen Positionen und Rollen das NS-Regime trugen, nationalsozialistische Politik vorantrieben und die Verfolgung und Vernichtung von Menschen in mörderischer Konsequenz durchexerzierten. Viele dieser Biografien verstören. Sie tun das gerade auch, weil die Verantwortlichkeiten und Taten nach 1945 kaum geahndet wurden, sondern der Großteil der im Sammelband Untersuchten in geachteten Stellungen in der jungen Demokratie reüssieren konnte. So können die Ausstellung und der Sammelband ein weiterer Anstoß dafür sein, in Memmingen und seiner weiteren Umgebung über die NS-Zeit und ihre langen Schatten nachzudenken, und weiter: sich der nationalsozialistischen Vergangenheit der eigenen Stadt oder der eigenen Gemeinde zu stellen.

Als Wissenschaftlerin verfolge ich mit Bewunderung, was hier in Memmingen seit einigen Jahren geleistet wird. Historikerinnen und Historiker haben in den letzten Jahrzehnten viel Wissen über den Nationalsozialismus und das NS-Regime erarbeitet. Wir verstehen heute besser als jemals zuvor die Prozesse und Dynamiken, die zum Fall der Weimarer Demokratie, dem Aufstieg und der Etablierung der nationalsozialistischen Diktatur, zu rassistischem Massenmord und Vernichtungskrieg geführt haben. Doch dieses Wissen würde verpuffen, wenn nicht engagierte Ausstellungs-, Museums- und Filmemacherinnen und -macher, Lehrerinnen und Lehrer, Journalistinnen und Journalisten, Engagierte in den Heimat- und Historischen Vereinen und viele mehr dieses Wissen in die Gesellschaften vor Ort tragen würden.

Mehr noch: Sie machen sich selbst auf die Suche nach den dunklen Spuren, die das NS-Regime bis in die Gegenwart in unserem Alltag greifbar machen, die uns über die NS-Vergangenheit buchstäblich stolpern lassen. Das können Objekte sein: von Gebäuden über Kunstwerke, Grabsteine oder Bücher bis hin zu Alltagsgegenständen; das können Namen und mit ihnen Biografien sein; das können Geschichten sein, die in der Familie, im Dorf, in der Stadt über die NS-Zeit erzählt werden; das können auch Leerstellen sein: Wenn in der Dorf- oder Stadtgeschichte die Jahre zwischen 1933 und 1945 nur lapidar erwähnt werden; wenn kein Gebäude mehr von der einstmals so lebendigen jüdischen Geschichte eines Ortes zeugt. Die Spuren des NS-Regimes sind noch 77 Jahre nach seinem Ende sichtbar. „VerVolkt" macht auf sie aufmerksam und bringt sie zum Sprechen. Wir müssen nur hinhören wollen.

Nun wird derzeit nicht nur in Memmingen über einen guten Umgang mit der Geschichte des Nationalsozialismus diskutiert, ganz im Gegenteil, in vielen Städten, Gemeinden und Institutionen wird erörtert, wie die NS-Zeit in angemessener Weise erinnert werden kann. Eine Schlüsselfrage stellt sich allenthalben: Wie kann eine würdige Erinnerung an die Opfer der nationalsozialistischen Vernichtungspolitik verbunden werden mit einer differenzierten Sicht auf die deutsche Gesellschaft im Nationalsozialismus – einer Sicht, die Täter und Verantwortliche benennt, Handlungsspielräume aufzeigt und gleichermaßen Möglichkeiten von Distanzierung und Opposition einrechnet?

In vielen Städten und Gemeinden sind die aktuellen Debatten vom Erschrecken über die Untiefen der eigenen Stadtgeschichte geprägt. So manches, worüber über 77 Jahre hinweg der Mantel des Schweigens gedeckt wurde, wird neu thematisiert und verlangt nach Erklärung. So mancher verehrte Altvordere der Stadtgeschichte erscheint in einem um einiges dunkleren Licht, als dies städtische Erzählungen über Jahrzehnte Glauben machen wollten. So manche glatte Geschichte von angeblich distanziertem Mitwirken, um Schlimmeres zu verhindern, entpuppt sich als Schutzerzählung. Sie deckte die eigentliche Verantwortlichkeit für Verfolgung und Entrechtung zu und ermöglichte jenen Eliten, die vor wie nach 1945 an Schlüsselpositionen saßen, einen recht sanften Übergang in die bundesrepublikanische Demokratie. Nicht wenige, die es eigentlich besser wussten, glaubten diese Geschichten nur allzu gerne.

Das Erschrecken über die eigene Ortsgeschichte ist vielerorts auch deshalb so groß, weil deutlich wird, dass der Nationalsozialismus nicht von außen in die städtische oder dörfliche Gesellschaft getragen wurde, wie dies noch heute oft zu hören ist. Der typische Nazi, das hat sich in vielen Köpfen festgesetzt, sei ein ideologisierter Fanatiker gewesen, brutal, herrisch, ein bisschen dumm und zumeist männlich. Dies ist ein Zerrbild. Auch das wird schnell klar, wenn der Blick auf jene gelenkt wird, die die nationalsozialistische Ideologie vor Ort vertraten und ihre Politik

bestimmten. Das waren nicht allein die Underdogs, nicht allein Männer von anderswoher, sondern oftmals angesehene Bürger des Ortes, akademisch gebildet und betitelt, in Amt und Würden, die ihre Arbeit am Schreibtisch, am Redepult, auf der Kanzel oder am Katheder versahen. Das waren Männer wie der Memminger Oberbürgermeister Heinrich Berndl oder Johann Seißler, den Hubert Seliger nachher vorstellen wird. Der Nationalsozialismus kam eben nicht von außen, er kam mitten aus den lokalen Gesellschaften selbst. Die Verfolgung politischer Gegner, die Entrechtung, Ausraubung und Entmenschlichung von jüdischen Bürgerinnen und Bürgern, die Stigmatisierung von Menschen mit Handicap, die Verfolgung von Sinti und Roma, von Homosexuellen oder jenen, die als „asozial" gebrandmarkt wurden, entsprang der deutschen Gesellschaft. Sie kam aus ihrer Mitte.

Sie geschah vor aller Augen, und nicht wenige profitierten von ihr. Denn die nationalsozialistische Grenzziehung zwischen „Volksgenossen" und „Gemeinschaftsfremden" verhieß für diejenigen, die als Volkgenossinnen und Volksgenossen zur „Volksgemeinschaft" aktiv beitrugen, indem sie dem „Führer entgegenarbeiteten" (wie das zeitgenössisch hieß), Privilegien und Belohnung im völkischen Wohlfahrtsstaat. Und sie öffnete Chancen: etwa für Unternehmen und Handwerksbetriebe neue Aufträge, für junge engagierte Männer ganz neue Karrieremöglichkeiten in Partei und Verwaltung oder für Frauen geachtetes soziales Engagement in der Frauenschaft oder der Nationalsozialistischen

Foto: Kirstin Köllner

Volkswohlfahrt. Das Wortspiel „VerVolkt“, das über der Ausstellung steht, fängt genau diese Dynamik ein: Verfolgung und völkische Volkwerdung waren verschwistert.

Warum aber wird gerade heute neu und intensiv und manchmal auch sehr erbittert über den Umgang mit dem Nationalsozialismus diskutiert, und warum gerade in den Städten und Gemeinden? Das ist eigentlich erstaunlich, denn die Bundesrepublik zeichnet sich durch eine vielseitige Erinnerungskultur, einen ernsthaften Umgang mit und eine offene Akzeptanz der Verantwortung für die Verbrechen des NS-Regimes aus.

Seit den 1980er Jahren hat sich eine nationale Kultur des Gedenkens und des Erinnerns an die Shoa entwickelt, die in ihrem Verlauf auch andere Opfergruppen einschloss. Der Holocaust-Gedenktag am 27. Januar, das Gedenken an die Pogromnacht vom 9. November 1938, Denkmäler und Gedenkstätten zeugen von dieser ritualisierten Erinnerungskultur, an der auch die Städte und Gemeinden partizipieren. Wenn also tatsächlich ein nationaler Konsens über die Vergangenheitsbewältigung in Deutschland besteht, warum zerbröckelt dann dieser Konsens vor Ort, wenn plötzlich nicht mehr Hitler, Goebbels oder Himmler im Zentrum stehen, sondern lokale Nationalsozialisten wie Bürgermeister, Heimatdichter oder Unternehmer?

Es hilft, sich zu vergegenwärtigen, welche Bedeutung der Blick in die Geschichte für Stadtgesellschaften hat. Jan Assmann hat im Rückgriff auf Maurice Halbwachs und Aby Warburg den Begriff des kollektiven Gedächtnisses geprägt, um die immer wieder neue Aneignung der Vergangenheit in unterschiedlichen sozialen Räumen zu beschreiben. Über den Rückgriff auf die Geschichte definieren sich Gruppen und Gesellschaften. Sie finden Gemeinsamkeit, Sicherheit und Identität, indem sie sich selbst ins Verhältnis zu vergangenen Zeiten setzen. Sie suchen zu erklären, wie sie zu dem geworden sind, was sie sind. Und es geht immer auch darum, wer die Definitionsmacht über jene Selbstbilder hat.

Die deutsche Geschichte des 20. Jahrhunderts macht diese Arbeit am kollektiven Gedächtnis ganz besonders schwierig. Auf welche Traditionen lässt sich überhaupt zurückgreifen, wenn der Bruch durch Faschismus, Völkermord und Vernichtungskrieg so grundstürzend ist? Bis in die Gegenwart herrscht vielerorts ein Bild des Lokalen vor, in dem das Alltagsleben vor Ort wie eine Insel im nationalsozialistischen Meer wirkt. In Mittel- und Kleinstädten, in Dörfern – so hört man oft – seien die Härte und Brutalität der Diktatur abgeschirmt worden, sei das Leben weitergegangen wie zuvor, hätten überzeugte Nationalsozialisten wenig ausrichten können, sei versucht worden, den Verfolgungsdruck zu mindern und an Humanität zu retten, was zu retten war. Diese Erzählungen, die sich landauf landab nach 1945 festgesetzt und das kollektive Gedächtnis geprägt haben, werden gegenwärtig nicht nur hinterfragt, sie werden regelrecht zertrümmert.

Die Frage, worauf sich städtische Gesellschaften historisch beziehen können, stellt sich derzeit mithin neu. Und darauf müssen Antworten gefunden werden – genau darum wird gerade überall gerungen. Dazu kommt, dass wir uns in Deutschland einig sind, dass wir gegenüber den Opfern des Nationalsozialismus eine moralische Verpflichtung haben. Sie zu erinnern, ihnen ihren Namen und ihre Würde zurückzugeben, das ist eine Aufgabe, die gerade auch auf lokaler Ebene bewältigt werden muss. Wie aber lässt sich die Erinnerung an die Opfer verbinden mit einer historischen Erzählung der Stadtgeschichte, die dann eben auch zu erklären hat, wie es zu Ausgrenzung, Entrechtung und Ermordung gekommen ist? Das wird nur gehen, wenn Geschichte vielschichtig, ambivalent und nüchtern erzählt wird – wenn liberale und demokratische Aufbrüche genauso thematisiert werden wie die antisemitischen, völkischen, rassenanthropologischen und sozialdarwinistischen Abgründe des 19. und 20. Jahrhunderts. Das eine geht nicht ohne das andere.

Die aktuellen Diskussionen greifen also tief. Aber warum gerade heute? Ich meine, dass fünf sehr unterschiedliche Zusammenhänge dafür verantwortlich sind. Erstens verändert der Generationswechsel, den wir erleben, unseren Blick auf die Geschichte. Es verlassen uns nicht nur die letzten Zeitzeuginnen und Zeitzeugen des NS-Regimes, die dieses ohnehin als Kinder und Jugendliche erlebt haben, sondern auch die Nachkriegsgeneration ist mittlerweile im Rentenalter. Sie hat lange die Erzählungen über den Nationalsozialismus geprägt – und dabei Deutungen übernommen, die sie von ihren Eltern vermittelt bekam, also der Generation, die das NS-Regime getragen hat. Die dritte und vierte Generation nähert sich mit größerer innerer und zeitlicher Distanz der NS-Zeit – und hinterfragt genau diese Narrative.

Dieses Hinterfragen wird von einem vertieften Wissen über die europäische Geschichte der ersten Hälfte des 20. Jahrhunderts gefördert, das ist die zweite Dimension der gegenwärtigen Debatten. Wir wissen heute ungleich mehr über das Regime. Das ist die Frucht jahrzehntelanger Forschung. Von entscheidender Bedeutung war dabei die gesellschaftsgeschichtliche Wende der NS-Forschung in den 2000er Jahren. Wurden zuvor vor allem der NS-Staat und die Politik an der Reichsspitze analysiert, rückten mit der Öffnung der Archive in Osteuropa und der damit gegebenen Möglichkeit, den Holocaust zu erforschen, zunehmend die Täter in den Blick – jene „ganz normalen Männer", wie Christopher Browning dies bekannterweise formuliert hat, die mordend durch Süd-, West- und vor allem Osteuropa zogen. Die „ganz normalen Männer" verwiesen auf die deutsche Gesellschaft, aus der sie stammten. Das zeigt auch Wolfgang Proskes Sammelband. In den letzten zwanzig Jahren hat die Geschichtswissenschaft die radikalisierenden Dynamiken und die sozialen Verwerfungen herausgearbeitet, die das nationalsozialistische Versprechen, eine rassereine, biologisch und politisch einwandfreie „Volksgemeinschaft" zu realisieren, vor Ort ausgelöst hat. Stigmatisierung, sozialer Ausschluss, Entrechtung und Verfolgung gehörten zum nationalsozialistischen Alltag, und es beteiligten sich viele daran – mit unterschiedlichen Motivationen, die von brennendem Glauben an die nationalsozialistische Sendung über Opportunismus bis hin zu Angst vor eigener Benachteiligung und Exklusion reichten.

Ein dritter Faktor für die aktuellen Debatten ist sicherlich die nationale Erinnerungskultur an Verfolgung und Vernichtung, die ich vorhin schon angesprochen habe. An ihr nehmen die Menschen vor Ort teil, in Schulen, in Kirchengemeinden, in Vereinen, in der kommunalen Öffentlichkeit. Das Gedenken aber wirft Fragen auf – nach den Opfern in der Stadt, im Dorf und nach dem Warum ihres Leids; „Ver-Volkt" setzt sich mit ihnen auseinander.

Zum vierten sucht gegenwärtig eine ganz andere Gesellschaft nach ihrer Geschichte, als das noch in den 1980er Jahren der Fall war, als die Auseinandersetzungen um die NS-Zeit erstmals so richtig in den Städten und Dörfern ankamen. Heute sind wir um einiges multikultureller, liberaler, pluraler und auch individualisierter als noch vor vierzig Jahren. Immigration, Globalisierung, Digitalisierung, Wertewandel und Wohlstandsmehrung haben die deutsche Gesellschaft immens verändert, sicherlich auch in Memmingen. Das verschiebt unseren Blick zurück – wir suchen in der Geschichte andere Anknüpfungspunkte als noch unsere Eltern. Das gilt besonders für Menschen, deren familiäre Wurzeln nicht in Deutschland liegen. Auch zu ihnen muss die Geschichte, die über die Stadt oder das Dorf erzählt wird, sprechen können. Das ist eine der größten Herausforderungen, die sich historisch Engagierten derzeit vor Ort stellt.

Dazu kommt, fünftens, dass die Demokratie, die viele von uns zu lange für selbstverständlich erachtet haben, seit einigen Jahren zunehmend infrage gestellt wird. Dies geschieht einerseits von außen: durch autoritäre Regime mitten in Europa; durch autoritäre, antidemokratische Bewegungen in den alten Demokratien des liberalen Westens wie in Frankreich, Großbritannien und in den USA, die für die Bundesrepublik immer als Vorbild galten; und aktuell durch das Putin-Regime in Russland, das den Angriffskrieg gegen die Ukraine offen als Krieg gegen die liberale Demokratie und die offene Gesellschaft führt. Aber dieser Angriff auf die bundesrepublikanische Demokratie kommt eben auch von innen. Dass Rechtsextreme und Rechtspopulisten bei demokratischen Wahlen Erfolge feiern, in den Parlamenten vertreten sind, die Straßen protestierend bevölkern, ist ein lau-

„Verfolgung und völkische Volkwerdung waren verschwistert.“

Dr. Martina Steber

tes Warnsignal. In der Auseinandersetzung mit dem NS-Regime suchen wir die Mechanismen zu verstehen, die autoritäre, rechte Bewegungen attraktiv machen, mit denen sie die Demokratie von innen heraus zerstören. Die Geschichte der Weimarer Republik, des NS-Regimes und der frühen Bundesrepublik hält uns einen Spiegel vor, sie zeigt auf, was möglich war und wieder sein könnte. Sie zeigt uns die Verletzlichkeit der Demokratie und erinnert uns an das Fundament des „Nie-Wieder“, auf dem die Väter und Mütter des Grundgesetzes die Bundesrepublik aufgebaut haben.

In den derzeitigen Debatten über die NS-Zeit liegt mithin eine große Chance verborgen. Im Annehmen der deutschen Geschichte des 20. Jahrhunderts mit all ihren Abgründen, Brüchen und Widersprüchlichkeiten finden wir Orientierung in der Gegenwart. Die Geschichte zeigt, woher wir kommen und warum das, was uns täglich begegnet, so geworden ist, wie es ist. Die Auseinandersetzung mit der Geschichte macht die Strukturen deutlich, die Entwicklungen beeinflussen, lässt die Kräfte erkennen, die hinter Ereignissen stehen, legt aber auch die Handlungsspielräume frei, die der Einzelne hat. Wenn neu verhandelt wird, auf welche Traditionen sich eine Stadt besinnen möchte, öffnet das die Türen für ganz andere, bislang verdeckte und vergessene Geschichten – Geschichten von Migration und Neubeginn, von demokratischen Aufbrüchen, von Mädchen und Frauen, von Opposition gegen das NS-Regime oder von dem Kampf um soziale Rechte. Die Integration solcher Geschichten wird indes nur tragfähig sein, wenn Geschichte mit aufklärerischem, kritischem Blick erzählt wird – und das NS-Regime nicht ausgespart bleibt.

Das ist das Anliegen von „VerVolkt“. Und so kann ich der Ausstellung und den Ausstellungsmachern nur ein großes Interesse, viele offene Augen, Ohren und Herzen, ein kritisches Weiterfragen und guten Mut für zukünftige Unternehmungen wünschen. Ich danke für Ihre Aufmerksamkeit.

Martina Steber

Foto: Christoph Merlak

Stadtmuseum
Memmingen
VERVOLKT II
Noch mehr Spuren… noch mehr Nazis…
VERLÄNGERT BIS 7. AUGUST
MARTIN-LUTHER-PLATZ &
IM STADTMUSEUM MEMMINGEN

NS-Belastete aus dem Allgäu

Der Sozialwissenschaftler Dr. Wolfgang Proske stellte den neuesten Band seiner Buchreihe vor.

VerVolkt II wurde mit einer Veranstaltung am Internationalen Museumstag, dem 15. Mai 2022, im Dietrich-Bonhoeffer-Haus Memmingen eröffnet. Dabei wurde auch Bd. 12 der von Dr. Wolfgang Proske herausgegebenen Buchreihe „Täter Helfer Trittbrettfahrer“ vorgestellt, der „NS-Belastete aus dem Allgäu“ betitelt ist.

Dr. Proske über seine Arbeit:
„Die Buchreihe ‚Täter Helfer Trittbrettfahrer‘ will in zwanzig regional gestaffelten Bänden das bisherige Wissen über lokale Akteure im Nationalsozialismus neu hinterfragen. Ziel ist es, für Süddeutschland eine möglichst quellengestützte, bewusst faktenbasierte NS-Täterforschung voranzubringen. In diesem zwölften Band werden von 20 Autor:innen 25 NS-Belastete aus dem bayerischen Allgäu von Memmingen über Mindelheim und Bad Wörishofen bis nach Füssen, von Scheidegg über Sonthofen und Kempten bis nach Marktoberdorf und Türkheim portraitiert.

Die regionale NS-Vergangenheit sollte weder schöngeredet noch totgeschwiegen werden. Es kommt darauf an, hart an der Sache und kontextbezogen in den Archiven nachzuforschen. Dabei zeigt sich: Die NS-Geschichte muss nicht neu geschrieben, aber regional erweitert und nachjustiert werden.“

In dem Band findet sich auch ein Beitrag des Autors der Memminger Stadtgeschichte, des Historikers Dr. Paul Hoser, über den Memminger Bürgermeister Dr. Heinrich Berndl. Leo Hiemer schrieb über den Bürgermeister und Ortsgruppenleiter von Stiefenhofen, Johann Seelos, der 1943 den Befehl zur Abgabe der kleinen Gabi überbracht hat.

Im Anschluss an die Vorstellung des Allgäu-Bandes der Buchreihe durch Dr. Wolfgang Proske persönlich referierte der Jurist und Archivar Hubert Seliger über Johannes Seißler, den Leiter der Kriminalpolizei Memmingen.

Die Memminger Zeitung fasste den Vortrag zusammen:
„Seißler kam 1943 von Erlangen nach Memmingen und leitete bis 1945 die Memminger Polizeidienststelle. Er war engagiertes Parteimitglied seit 1933. Als Leiter der Kripo habe

Archivar und Jurist Dr. Hubert Seliger referierte über den ehemaligen Chef der Kripo Memmingen.

er seine ‚Macht auszuspielen' gewusst. Er ging ebenso gegen politisch Andersdenkende vor, wie aus rassistischen Gründen gegen Memminger Sinti und Sintezas. Die Spruchkammer Memmingen verurteilte ihn im November 1946 als ‚Hauptschuldigen' zu sechs Jahren Arbeitslager, weil er ein idealer Handlanger des verbrecherischen Nazi-Systems gewesen sei. Zwei Jahre später erreichte Seißler seine Neueinstufung als ‚Mitläufer' vor der Berufungskammer Kempten und die kurzzeitige Wiedereinsetzung ins Beamtenverhältnis. Er starb 1971 als Pensionär in Oberfranken. Seliger, der die Akten im Stadtarchiv Memmingen und Augsburg einsehen konnte, bilanzierte: ‚Seißler war nicht einfach nur Werkzeug, wie die Berufungsspruchkammer meinte, sondern Handelnder aus Überzeugung.'"

Auch dieser Aufsatz ist in dem vorgestellten Bd. 12 der Buchreihe **„Täter Helfer Trittbrettfahrer"** enthalten. Das Buch ist in jeder guten Buchhandlung sowie portofrei beim Verlag erhältlich: www.kugelbergverlag.de.

VERVOLKT
05
Stadtmuseum Memmingen
Jüdisches Leben in Memmingen
VERVOLKT
Stadtmuseum Memmingen
Beschädigt in der Nacht vom 6. auf den 7. August 2021
Die Vergangenheit lässt sich nicht verbiegen!
Diese Ausstellung kann Spuren von Nazis enthalten!
03
IIZ-4596
16.05.2021
— 23.01.2022
AM MARTIN-LUTHER-PLATZ &

VerVolkt II – Die Ausstellung

Foto: Christian Schäfler

Hermann Esser	
Geboren:	29. Juli 1900 in Röhrmoos bei Dachau
Aufgewachsen: Gestorben:	in Kempten im Allgäu 7. Februar 1981 in Holzkirchen
1934 – 1935: 1939 – 1945:	Bayerischer Wirtschaftsminister Staatssekretär im Reichsministerium für Volksaufklärung und Propaganda

Hermann Esser

Hermann Esser trägt hier die einem General der Luftwaffe entsprechende Uniform eines „Fliegerführers", die er Hermann Göring verdankte. Essers Besuch am 16. Februar 1934 galt der Einweihung des neuen Gebäudes des „Allgäuer Beobachters" am Schrannenplatz. Dieser wird zu Hermann-Esser-Platz umbenannt.

Esser wird am 29. Juli 1900 in Röhrmoos bei Dachau geboren. Sein Vater wird als Bahnbeamter nach Kempten versetzt. Esser besucht dort das Gymnasium, bis er sich mit 17 Jahren freiwillig zum Heer meldet. Im April 1919 beteiligt er sich an der Räterepublik, wechselt aber schnell zum gegenrevolutionären „Freikorps Schwaben" in Memmingen.

Ab Sommer 1919 ist er in München, dort begegnet er Adolf Hitler. Bald wird er nach ihm bis zum gescheiterten Putsch von 1923 der wichtigste Redner der NSDAP. Er betreibt laufend bösartige Judenhetze und wird damit einer der Wegbereiter des Holocaust. Nach der Machtübernahme der Nationalsozialisten in Bayern ist er Leiter der Staatskanzlei, später Wirtschaftsminister. Bei Hitler gerät er schließlich in Misskredit und tritt im März 1935 von seinem Amt zurück. Im folgenden Jahr wird er jedoch Präsident des Reichsfremdenverkehrsverbands. Am Ende des Weltkrieges wird er von den Amerikanern verhaftet und interniert, 1950 stuft ihn im Zug der Entnazifizierung die Münchner Berufungskammer endgültig als Hauptschuldigen ein, und er bleibt bis zum Oktober inhaftiert. Er stirbt am 7. Februar 1981 in Holzkirchen.

Paul Hoser

Der Leiter der Bayerischen Staatskanzlei, Staatsminister Hermann Esser, besucht am 16. Februar 1934 Memmingen.

Foto: Stadtmuseum Memmingen

Hermann Essers Besuch in Memmingen

aus Anlass der Einweihung des neu gestalteten Gebäudes von NSDAP und „Allgäuer Beobachter“ am 16. Februar 1934

Anmerkungen, Quellen und Literatur S. 227f.

Die Gründung des „Allgäuer Beobachters“ und die Durchsetzung seines lokalen Monopols nach der „Machtergreifung“ der Nationalsozialisten

Am 1. Dezember 1930 gelang es den Memminger Nationalsozialisten, eine eigene lokale Parteizeitung zu gründen, die dazu dienen sollte, die Schlagkraft ihrer Propaganda am Ort zu erhöhen und den Zusammenhalt der Parteimitglieder zu festigen.[1] Nach dem Vorbild des Organs der Gesamtpartei, dem „Völkischen Beobachter“, gab man ihr den Titel „Allgäuer Beobachter“. Redakteur wurde Ludwig Wölfle,[2] der zuvor bei der dem Bayerischen Bauernbund verbundenen „Memminger Zeitung“ gearbeitet hatte.[3] Zwei Jahre später, am 1. Dezember 1932, wurde der besonders fanatische Nationalsozialist Fritz Kerler[4] sein Nachfolger. Für den politischen Teil war der führende Mann der Partei am Ort, Rechtsanwalt Wilhelm

Die Fotos in diesem Kapitel zeigen Hermann Esser bei seinem Besuch in Memmingen am 16. Februar 1934. Die Fotos stammen aus einem privaten Fotoalbum, das dem Stadtmuseum Memmingen nach dem Sammlungsaufruf übergeben wurde. Der Fotograf ist unbekannt.

Schwarz,[5] verantwortlich. Die Zeitung war im Besitz der „Druckerei- und Verlagsgenossenschaft Allgäuer Beobachter e. G. m. b. H." Bis zum Machtantritt der Nationalsozialisten war das Unternehmen schwer verschuldet. Dem geschäftsführenden Vorstand der Genossenschaft gehörten wichtige Memminger nationalsozialistische Funktionäre an, darunter Schwarz und der Uhrmacher Hermann Kleinhans.[6] Den Vorsitz hatte Oskar Zorn,[7] Inhaber eines Modehauses aus einer alteingesessenen Familie, der bei der Verdrängung jüdischer Geschäftsleute eine wichtige Rolle spielen sollte. Zusammen besaßen die drei die Hälfte der Genossenschaftsanteile.[8] Aufsichtsratsvorsitzender war der Schneidermeister Heinrich Samper.[9] Auf ihn ging wohl die eigentliche Initiative zur Gründung des Parteiblatts zurück.[10]

1932 zog man bereits Nebenausgaben in Mindelheim und Landsberg auf. Hauptverbreitungsgebiet waren die bayerischen Bezirksämter Memmingen und Illertissen. Die Zeitung gab für dieses Jahr ihre Auflage mit 2000 Stück an, 1934 mit 6000.[11] Der Verlag machte erst unter der nationalsozialistischen Herrschaft Gewinne und konnte dann sogar der NSDAP Geld zuführen.

Die Konkurrenz konnte sich nach der Machtübernahme Hitlers nicht mehr allzu lange halten. Den anderen Zeitungen am Ort, der „Memminger Zeitung" und dem „Memminger Volksblatt", entzog die Stadt ihre amtlichen Anzeigen. Das der katholisch geprägten Bayerischen Volkspartei nahestehende „Memminger Volksblatt" der Gebrüder Feiner wurde erstmals am 16. März 1933 wegen angeblicher Verächtlichmachung des Reichspräsidenten und des bayerischen Reichskommissars Ritter von Epp[12] auf Intervention von Schwarz bei dem für die Presse zuständigen Leiter der bayerischen Staatskanzlei, Minister Hermann Esser, für eine Woche verboten. Ein weiteres Verbot folgte einen Monat später. Schon im Januar 1934 wehrte sich Stadtkaplan Prim[13] im „Memminger Volksblatt" gegen eine Attacke des „Allgäuer Beobachters".[14] In diesem Fall wandte sich Fritz Kerler direkt an Esser, der die Sache an den rabiaten und unberechenbaren SA-Sonderkommissar für Schwaben, Ritter von Schöpf,[15] weiterleitete. Dieser bedrohte sogar Schwarz, weil er nichts unternommen habe. Prim kam für einen Tag in Haft.

Die „Memminger Zeitung" hatte sich ab 1. Januar 1934 mit dem „Memminger Volksblatt" zu einer Interessengemeinschaft zusammengetan. Am 12. März 1934 kamen u. a. ihr leitender Redakteur Ferdinand Mayr und ihr Verlagsdirektor Wilhelm Frieß kurzzeitig in Schutzhaft, weil sie sich im Namen beider Blätter gegen die mit massiven Drohungen durchgeführten Werbungen von SA-Leuten für den „Allgäuer Beobachter" gewehrt hatten.

Im Dezember 1935 gab die „Memminger Zeitung" auf, das „Memminger Volksblatt" musste am 1. Februar 1936 eingestellt werden. In beiden Fällen ging das Verlagsrecht an die Genossenschaft des „Allgäuer Beobachters" über.

Bei der Eröffnung des sogenannten „Braunen Hauses“. Im Hintergrund die Schranne.

Die Hetzpropaganda des „Allgäuer Beobachters“

Fritz Kerler sorgte dafür, dass die Namen von Memmingern, die während der in ganz Deutschland verkündeten Boykottaktion gegen jüdische Geschäfte vom 1. April 1933 dennoch dort einkauften, öffentlich bekannt gegeben wurden.[16] Er hetzte in der Zeitung gegen „frühere Marxisten, die stur an ihrem internationalen Wahnsinn festhalten“, und gegen „die schwarze Gefahr, die hier noch umherschleicht.“[17] Ein weiterer Redakteur des „Allgäuer Beobachters“, Martin Moest, schrieb dort im Dezember 1937 vor den Weihnachtstagen gegen die „krummnasigen Schlemmer, die Wucherer und Schieber jüdischer Rasse“: „Wer den Juden unterstützt, der ist und bleibt ein Verräter an seinem Volke, denn er muß wissen, daß er damit die Hand zugleich jener Rasse reicht, die überall in der Welt als Todfeindin auftritt.“[18] Moest war nicht Mitglied der NSDAP gewesen, seine üble Rolle war in der Bundesrepublik deshalb schnell vergessen, weshalb er problemlos als Journalist für die „Mindelheimer Zeitung“ arbeiten konnte.[19]

Das Ende des „Allgäuer Beobachters“

Offenbar war es dem Verlag des „Allgäuer Beobachters“, der nicht direkter Besitz der Partei war, gelungen, sich der finanziellen Kontrolle des Präsidenten der Reichspressekammer, Max Amann,[20] über die Partei-zeitungen zu entziehen. Oskar Zorn versuchte 1946 vor der Memminger Spruchkammer sogar den Eindruck zu erwecken, als habe die Zeitung auch eine parteiunabhängige politische Linie verfolgt. Damit hatte er allerdings keinen Erfolg.[21]

Mit Kreisleiter Schwarz am sogenannten „Braunen Haus".

Die US-Militärregierung stellte schon im Juni 1945 die Druckerei des „Allgäuer Beobachters" unter Vermögenskontrolle. Am 5. Juli 1949 verfügte sie den Übergang des Eigentums der Druckerei- und Verlagsgenossenschaft des „Allgäuer Beobachters" auf den Staat Bayern.[22]

Mit als Patrizierpaar kostümierten Memminger:innen.

Hermann Esser als aktivistischer Nationalsozialist bis 1934

Als Hermann Esser sechs Jahre alt war, wurde sein Vater, ein Bahnbeamter der mittleren Ebene, nach Kempten versetzt. Sein Sohn kam dort 1910 auf das humanistische Gymnasium. Im August 1917 rückte er freiwillig zum kämpfenden Heer ein. An die eigentliche Front im Westen bei Flandern wurde er erst etwa vierzehn Tage vor dem militärischen Zusammenbruch des Kaiserreichs geschickt.

Nach dem Ausbruch der Revolution in Bayern trat Esser in Kempten der SPD bei. In der am 7. April 1919 auch in Kempten ausgerufenen Räterepublik erhielt er die Aufgabe der Überwachung des Telegrammverkehrs zugewiesen. Besonders radikal gebärdete er sich dabei nicht. Vom Januar 1919 bis Ende April dieses Jahres war Esser Volontär bei der stark links gerichteten sozialdemokratischen „Allgäuer Volkswacht". Dieses kurzlebige Blatt führte in seiner Ausgabe A den Untertitel „sozialdemokratisches Organ für die Interessen des werktätigen Volkes der Bezirksämter Kempten, Kaufbeuren, Füssen, Memmingen, Markt Oberdorf, Sonthofen und Lindau". Das Gymnasium schloss Esser nicht mehr ab.

Am 20. April 1919 rief der Kommandeur des in Kempten stationierten Gebirgsjäger-

Bataillons, Major Daniel Ritter von Pitrof, in der örtlichen Presse zum Beitritt zur neu gebildeten, gegenrevolutionären Volkswehr auf. Sein Aktionszentrum verlegte er dann nach Memmingen, da ihm Kempten noch zu unsicher vorkam. Schon am 22. April 1919 vollzog Esser einen totalen Schwenk. Er ging nach Memmingen und fand Beschäftigung beim Kommandostab der Volkswehr, die sich jetzt „Freikorps Schwaben" nannte. Man war dort sehr zufrieden mit ihm.

Von Juni 1919 vermutlich bis Mitte Januar 1920 arbeitete er dann für das Werbebüro der im Aufbau befindlichen Reichswehr in Kempten. Danach übernahm ihn die von dem Hauptmann und Generalstabsoffizier Karl Mayr geleitete Presse- und Propagandastelle der Reichswehr in München.

Schon im Sommer 1919 waren in München auf Initiative Mayrs von der Reichswehr angebotene weltanschauliche Propagandakurse abgehalten worden. Esser nahm an einem dieser Kurse teil, ebenso Hitler. Später gab er an, er habe Hitler bereits zu dieser Zeit reden hören und sei von Mayr in dessen Büro mit ihm bekannt gemacht worden. Hitlers Ausführungen hätten auf ihn großen Eindruck gemacht. Damals habe er sich auch endgültig von der SPD abgewandt. Er besuchte dann die Sprechabende der Deutschen Arbeiterpartei, der Vorläuferin der NSDAP, wo er Hitler noch intensiver als Redner erleben konnte. Im Dezember 1919 oder im Januar 1920 wurde er Mitglied.

Nach der Gründung als NSDAP und der Verkündung des neuen Programms am 24. Februar 1920 wurde Esser nach Hitler der aktivste Redner der Partei. Es gibt einen Hinweis darauf, dass er bereits im November 1920 im Hasensaal in Memmingen sprach.[24] Er war einer der Ersten, die den Führerkult um Hitler betrieben. Schon seit 1920 verbreitete Esser auch laufend in Wort und Schrift besonders üble Propaganda gegen die Juden. Ende 1920 kauften die Nationalsozialisten den „Völkischen Beobachter". Esser wurde Redakteur der Parteizeitung. Nach dem gescheiterten Hitlerputsch vom 9. November 1923 floh er nach Österreich. Er konnte aber schon am 26. März 1924 problemlos zurückkehren und sammelte zusammen mit Julius Streicher[25] die radikalsten Anhänger des in der Festung Landsberg in Haft sitzenden Hitler. Ihre Organisation dafür war die „Großdeutsche Volksgemeinschaft". In Memmingen war eine von ihren fünf Bezirksleitungen.[26]

Nach Hitlers Entlassung erschien mit der Neugründung der NSDAP im Februar 1925 auch der „Völkische Beobachter" neu. Esser wurde dort wieder Redakteur, daneben wirkte er weiter als Redner für die Partei. Aus Anlass der Reichstagswahlen vom 6. November 1932 sprach er auch in Memmingen.[27] 1926 bis 1932 war er Leiter des neu geschaffenen „Illustrierten Beobachters".

„Deutsche Grüße". Rechts neben Esser Kreisleiter Wilhelm Schwarz.

Esser gehörte zwar zu Hitlers näherer Umgebung, bekam aber auf Dauer kein Parteiamt, nicht zuletzt, weil dieser ihn wegen seiner Abneigung gegen intensive, geregelte Arbeit für ungeeignet hielt.

Leiter der neu errichteten Bayerischen Staatskanzlei mit Ministerrang wurde er am 12. April 1933 ohne Hitlers Zutun, allerdings mit seiner Duldung. Am 1. März 1934 wechselte er auf den Posten des Staatsministers für Wirtschaft.

Essers offizieller Besuch in Memmingen am 16. Februar 1934

Noch als Leiter der Staatskanzlei mit der formellen Zuständigkeit für die Presse war Esser am 16. Februar in Memmingen als Repräsentant bei der Einweihung der neuen Räume des Gebäudes des „Allgäuer Beobachters" erschienen.[28] Die Gebäude im Ort waren aus diesem Anlass beflaggt. Empfangen wurde Esser im Museumsbau. Vor diesem waren Schüler und Lehrer des Orts, Angehörige der Hitlerjugend (HJ) und des Bunds Deutscher Mädel (BDM) sowie der Stadtrat, Behördenvertreter, Funktionäre der NSDAP und Einheiten von SA und SS versammelt. Um zwölf Uhr Mittag kam Esser im Auto an. Vor dem Museum war eine mit Tannengrün geschmückte Tribüne aufgestellt worden, auf der Trachtengruppen standen, die Memminger Stadt- und Landbevölkerung aus alter Zeit darstellten. Oberbürgermeister Dr. Berndl[29] begrüßte Esser, eine HJ-Kapelle spielte einen Marsch, drei der BDM-Mädchen überreichten ihm Blumensträuße, ebenso eine ältere Memmingerin und eine Bauersfrau. Dann begaben sich er und Berndl auf die Tribüne. Berndl hielt eine Begrüßungsansprache, in der er

Für Esser spielt die Blasmusik auf.

sagte, er freue sich, „[den] Chef der Staatskanzlei, den Schirmherrn des Fremdenverkehrs- und Flugwesens, der Volksaufklärung, des Rundfunks, der Presse und des Films herzlich willkommen heißen zu können. [...] In dem Herrn Staatsminister begrüße Memmingen nicht einen Unbekannten, in manchen zündenden und feurigen Reden habe der hohe Gast es verstanden, seine Zuhörer der Bewegung zuzuführen. Und heute noch, wenn der aufreibende Staatsdienst Ausspannung erfordere, suche der Minister beim grünen Sport [d. h. der Jagd] in der Umgebung Memmingens Erholung. Bürgermeister Berndl bat dann den Minister, er möchte Fürbitter sein, daß Memmingen an der allgemeinen Verkehrsverbesserung teilhaben könne."[30] Berndl gab dann noch bekannt, „[...] daß der Stadtrat einmütig und einstimmig beschlossen hat, zum Zeichen der Verehrung den Platz vor dem Braunen Haus in Hermann-Esser-Platz umzubenennen." Er schloss mit dem üblichen „Sieg-Heil"-Ruf, darauf wurde das Horst-Wessel-Lied, die Parteihymne der NSDAP, gespielt. Nach Berndl sprach noch ein Vertreter des staatlichen Bezirksamts. Esser lobte die Stadt in seiner Ansprache, weil in ihr die nationalsozialistische Bewegung „von Anfang an günstig aufgenommen" worden sei, und pries die neue Herrschaft: „Ich glaube, die zurückliegenden Monate des neuen Staates haben gezeigt, daß wir in der Lage waren, Probleme anzupacken, die in früheren Jahren nicht zu lösen gewesen waren." Er schloss ebenfalls mit einem „Sieg-Heil"-Gruß, den er Hitler widmete.

Gegen ein Uhr mittags fuhr Esser, gefolgt von Wagen mit Vertretern von Partei und Behörden, zu dem neuen Partei- und Verlagshaus am Schrannenplatz 6, wo die Belegschaft Aufstellung genommen hatte und ihn Wilhelm Schwarz in der großen Vorhalle begrüßte. Bei dieser Gelegenheit sagte Esser über die nicht-nationalsozialistische Presse: „Wir sind nicht verpflichtet heute auf diese Konkurrenzunternehmungen Rücksicht zu nehmen. [...] Mit der Zeit [...] werde man dahin kommen, daß unsere Presse das gesamte Volk beherrscht."[31]

Es folgte ein Mittagessen im Bahnhofshotel. Esser versprach, dass Memmingen durch Stichstraßen eine bessere Verkehrsanbindung bekommen werde, und trug anschließend humoristische Gedichte vor. Nachmittags folgte ein Rundgang durch die Stadt unter der Führung des Stadtbibliothekars und späteren Schulleiters Walter Braun.[32]

Am Abend fand im vollbesetzten Schiffsaal eine Abschlussfeier statt. Esser erinnerte daran, daß er dort noch als Wahlredner aus Anlass der Reichstagswahlen vom November 1932 gestanden habe: „Er möchte gerade die Kämpfe und die schönen Stunden im Schiff zu Memmingen nicht missen". Wieder pries er die neue Zeit: „[...] die Demokratie leidet Schiffbruch überall. Der Wahnsinn des parlamentarisch, demokratischen Systems zeigt sich allenthalben. Wir sind ein Volk und eine Nation geworden." Wie Hohn vernahm man seine Behauptung: „Wir haben in Deutschland heute keine Diktatur." Ausgesprochen drohend klang sein Satz: „Es wird vielleicht noch manchmal notwendig sein, mit rauher Hand gegen einzelne Empfindlichkeiten einzuschreiten; aber was bedeutet die Empfindlichkeit des Einzelnen gegenüber den Interessen des Volkes!"

Unklar ist, von wem die Initiative ausgegangen war, den Schrannenplatz nach Esser umzubenennen. Offenbar maß die Partei dem Festakt nicht allzu große Bedeutung bei, da nicht einmal der Gauleiter und Regierungspräsident von Schwaben, Karl Wahl, erschienen war. Ob Esser selbst danach Memmingen jemals wiedersah, ist nicht bekannt.

Essers Werdegang von 1935 bis 1981

Essers Ministerkarriere in Bayern war am 14. März 1935 beendet. Bei Hitler stand er nicht mehr in besonderer Gunst. Allerdings überließ er seinem Kumpan aus frühen Tagen das Fremdenverkehrswesen als Spielwiese. In diesem Zusammenhang erreichte Esser dann sogar noch im Januar 1939 den Rang eines Staatssekretärs im Reichsministerium für Volksaufklärung und Propaganda. Außerdem verdankte er seiner zweiten Frau, einer Freundin Eva Brauns aus früher Jugend, des Öfteren Einladungen zu Hitlers Domizil auf dem Berghof bei Berchtesgaden.

Im Entnazifizierungsverfahren von 1949 stufte ihn die Münchner Spruchkammer als Hauptschuldigen ein. Nach seiner Entlassung aus dem Internierungslager Eichstätt im Oktober 1950 schlug er sich mit undurchsichtigen Geschäften als Finanz- und Wirtschaftsberater durchs Leben. Er starb am 7. Februar 1981 in Holzkirchen.

Paul Hoser

Volk und Rasse
Die rassische Zusammensetzung der Juden
Meide die Juden!
VORSICHT GEHIRNWÄSCHE
Ausgaben für Erbkranke – Soziale Auswirkung
VORSICHT IDEOLOGISCHE VERBLENDUNG

Foto: Christoph Morlok

Schule im Dritten Reich

Mit der Machtübernahme der Nationalsozialisten soll ein „neuer Geist" in die Schulen einziehen. Jüdische und andersdenkende Lehrkräfte werden auf Basis des *„Berufsbeamtengesetzes"* aus dem Dienst entlassen.

Der Hitlergruß wird in der Schule zur Pflicht, und Schüler:innen müssen ihre arische Abstammung über zwei Generationen nachweisen; das Unterrichten von jüdischen Schüler:innen wird verboten. Das Schulprogramm der NSDAP dient vor allem der „Erziehung" und Vermittlung von „nationalsozialistischen Idealen" – „Wissensvermittlung" ist weniger wichtig. Sport und Rassenlehre stehen auf dem Stundenplan weit oben.

Das hier ausgestellte Unterrichtsmaterial *„Erblehre und Rassenkunde in bildlicher Darstellung"* wurde deutschlandweit für Schulen verpflichtend. Diese Darstellungen wurden in Ollarzried und Memmingerberg verwendet; sie stammen aus Privatbesitz.

Regina Gropper

Geistliche(ige) Brandstifter

Magnus Gött

Der Bauernsohn Magnus Gött war ein zielstrebiger und begabter junger Mann. Erst als er 15 Jahre alt war, akzeptierten seine Eltern seinen Wunsch, Priester zu werden. Er besuchte darauf im schweizerischen Einsiedeln das Gymnasium, schrieb sich in der Münchner Universität in Philosophie, Geschichte, Germanistik und Romanistik ein, machte anschließend das bayerische Abitur nach, um in Dillingen Theologie studieren zu können. 1908 wurde er zum Priester geweiht.

Durch seine Vorliebe, seine Meinungen und politische Überzeugung nicht nur zu äußern, sondern auch in der Presse zu veröffentlichen, eckte er schon bei seiner ersten Stelle in Augsburg an. Eine Strafversetzung nach Altusried, später Steingaden und Weiler folgten, bis er schließlich 1912 nach Legau/Lehenbühl versetzt wurde. Gött beherrschte nicht nur mehrere Sprachen, sondern auch einen unterhaltsamen und leutseligen Gesprächston und Schriftstil. Im Legauer Anzeiger schrieb er wöchentlich politische Kommentare unter dem Titel „Wie es geht und steht in der Welt“, die sich enormer Beliebtheit erfreuten, was zu einer Auflagensteigerung dieser eigentlich nur sehr regional bedeutsamen Zeitung führte. Allerdings gab es auch heftige Kritiker seiner Texte und politischen Einstellung, und ihm wurde vorgeworfen, die Jugend politisch zu verführen. Die Inhalte seiner Beiträge waren nämlich nicht nur antikapitalistisch und antirepublikanisch, sondern vor allem auch antisemitisch geprägt. Schreibverbote, die er von der Augsburger Bistumsleitung bekam, ignorierte er großzügig oder schrieb weiter unter Pseudonym. Für seine politischen Ideen und Überzeugungen kam ihm das nationalsozialistische Gedankengut Adolf Hitlers seit den 20er Jahren sehr entgegen, aber auch hierin gefiel ihm bald einiges gar nicht. Das hat ihn dazu bewogen, am 4. Dezember 1926 Adolf Hitler persönlich einen Brief zu schreiben, den dieser wenige Wochen später am 4. Februar 1927 beantwortete. Bereits am 10. Februar 1927 erwiderte Gött diesen Brief, der wiederum ebenfalls eine Antwort Hitlers am 2. März 1927 zur Folge hatte. Die Briefe bzw. glaubwürdige Abschriften davon sind erhalten und veröffentlicht. Die Briefe Hitlers in den Vierteljahrsheften für Zeitgeschichte, Heft 3, 1994, publiziert von Dr. Paul Hoser, die Briefe Götts in der Dorfchronik von Dr. Georg Wagner mit dem Titel „Simmerberg – Chronik einer kleinen Pfarrei im Westallgäu.“

Großen Einfluss auf das Denken der Legauer Bevölkerung hatte Benefiziat Gött auch als Präses des Gesellenvereins, der heutigen Kolpingsfamilie, und als Gründer der Volksbücherei.

Magnus Gött	Pfarrer
Geboren am 3.11.1881 in Rückholz (Ostallgäu) Gestorben am 21.4.1944 in Lindau (Bodensee)	
Priesterweihe 1908 Kaplan in Augsburg, Altusried, Steingaden, Weiler und ab 1912 Benefiziat in Legau/Lehenbühl 1932 Pfarrer von Schrattenbach 1938 Pfarrer von Simmerberg	

Sein langjähriger Wunsch, aus Legau versetzt zu werden, wurde ihm mehrmals und lange verwehrt. Schließlich bekam er nach 20 Jahren in Legau 1932 endlich eine Pfarrstelle in Schrattenbach, 1938 wurde er dann Pfarrer von Simmerberg. Im Laufe der Zeit distanzierte sich Magnus Gött immer mehr vom Nationalsozialismus. Er bezeichnete den nationalsozialistischen Staat als Maschinenstaat und Menschenwerk, das zuletzt altes Eisen sein werde, und sah eine Zeit des Mordens herankommen.

In Simmerberg wurde gegen ihn unter anderem Strafanzeige wegen Kanzelmissbrauchs erhoben. Aber auch das hielt ihn nicht lange davon ab, seine Überzeugung weiterhin öffentlich zu äußern. Er wurde öfters verwarnt und auch wegen Nichtigkeiten mehrmals verhaftet und auch eingesperrt. Gött hatte zum Beispiel von den Kindern gefordert, ihn mit „Grüß Gott“ und nicht mit dem Hitlergruß „Heil Hitler“ anzusprechen. Er sagte in der Christenlehre, der Staat dürfe keine unschuldigen Menschen umbringen. Bei einer Einquartierung hatte er die Mädchen ermahnt, sich nicht jedem „Lätschen“ in die Arme zu werfen. Am 21. April 1944 starb Magnus Gött an den Folgen einer Darmoperation.

Monika Deniffel

Foto: Archiv Josef Heckelsmiller

inent politischer Kampf und das Kreuz,und das Kreuz,unter dem wir diesen
npf führen,ist unser Hakenkreuz.Und so wie Sie HB überzeugt sind,dass das
dtsche Volk ausser durch Christus nie zu Glück zu kommen vermag,so bin ich
erzeugt,dass es ausser durch das Hakenkreuz nie zur Gesundheit und Kraft
mt.Und ich kann nur den Tag ersehnen,an dem das deutsche Volk auf dieser
le steht,fest,unerschütterlich und geeinigt,als Panier des Kampfes um das
liche Leben,das Hakenkreuz zur linken Schwertseite,zur Rechten aber das Sy
Glaubens und des Kampfes um das ewige,das Kreuz des Herrn.Dass wir aber je
m Marxismus enden,sollen Sie wirklich nicht glauben.Dazu sind wir zu weit
ihm entfernt.Nur diejenigen Parteien,die heute ihr politisches Programm
er einer religiösen Flagge segeln lassen,scheinen dieser Gefahr entgegen zu
en zu gehen,Denn nicht ich HB habe mich auch nur einmal in meinem Leben
einem Marxisten,ausserdem im Kampf,zusammengesetzt und nicht die nat.soz.
ch Arb.Partei hat je mit dem Marxismus paktiert,sondern geistliche Würden-
ger,Kardinäle tun dies und das kath.Zentrum paktiert mit dem Marxist.
eismus und selbst der Tempel des Herrn ist nicht so erhaben,um nicht der
tte der Verbrüderung zwischen einem Kardinal Bettinger und einem marxistis
tesleugner zu dienen.Nicht wir haben mit den Marxisten eine Revolution des
Neides,der Lüge und des Verrates gemacht,sondern kathol.Führer,woraus für
das eine hervorgeht,dass es Unrechtvist,Politik mit der Religion zu ver-
cken und umgekehrt.Wenn wir Nat.Soz. in unserm Programm feststellen,dass wi
dem Standpunkt eines positiven Christentums stehen,dass uns die religiöse
richtungen beider Konfessionen heilig und unantastbar sind,dann haben wir
it für uns als politische Kämpfer gesagt,was gesagt werden muss.Ein Mehr
zt nicht,sondern schadet nur.Abgesehen davon,dass schon die religiöse Spal-
zur höchsten Vorsicht mahnen muss.Denn wehe deutsches Volk,wenn so wie wi
te eine kath.Partei besitzen,eines Tages auch eine evang.entstünde.Jch
ube,Jhre Liebe HB ist zu gross,als dass Sie selbst solches wünschen würden.
um kommt man aber nicht herum,,sowie man überzeugt erst beginnt,eine polit.
in ihrem ~~mmhm~~.Programm mit relig.Problemen zu verknüpfen.

Sie meinen endlich in Jhrem Brief,dass,wer das Gute will,dass Böse
rotten muss,Jch will das,aber unsere relig.Parteien wollen es nicht.Jch wil
Kampf gegen die Pestträger unserer sittlichen,moralischen und rassischen
setzung,allein ich werde am schwersten verfolgt,gerade deshalb und zwar v
Parteien,die das christl Kreuz bei jeder Gelegenheit vor sich her tragen.
die selbst mit dem Bösen sich verbünden,es in Schutznehmen und mehr lieben
diejenigen,die das Beste wollen und dafür sich aufzuopfern bereit sind.
meinen,dass ohne christl.Stuktur unsere Arbeit kalt und erfolglos bleiben
l,nun,HB,das Zentrum hat diese Struktur wollen Sie behaupten,dass dessen
it deshalb warm und für das deutsche Volk erfolgreich ist. Nein,ich halte
für richtiger,statt die Religion in den Dienst heimtückischer und verlogene
ei Jnteressen zu stellen,die Politik in die Hände von aufrichtigen,ehr-
en und opferbereiten Männern zu legen.Denen wird dann auch ein gnädiger
mel seinen Segen nicht versagen.

Sie meinen weiter,dass es Unrecht wäre,heute die Kirche zu schelte
die Erziehung zur Zeit so schlechte Resultate zum Vorschein bringe,denn
Kirche selbst wäre ja ihrer Macht und ihres Einflusses beraubt und könne
tisch keine Erziehungsarbeit leisten.Es gab aber eine Zeit,das hatte sie
e Macht,da konnte sie diese Erziehungsabreit leisten.Das Ergebnis damals
einerseits der zum Himmel stinkende Sündenpfuhl Versailles mit all seinen
astischen Nachamungen und auf der andern eine vertierte Prolettenmasse,aus
eines Tages plötzlich die Marseilesse herausgellte.Wo war denn dort die
ehungsabrbeit geblieben.Jch glaube auch da an das Walten einer höheren
chtigkeit.Gott liess es sicherlich nur zu,dass der Kirche ein Teil ihres
ehungsrechtes genommen wurde,weil sie selbst in ihrer Erziehungsarbeit
schwer versündigt hatte und die Resultate nicht dem entsprechen haben,
man billig einst verlangen konnte und was Sie selbst HB heute gerne sehen
ten.Der Janhagel der französ.Revolution sowohl als der deutschen ist nich

Sie sehen hier einen Auszug aus den erhaltenen Abschriften der zweiten Antwort von Adolf Hitler auf Götts Briefe. Das Original hat die Gestapo Lindau bei Gött 1941 beschlagnahmt.

in nationalsozialistischen, sondern in christlichen Schulen aufgewachsen. Auch die Führer waren in beiden Fällen keine Nationalsozialisten, wohl aber befanden sich unter ihnen zahlreiche geistliche Würdenträger, die nichts destoweniger und trotz ihrer Erziehung, so wenig die sie selbst beherrschenden Teufel zu überwinden vermochten. Jm Übrigen, HB, lehnen ja wir Nationalsozialisten jenen schrankenlosen Liberalismus heute wohl als einzige in Deutschland grundsätzlich ab. Jch darf Jhnen weiter am Schlusse noch versichern, dass ich auch unsere sog. gebildeten Schichten gebührend und richtig einzuschätzen weiss.

Allerdings kann ich hier nicht alles über einen Leisten schlagen. Denn neben so und so viel Spiessbürgern oder skrupellosen Ausbeutern gibt es auch wieder zahllose Jdealisten, die ebenfalls bereit sind für ihr Volk alles einzusetzen, zu opfern und zu kämpfen.

Jch brauche Jhnen nicht zu versichern, dass es mich freut, wenn Sie, HB, unsere Arbeit weiterverfolgen und dass es mir aufrichtig leid tut, dass Sie an ihr nicht mehr positiv teilzunehmen vermögen, oder dürfen. Die Vorgänge die nach dem November 1923 Jhren kirchlichen Oberbehörden die Veranlassung zu diesem Ve bote gegeben haben, bedauere ich selbst am allermeisten. Die Angriffe, die damals besonders gegen den Herrn Kardinal erhoben worden waren, erfolgten weder mit meinem Wissen, noch mit meiner Billigung. Alleine, es ist Blut geflossen und in der furchtbaren Erregung fielen dann auch Worte, die in ruhigen Zeiten und bei nüchterner Überlegung sicherlich niemals ausgesprochen worden wären. Mir tut es unendlich leid, weil ich da durch viele Mitarbeiter verlor, die schon infolge ihrer bisherigen Seelsorgetätigkeit ein aufrichtig warmes Herz für unser Volk besassen, und die mi die sicherste Gewähr geboten hätten, dass in unserer Bewegung nie eine Tendenz umsichgreift, die es den Angehörigen einer betsimmten Konfession erschweren würde, unserer Partei anzugehören. Denn mein/war es immer, dass i den Reihen der Nationalsozialistischen Deutschen Arbeiterpartei der gläubigste Protestant neben dem gläubigsten Katholiken, und umgekehrt, sitzen kann, ohne je in den geringsten Gewissenskonflikt zu verfallen.

Nehmen Sie nochmals die Versicherung meiner Verehrung entgegen.

Mit treudeutschem Gruss!

Jhr

gez. Adolf Hitler.

Dieser Brief ist eine genaue Abschrift des im Besitze von Pfarrer Gött in [illegible] befindlichen Originals.

[illegible]

Bücherverbrennung 10. Mai 1933

Der nationalsozialistische Berliner Bibliothekar Wolfgang Herrmann arbeitete seit Längerem an einer „Schwarzen Liste“ von Büchern. Darin verzeichnet waren „verbrennungswürdige Bücher“, die „wider dem deutschen Geist“ seien.

Die Deutsche Studentenschaft verbrannte am 10. Mai 1933 in Berlin erstmals öffentlich Bücher, die auf dieser Liste verzeichnet waren. Diesen koordinierten, von verschiedenen nationalsozialistischen Gruppen logistisch unterstützten und vom Rundfunk begleiteten Aktionen folgten Bücherverbrennungen nach gleichem Muster in ganz Deutschland. Das Zusammenspiel aus ideologisierten Aka-demikern, Schreibtischtätertum, brutalen Gewaltmenschen und Heroisierung dieser Aktionen durch die Presse bereitete den Weg zur physischen Vernichtung von Menschen.

Heinrich Heine hatte bereits in seiner 1823 veröffentlichten Tragödie „Almansor“ geschrieben: „Dort wo man Bücher verbrennt, verbrennt man auch am Ende Menschen.“

Michael Trieb

Gemälde: Julie Madlener; Stadtmuseum Memmingen

„Dort wo man Bücher verbrennt, verbrennt man auch am Ende Menschen.“ Heinrich Heine

„Verbrennt mich!“

Zwei Tage nach der Bücherverbrennung geht der Schriftsteller Oskar Maria Graf an die Öffentlichkeit und fordert: „Verbrennt mich!“.

Seine Werke wurden nicht verbrannt, und er fragt sich: „Womit habe ich diese Schmach verdient?“ Keinesfalls will er sich mit den Vertretern eines barbarischen Nationalismus gemein machen, mit den neuen Machthabern, die alles ausrotten wollen, was in der deutschen Kultur und Dichtung Weltgeltung hat, um es durch engstirnigsten Nationalismus zu ersetzen und die geringste freiheitliche Regung zu unterdrücken. Keinesfalls will er sich mit der Macht arrangieren, die seine sozialistischen Freunde verfolgt, einkerkert, foltert, ermordet oder in den Freitod treibt. Oskar Maria Graf fordert, dass auch seine Werke verbrannt werden. Er schreibt: „Nach meinem ganzen Leben und nach meinem ganzen Schreiben habe ich das Recht, zu verlangen, dass meine Bücher der reinen Flamme des Scheiterhaufens überantwortet werden und nicht in die blutigen Hände und die verdorbenen Hirne der braunen Mordbande gelangen. Verbrennt die Werke des deutschen Geistes! Er selber wird unauslöschlich sein wie eure Schmach!“

Leo Hiemer

Verbrannt

Die Ausstellung

Die von Schülerinnen und Schülern konzipierte Ausstellung „Verbrannt" wurde zunächst in der Stadtbibliothek Memmingen vom 14.07.2021 bis zum 28.08.2021 gezeigt. Mit VerVolkt II wanderte sie ins Stadtmuseum Memmingen und wurde im Anschluss noch in der Bibliothek Bayreuth ausgestellt.

Foto: Leo Hiemer

88 Jahre später werden die bearbeiteten Holzplatten der Künstlerin Cornelia Brader, die an die verbrannten Bücher erinnern, symbolisch aus dem Feuer „gerettet" und als mahnende Exponate in Ausstellungen gezeigt. Schülerinnen und Schüler der 9. Jahrgangsstufe des Bernhard-Strigel-Gymnasiums erinnern mit Textausschnitten aus den damals verbrannten Büchern an die Autorinnen und Autoren, die von den Nazis verfolgt, zum Schweigen gebracht, erpresst, ins Exil oder in den Tod getrieben wurden.

Der Ausstellungsort in der Stadtbibliothek Memmingen zeigt mit seinem reichhaltigen Buchbestand eindrucksvoll, dass Freiheit sich nicht unterdrücken lässt und dass Bücher von Autoren, die von den Nazis als „undeutsch" verfemt wurden, noch heute mit Genuss ausgeliehen und gelesen werden.

Denn: Gedanken und Freiheit lassen sich auf Dauer nicht unterdrücken – nirgendwo.

Michael Trieb

Verbrannt

Der Film

Abrufbar unter:

Foto: Christoph Morlok; Kirstin Köllner

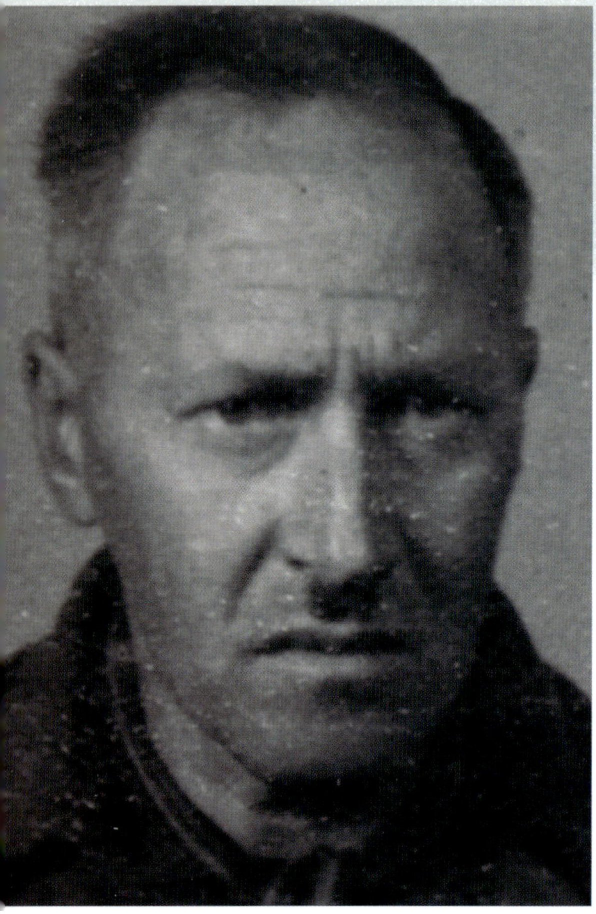

Johann Seelos

Johann Seelos

Geboren: 1899 in Buch,
Gde. Stiefenhofen
Gestorben: ? in Stiefenhofen

Ortsgruppenleiter
und Bürgermeister
von Stiefenhofen

Johann Seelos, Kleinbauer und Schuhmacher, ist 1930 Gründungsmitglied der NSDAP Stiefenhofen. Da er wegen seiner Parteizugehörigkeit boykottiert wird, tritt er 1931 aus. Nach seinem Wiedereintritt 1933 wird er Kassen- und Propagandawart, 1935 Ortsgruppenleiter und 1936 Bürgermeister. Auf Widerstand trifft er in dem katholischen Dorf vor allem in der Lehrerschaft. Seit 1936 propagiert Seelos die Vernichtung des Kommunismus. Der 1939 von den Deutschen begonnene Krieg fordert viele Opfer unter den Bauernsöhnen, vor allem in Russland. Zwangsarbeiter werden auf den Höfen eingesetzt.

1943 überbringt er der Familie Aichele den Befehl zur Abgabe ihres Pflegekindes Gabriele Schwarz. Ihre Geschichte ist bekannt durch das Buch „Gabi (1937–1943): Geboren im Allgäu. Ermordet in Auschwitz“ und die Ausstellung „Geliebte Gabi“.
1944 wird Seelos einberufen. Nach dem Zusammenbruch ist er drei Jahre interniert. Im Fall Gabi wird er von der Spruchkammer zunächst als „Mitläufer“ eingereiht, wegen eines anderen Falls später als „Belasteter“ eingestuft und zu Sühneleistungen verurteilt. Johann Seelos stirbt früh.

Leo Hiemer

Fotos: Archiv Leo Hiemer

Das letzte Foto von Gabi mit Hofhund
Frischle im Winter 1942/43.

Die Jüdin und der Kardinal

Theaterstück / Hörbuch

Kardinal Michael von Faulhaber

In dem Stück von Leo Hiemer begegnen sich die Jüdin Lotte Eckart und Kardinal Michael von Faulhaber mehrmals über mehrere Jahre. Sie, eine junge Jüdin, eben verwitwet und bald Mutter eines unehelichen Kindes, er, ein mächtiger Mann der Kirche im vorgerückten Alter.

Lotte will getauft werden. Faulhaber nimmt sich der jungen Frau väterlich an, firmt sie und versieht sie mit einer Empfehlung für Amerika. In vierzehn Begegnungen geht es um die Rettung einer „nicht-arischen" Katholikin und ihres unehelichen Kindes, der kleinen Gabi. Doch alle Bemühungen scheitern. Am Ende bleibt der Konvertitin nichts anderes übrig: Sie nimmt ihr Kreuz auf sich.

Die Begegnungen der Jüdin mit dem Kardinal sind eingebettet in den historischen Kontext. Der fragwürdige Balanceakt der Kirche zwischen Loyalität zum Regime und Festhalten an den Grundsätzen der Religion wird in der persönlichen Begegnung zweier Menschen, die kaum unterschiedlicher sein könnten, greifbar. Das Stück beruht auf zeitgenössischen Quellen.

Das Theater in Kempten hat Leo Hiemers Stück 2020 unter der Regie von Intendantin Silvia Armbruster auf die Bühne gebracht. Dabei entstand auch das Hörbuch „Die Jüdin und der Kardinal".

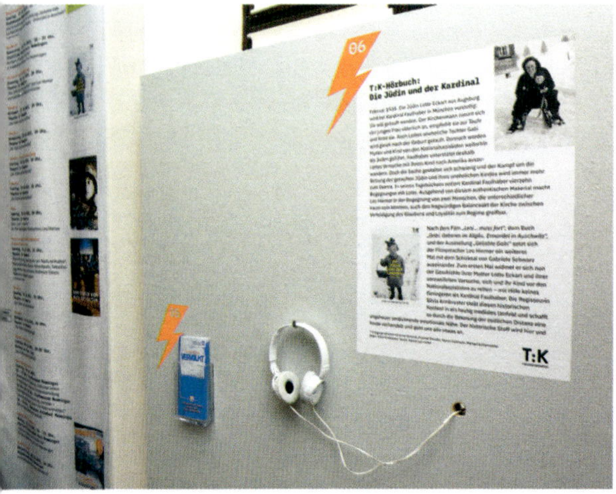

Die Hörstation „Die Jüdin und der Kardinal" in der Ausstellung.

Abrufbar unter:

Fotos: Archiv Leo Hiemer

Die Jüdin Lotte Eckart, Gabis Mutter.

20.

22.

Jüdische Kriegsgefangene und Zwangsarbeit in Schwaben

8,6 Millionen Soldaten gerieten zwischen 1939 und 1945 in deutsche Kriegsgefangenschaft. Mannschaften und Unteroffiziere wurden in Stammlagern (Stalag) untergebracht; von dort wurden sie zur Arbeit in Landwirtschaft, Industrie und Gewerbe eingesetzt. In Memmingen wurde zu diesem Zweck im August 1940 das Stalag VII B gegründet. Das Lager verwaltete die im Gau Schwaben untergebrachten Kriegsgefangenen und deren Einteilung in Arbeitskommandos. Ein Teil der Gefangenen arbeitete in Memminger Betrieben und Fabriken, der größere Teil war aber über ganz Schwaben verteilt. Am 12. Januar 1942 heißt es in einem Befehl des Oberkommandos der Wehrmacht: „Nicht das Lager, sondern das Arbeitskommando ist für den Krgef als Daueraufenthalt bestimmt.“ Während seines Bestehens waren zwischen 15.000 – 25.000 Insassen im Stalag VII B untergebracht. Sie stammten überwiegend aus Frankreich, Großbritannien, USA, Polen, der Sowjetunion, Italien und Jugoslawien. Unter Franzosen, Polen und Sowjetrussen befanden sich auch jüdische Soldaten. 1941 wurden die sowjetischen Juden selektiert und in Hebertshausen erschossen. Viele Polen wurden im Winter 1939 / 40 zunächst meist nach Polen repatriiert, ab April 1940 wurden dann die meisten noch in Gefangenschaft Verbliebenen in zivile Zwangsarbeit überführt.

Der Geschichte des Stalag VII B widmet sich seit November 2021 ein gemeinnütziger Verein. Der Forschungsschwerpunkt liegt auf der bisher wenig beachteten Gruppe der Kriegsgefangenen und der Organisation der Zwangsarbeit. Die Ergebnisse werden auch in Online-Publikationen zur Verfügung stehen.

Rüdiger Overmans / Helmut Wolfseher †

Fotos: Stadtmuseum Memmingen

Die Deutsch-Israelische Gesellschaft e.V.

Eine der herausragenden Initiativen der DIG ist die Gedenkstätte an der ehemaligen Synagoge am Schweizerberg in Memmingen, die im Jahre 1998 erheblich erweitert und künstlerisch neugestaltet wurde.

Foto: Christoph Morlok

Die Deutsch-Israelische Gesellschaft (DIG) setzt sich als überparteiliche Institution für die Freundschaft zwischen dem deutschen und jüdischen Volk und für den Ausbau der bilateralen Beziehungen zwischen der Bundesrepublik Deutschland und dem Staat Israel, besonders in den Bereichen Zivilgesellschaft, Kultur, Wissenschaft und Wirtschaft, ein. Sie wurde 1966 gegründet, hat ihren Hauptsitz in Berlin und gliedert sich deutschlandweit in über 50 regionale Arbeitsgemeinschaften (AG).

Die lebendige Städtepartnerschaft mit Kiryat Shmona geht auf das engagierte Wirken der DIG zurück. Das Bild zeigt den Besuch des Memminger Oberbürgermeisters Manfred Schilder in Kiryat Shmona an einem Kreisverkehr, der nach Memmingen benannt wird.

Von li. n. re.: Alexandra Hartge, Margareta Böckh, Avichai Stern, Manfred Schilder, Karin Schilder und Peer Laredo.

Foto: Stadt Kiryat Shmona

Die DIG Memmingen ist eine dieser regionalen Untergliederungen. Sie wurde 1986 von Freunden Israels in Memmingen gegründet. Ihr erster Vorsitzender war Dr. Manfred Worm. Die DIG Memmingen ist ständig gewachsen. 2015 vereinigte sie sich mit der DIG Kempten zur Arbeitsgemeinschaft Memmingen-Kempten-Allgäu. Sie zählt heute rund 100 Mitglieder.

Konkret engagieren sich die Mitglieder in der Vermittlung und Aufarbeitung deutsch-jüdischer Geschichte und Kultur sowie für vielfältige Begegnungen zwischen Israelis und Deutschen. Dabei wird besonderer Wert auf Kooperationen mit ortsansässigen Organisationen und Einrichtungen der Erwachsenenbildung gelegt. Ausstellungen, Zeitzeugengespräche, Schulprojekte, Lesungen, Konzerte und wirtschaftlicher sowie technologischer Austausch mit Israel sind Teil dieser Aktivitäten. Die DIG organisiert zudem Veranstaltungen aus Anlass des jährlichen Gedenkens an die Pogromnacht, an den Holocaustgedenktag und im Rahmen der Woche der Brüderlichkeit. Auch den Verein „Stolpersteine in Memmingen e.V." unterstützte sie im Rahmen des Projektes „Zeitzeugen".

Ivo Holzinger / Rolf Kleidermann / Efrat Pan / Michael Trieb

Die DIG finanzierte den historischen Tora-Vorhang aus Fellheim mit, der sich in der Dauerausstellung „Jüdisches Leben in Memmingen" im Stadtmuseum Memmingen befindet.

Josef Ostler in Ottobeuren

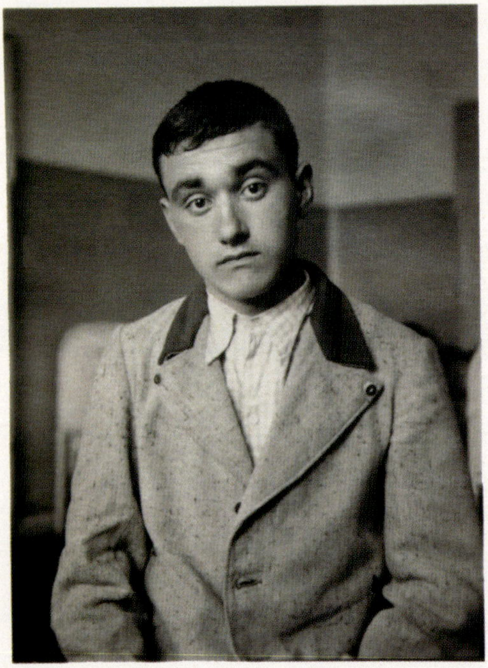

Josef Ostler	
Geboren:	06.02.1922
Gestorben:	02.11.1940
Entgeht der Zwangssterilisation, da er als „nicht fortpflanzungsgefährdet" eingestuft wurde.	

Sterilisierungen werden zunächst in der chirurgischen Abteilung des Städtischen Krankenhauses in Augsburg und später auch im Städtischen Krankenhaus Kaufbeuren durchgeführt. Über Zwangssterilisationen von Kaufbeurer Patienten entscheidet fast ausschließlich das Erbgesundheitsgericht in Kempten. Bereits vor der Legalisierung hat der Kreistag Schwaben unter dem Vorsitz von Dr. Otto Merkt (Oberbürgermeister Kempten) in einer geheimen Sitzung im März 1933 die Möglichkeit einer freiwilligen Sterilisation beschlossen.

Im Erlass vom 8. Januar 1936 wird vom Reichsinnenminister die erbbiologische Bestandsaufnahme der gesamten deutschen Bevölkerung angeordnet. In der „Erbkartei N" tauchen mehr als 10 Ottobeurer auf, von denen vier 1937 – 1939 nachgewiesenermaßen zwangssterilisiert wurden. Etwa 400.000 Menschen werden zwischen 1934 und 1945 unfruchtbar gemacht. Rund 5.000 Personen sterben aufgrund von Komplikationen während des Eingriffs oder an dessen Folgen.

Foto: Hist. Archiv BKH Kaufbeuren

Sterbeandenken für Josef Ostler

Gebetsandenken
an den tugendhaften

Jüngling Joſef Oſtler

Schüler der Handelsſchule Ulm

geboren 6. Februar 1922
in Ottobeuren
geſtorben 8. November 1940
im Kreiskrankenhaus Ottobeuren

Schon muß ſo früh von hinnen gehen,
Der euch ſo treu, ſo warm geliebt.
Es tröſte euch das Wiederſehen
Da euer Herz mein Tod betrübt.
Ich bin beim Herrn in großen Freuden
Drum meine Lieben weinet nicht!
Nun hab' ich gar nichts mehr zu leiden,
Mir leuchtet hell das ew'ge Licht.

Süßes Herz Jeſu ſei meine Liebe!
(100 Tage Ablaß)

Mein Jeſus Barmherzigkeit!
(100 Tage Ablaß)

Vater unſer. Ave Maria.
Ruhe in Frieden!

Benedikt Baur, Ottobeuren.

DE MORALES ETTAL / 910

ECCE HOMO!

Von 1939 bis August 1941 wurden reichsweit 70.273 Menschen aus Heil- und Pflegeanstalten in Tötungszentren ermordet. Aus der „Heil- und Pflegeanstalt Kaufbeuren“ kamen 687 Opfer, darunter auch Ottobeurer:innen, z.B. das Kindermädchen Genovefa H., das Dienstmädchen Maria K., die Kontoristin Irma N. oder die berufslosen Johanna H. und Josef L.!

In der NS-Zeit sterben mehr als 250.000 körperlich oder psychisch Kranke sowie arbeitsunfähige Menschen einen gewaltsamen Tod. Nach August 1941 werden die Kranken auf Befehl Hitlers im Rahmen der „dezentralen Euthanasie“ durch die Verabreichung überdosierter Schmerz- bzw. Beruhigungsmittel direkt in den Anstalten getötet. Die Kranken kommen auch infolge vorsätzlich herbeigeführter Erschöpfungszustände, Krankheiten (Tuberkulose) oder chronischer Unterernährung (sog. „Hungerkost“) um.

Helmut Scharpf

Foto: Sammlung Helmut Scharpf

Alois Roth

Alois Roth		
Geboren: 08.12.1894 in Obergünzburg Gestorben: 22.03.1945 in Mauthausen		

Alois Roth entstammt einer alteingesessenen Land- und Gastwirtsfamilie in Obergünzburg, seine Eltern betreiben das Gasthaus „Zum Lamm“. Alois, ein ausgezeichneter Schüler, wächst zusammen mit vier Geschwistern auf. Nach einer landwirtschaftlichen Lehre bei seinem Vater arbeitet er zunächst im elterlichen Betrieb, schlägt sich dann mit Hilfsarbeiten durch.

Nach dem Ersten Weltkrieg gerät er auf die schiefe Bahn. Zwischen 1919 und 1938 wird er mehrfach festgenommen und zu meist kurzen Haftstrafen verurteilt. Überwiegend handelt es sich um kleinere Delikte wie Ruhestörung, grober Unfug oder Beleidigung, aber auch um elf Anklagen wegen Betrugs.

Da er keine Wohnung mehr hat, wird er von der Gemeinde Obergünzburg in den 1930er Jahren in einen ausrangierten Eisenbahnwaggon außerhalb des Dorfes einquartiert. Diesen Waggon hat die Gemeinde 1929 als Notquartier beschafft. Zeitzeugen beschrei-

Foto: Auschwitz Memorial Museum

ben Alois Roth als gutmütigen Mann, der gerne dem Bier zusprach und unterhaltsame Geschichten erzählen konnte. Ein harmloser, unpolitischer Mensch, der wenig arbeitete, aber gut Dinge besorgen konnte.

Ohne Anklage oder richterlichen Beschluss wird Roth am 26. November 1943 verhaftet und nach Augsburg ins Gestapogefängnis überstellt. Nach zwei Monaten in „vorbeugender Polizeihaft“ wird er im Februar 1944 nach Auschwitz deportiert. Dort wird er als politischer Häftling geführt.

Die Geschichte von Alois Roth erzählt Robert Domes in seinem Roman „Waggon vierter Klasse“.

Im Januar 1945 wird Roth mit zehntausenden Häftlingen von Auschwitz auf die berüchtigten Todesmärsche geschickt. Am 15. Februar kommt er im KZ Mauthausen an, wo er kurz darauf verstirbt. Als Todesursache wird Kreislaufschwäche und Herzmuskelentzündung angegeben.

Robert Domes

Josef Diefenthaler

– ein Kommunist aus Memmingen

Das tragische Schicksal von Josef Diefenthaler hat der Historiker Dr. Paul Hoser in seiner Geschichte der Stadt Memmingen im 2. Band zusammen mit der Verfolgung der Memminger Kommunisten dargestellt. Zwei Enkel von Josef Diefenthaler leben heute in Memmingen: Herbert und Rolf Diefenthaler.

Herbert Diefenthaler war Lehrer und engagierte sich 25 Jahre als Stadtrat von Memmingen für die Grünen. Als zweiter Vorsitzender des Stolperstein-Vereins Memmingen erlebte er die Verlegung eines Stolpersteins für seinen Großvater wie auch die Benennung einer Straße nach Josef Diefenthaler. Über viele Jahre hat er Informationen über seinen Vorfahren zusammengetragen und sich um eine öffentliche Würdigung dieses politischen Opfers der Nazi-Herrschaft bemüht.

Rolf Diefenthaler ist als Ergotherapeut mit eigener Praxis in Memmingen tätig. Auch ihn beschäftigen das lange vergessene Schicksal seines Großvaters, der Umgang mit ihm in der Familie sowie die Verbindungslinien bis in unsere heutige Zeit.

Beide Nachfahren von Josef Diefenthaler kommen in der Hörstation zu Wort. Sie schildern Stationen aus dem Leben ihres Großvaters – und auch der nicht minder bemerkenswerten Großmutter. Sie sind sich einig: Lange wurde auch in der Familie das Schicksal des „roten Großvaters“ verschwiegen. Die wenigen persönlichen Zeugnisse liefern bestenfalls Bruchstücke. Sie würdigen kritisch den Umgang der Gesellschaft mit den politischen Opfern der Nazis. Aber auch die Frage, wie die Familie mit diesen problematischen Erinnerungen umgehen soll, treibt sie um. Das Schicksal, das die Nazis ihrem Vorfahren bereitet haben, wirkt noch heute nach.

Eine Hörstation in drei Teilen*

- Das Schicksal von Josef Diefenthaler
- Das Schicksal seiner Frau Linda
- Folgen und Wirkungen bis heute

*Teil 1 abrufbar unter:

*Teil 2 abrufbar unter:

*Teil 3 abrufbar unter:

Kurzbiographie Josef Diefenthaler

Am 17. November 1888 wird Josef Diefenthaler in Meitingen bei Augsburg geboren. Er wächst mit sieben Brüdern und zwei Schwestern in einer Arbeiterfamilie auf. Josef Diefenthaler erlernt das Bäckerhandwerk und tritt noch vor dem Ersten Weltkrieg der SPD bei. Im August 1914 ist er bei den Ersten, die eingezogen werden. Josef Diefenthaler macht den gesamten Krieg als Sanitäter mit: an der Somme in Frankreich, in den Karpaten sowie in den Dolomiten Südtirols.

1917 heiratet er Adelinde Batliner, eine tüchtige Bedienung. Nach dem Krieg wollen sich die beiden selbstständig machen und in Kißlegg eine Bäckerei mit Ladengeschäft erwerben. Doch der Traum von der Selbstständigkeit platzt in der Inflation 1923. Adelinde Diefenthaler verkraftet diese Katastrophe nicht und kommt in die Heil- und Pflegeanstalt Kaufbeuren. Sieben Jahre erzieht Josef Diefenthaler die beiden Söhne allein. Da er in seinem erlernten Beruf keine Arbeit findet, verdingt er sich als Hilfsarbeiter in Memminger Sägewerken. Dort wird er auch als Betriebsrat tätig. Um eine neue Partnerin und Mutter für die beiden Buben zu finden, lässt er sich scheiden. Doch als Adelinde 1930 entlassen wird, heiraten die beiden erneut. In den folgenden Jahren ist Adelinde oft genug die Alleinerziehende.

Nach dem Krieg war Josef Diefenthaler in die USPD eingetreten. Sie hatte sich von der SPD abgespalten. Die Abweichler waren gegen die Kriegskredite und gründeten kurzerhand eine neue Partei. 1928 tritt Josef Diefenthaler dann in die KPD ein. Schon 1929 ist er politischer Leiter der Ortsgruppe, die allerdings

nur wenige Mitglieder zählt. Die Weltwirtschaftskrise bringt dann etwas Zulauf, doch von Anfang an gibt es Ärger mit den Nationalsozialisten.

Am 14. Dezember 1929 findet eine Versammlung der KPD zur Gründung einer Ortsgruppe der Internationalen Arbeiterhilfe im Rabenkeller statt. Der Bezirksleiter der NSDAP, Wilhelm Schwarz, marschiert mit 45 Nazis auf und sprengt die Versammlung. Es kommt zu einer schweren Schlägerei. Am 20. Februar 1930 steht Josef Diefenthaler in München zusammen mit zwei Kommunisten und drei Nazis vor dem Amtsrichter. Am 28. Mai 1930 fällt das Gericht das Urteil: Josef Diefenthaler wird zur Zahlung einer Geldstrafe von 10.- Mark verurteilt. Doch schon im März 1930 war es bei einer

Foto: privat

Erwerbslosenversammlung erneut zu Schlägereien zwischen Kommunisten und Nazis gekommen. Bei den Reichstagswahlen am 14. September 1930 können die Kommunisten zwar zulegen, doch in der Folge werden immer wieder Versammlungen und Demonstrationen durch die Behörden untersagt. Dennoch erreicht der kommunistische Kandidat Ernst Thälmann bei der Reichspräsidentenwahl am 13. März 1932 im ersten Wahlgang fast 10 % in Memmingen, im zweiten schmilzt sein Anteil allerdings auf 4 % zusammen.

Am 14. November 1931 wird eine Interessengemeinschaft der Erwerbslosen unter dem Vorsitz des Kommunisten Anton Bail gegründet. Am 10. Mai 1932 stellt die Interessengemeinschaft der Erwerbslosen dem Stadtrat einen radikalen Forderungskatalog zu: Keine Kürzung der Unterstützungssätze! Stattdessen Miete, Heizung, Strom und Gas sowie Kleidung, Schuhe und ärztliche Versorgung mit Medikamenten für alle von der Wohlfahrt Unterstützten auf Kosten der Stadt! Josef Diefenthaler unterzeichnet den Forderungskatalog für die Kommunisten. Am 29. Juni 1932 beschließt der Erwerbslosenausschuss, in dem jetzt nur noch Kommunisten vertreten sind, einen Streik der zur Arbeit verpflichteten Wohlfahrtsunterstützten. Am 6. Juli 1932 beschließt der Stadtrat: keine Kürzung der Wohlfahrtssätze, aber auch keine weitere Unterstützung durch die Stadt. Am 2. August 1932 wird der KPD-Funktionär Fritz Bürk von Nazis vor seiner Wohnung in der Weberstr. 50 zusammengeschlagen und schwer verletzt. Am nächsten Tag kommt es zu schweren Zusammenstößen zwischen Nazis und Kommunisten.

Bei der Reichstagswahl am 6. November 1932 erreichen die Kommunisten mit 12,1 % ihr bestes Ergebnis in Memmingen.

Auch nach der Machtübernahme durch die Nazis gehen die Auseinandersetzungen zunächst weiter: Am 10. Februar 1933 demonstrieren 800 Sozialdemokraten und Kommunisten gemeinsam, am nächsten Tag zählt man bei einem Aufmarsch 600 Nazis, der allerdings von den Linken gestört wird. Dann beginnt die Verfolgung.

Am 10. März 1933 kommt der Befehl des neuen Reichskommissars für Bayern, Ritter von Epp, sämtliche kommunistischen Funktionäre in Schutzhaft zu nehmen. Noch am gleichen Tag wird die Wohnung von Josef Diefenthaler durchsucht und er selbst in Schutzhaft genommen. Sein Schicksal teilen Anton Bihler, Max Wolfseher, Valentin Riester, Fritz Bürk, Alois Fries, Josef Frisch, Fritz Guggenberger, Georg und Matthias Hellwagner, Matthias Hoffmann und Ludwig Pauli, etwas später wird auch Heinrich Leis verhaftet. Am 31. Mai 1933 werden sie vom Memminger Gefängnis ins Konzentrationslager Dachau überstellt.

Zusammen mit Fritz Bürk wird Josef Diefenthaler wegen Hochverrats angeklagt, doch

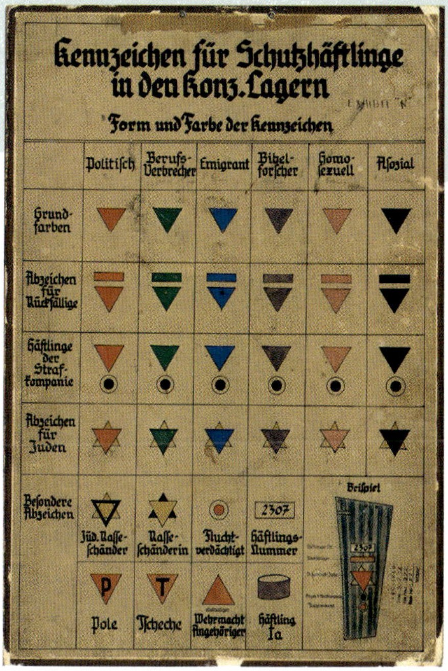

Quelle: Kennzeichentafel für Schutzhäftlinge, 10.9.1.134, ITS Archive, Arolsen Archives

das Verfahren wird am 25. August 1933 eingestellt. Die beiden Angeklagten sollen auf Anweisung des Bezirksamts im Einvernehmen mit Kreisleiter Schwarz eigentlich am 21. September 1933 entlassen werden, doch die Politische Polizei verhindert das. Fritz Bürk wird am 28. November 1933 in Dachau von einem Posten erschossen, der angibt, er sei angegriffen worden und habe in Notwehr gehandelt.

Josef Diefenthaler bleibt Häftling des KZ Dachau, wo er auch Dunkelhaft und Folter erdulden muss. Erst am 22. März 1935 wird er entlassen. Er verdingt sich als Hilfsarbeiter bei einer Memminger Baufirma. Am 20. Januar 1937 wird seine Wohnung erneut durchsucht. Wieder wird er verhaftet, wieder kommt er ins Memminger Gefängnis, danach ins politische Polizeigefängnis nach München und ab 1. März 1937 ins Strafgefängnis München-Stadelheim, immer in Einzelhaft. Der Vorwurf: Weitergabe von politischen Schriften. Für die Nazis erfüllte das den Tatbestand „Vorbereitung zum Hochverrat". Zusammen mit 13 anderen Häftlingen aus Schwaben und Oberbayern wird er angeklagt. Am 22. Dezember 1937 wird das Urteil verkündet. Josef Diefenthaler wird vom Oberlandesgericht München zu 2 ½ Jahren Zuchthaus verurteilt. Er kommt ins Zuchthaus Amberg, wo er im Steinbruch arbeiten muss. Die Kosten der Strafhaft werden anschließend mit seinem Arbeitslohn so „verrechnet", dass für ihn kein Pfennig übrig bleibt. Doch wird er nicht entlassen, sondern der Gestapo überstellt. Er kommt erneut nach Stadelheim und wieder nach Dachau. Am 28. September 1939 wird Josef Diefenthaler in das KZ Mauthausen überstellt.

Am 29. November 1939 schreibt er von dort: „Mein Gesundheitszustand lässt zu wünschen übrig, es sind natürlich die Nerven und der Kummer, und das nasse Wetter tut sein Übriges." Auch in Mauthausen gibt es einen riesigen Steinbruch. Am 9. Januar 1940 erhält seine Ehefrau ein Telegramm mit dem Text: „Ehemann heute im Lager verstorben. Näheres durch die Polizei." Als Todesursache nennt die Polizei „Herz- und Blutkreislaufschwäche". Im Totenbuch des KZ Mauthausen ist als Todesursache „Darmkrebs" notiert. Die Todesursachen sind offensichtlich frei erfunden. Die Urne wird seiner Ehefrau kostenpflichtig zugestellt.

Josef Diefenthalers Schicksal bleibt lange unbeachtet. Erst 2014 wird ein Stolperstein für ihn verlegt und eine Straße nach ihm benannt.

Leo Hiemer

Zwei Männer! Zwei Gitarren! Die Faltas!

Film von Leo Hiemer mit Bobby und Lancy Falta

Bobby und Lancy Falta, zwei Männer, Vater und Sohn, zwei Gitarristen, zwei Virtuosen, zwei Memminger, zwei Memminger Sinti. In meinem Film erzählen die beiden von ihrem je eigenen Schicksal als Sinti, von Vorurteilen und Verfolgung, von ihren Träumen, von ihrer Musik. Zwischen die Erzählungen habe ich immer wieder kurze Musikpassagen eingefügt. Am Anfang wie am Schluss spielen die beiden Faltas dasselbe Stück im Duo. Meine Hoffnung: Am Ende des Films, nachdem man all die Geschichten gehört hat, wie sie als Sinti bis heute unter Vorurteilen und Rassismus zu leiden haben, hört man ihre Musik anders. Man kann etwas mehr von dem Schmerz, der Trauer, der Sehnsucht, aber auch der Lebensfreude und Zuversicht spüren, die prägende Elemente im Leben mancher Sintis bis heute sind. Man hört mehr, weil man jetzt mehr weiß. Das ist das Ziel.

Bobby Faltas Mutter war Sintezza, der Vater war halb Sinto, halb Jude. Bobby, Jahrgang 1941, erzählt von seinem Vater und seiner Mutter. Der Vater war fahnenflüchtig und wurde im KZ Mauthausen ermordet. Die Mutter kam nach dem Krieg nach Memmingen, wo sie einige ihrer Verwandten traf. Man lebte in Baracken, anfangs am Rande des Memminger Schuttplatzes, der in einer Kiesgrube lag. Bobby zeigt im Film an Ort und Stelle, wo seine Anfänge in Memmingen waren. Später ging es in eine Barackensiedlung, die Korea-Viertel genannt wurde. Hier lebten viele, die sich keine richtige Wohnung leisten konnten. Auch in der neuen deutschen Bundesrepublik waren die Vorurteile gegen die „Zigeuner“ weitverbreitet. Die Sinti waren arme Leute, die viel durchgemacht hatten. Keine Familie ohne ermordete Angehörige. Statt Mitleid und Hilfe mussten sie dumme Sprüche wie diesen ertragen: „Ja, lebt Ihr noch? Ich habe gedacht, der Hitler hat alle Zigeuner umgebracht!“ Bobby entfloh der Tristesse mithilfe der Musik. Bald führten ihn seine Engagements aus der Enge Memmingens hinaus in die Welt. In den 70er Jahren war er mit dem Schnuckenack Reinhardt Quintett in ganz Deutschland und sogar im Ausland unterwegs und füllte Konzerthallen. Was die Zukunft angeht, ist er skeptisch: „Die Deutschen brauchen immer einen, der ihnen sagt, was sie tun sollen ...“

Auch sein Sohn Lancy ist ein hervorragender Gitarrist geworden, der in verschiedenen Formationen mit hochkarätigen Virtuosen zusammenspielt. Er erzählt von seiner Kindheit in den Dörfern rund um Memmingen, wo er immer wieder als „Zigeuner“ gemobbt wurde. Was es bedeutet, ein Sinti zu sein, wurde ihm im Laufe seiner Jugendjahre klarer. Auch die Sinti-Community ging mit den schrecklichen Geschichten aus der Nazi-Zeit

Fotos: Standbilder aus dem Film

nicht hausieren. Viele schwiegen aus Scham und Trauer. Er fragt sich, wie es heute noch Menschen gibt, die so viel Mord und Totschlag, Leid und Gewalt, die den Sinti angetan wurden, einfach ignorieren können. Wie sein Vater widmete sich Lancy der Gitarre. Seine Musik lässt kleinmütige Grenzen und Schmähungen weit hinter sich. Im Duo ergänzen sich die Erfahrungswelten von Vater und Sohn im gemeinsamen Musizieren.

Leo Hiemer

Gedreht auf Huawei P 30 pro / Länge 20‘14“ / Deutschland 2021

Die Musikerfamilie Falta in Memmingen

Quellen- und Literaturverzeichnis: 226 ff.

Bobby Falta als Sologitarrist des Schnuckenack Reinhardt Quintetts, ca. 1969.

Lancy Falta.

Bobby Falta und sein Sohn Lancy Falta erhielten 1994 den Kulturpreis der Stadt Memmingen für ihre „Verdienste um die Bereicherung des Musiklebens unserer Stadt".[1] Die zwei Gitarrenvirtuosen erreichten internationale Berühmtheit für ihre moderne Art, Gipsy-Jazz auf der E-Gitarre zu spielen. Erste Bühnenerfahrungen machte Bobby Falta in Österreich, der Schweiz, in Schweden und Frankreich, nachdem er mit 14 Jahren aus Bayern nach Österreich ausgewiesen wurde. Seit den 1960er Jahren wurde Memmingen wieder zu seiner Wahl-Heimat. Gaststätten wie das „Weinsiegel" boten ihm damals vielfältige Möglichkeiten für Konzerte und Jazz-Sessions.[2] Internationale Berühmtheit erlangte er als Solo-Gitarrist in unterschiedlichen Gruppen und als Mitbegründer des Schnuckenack Reinhardt Quintetts. „In the fields" heißt die CD, welche er zusammen mit seinem Sohn Lancy und Sängerin Isis Köhler produzierte. Mit Klangbildern aus Folk und traditionellem Gipsy-Swing entwickelte Bobby Falta seine eigene, besondere Stilrichtung des Jazz. Lancy Falta führt die Musiktradition der Familie fort. Die CD „Lancy lot" erlangt mit eigenen Kompositionen, gespielt mit den Starmusikern Alex Acuna, Carles Benavent und Kuno Schmid internationales Format. Lancy Falta gelingt es, zwischen Klängen jazziger Wildheit melodische Schönheit hervorzuzaubern.

Fotos: Siegfried Maeker; privat

Lancy Falta

Lanca Falta, ca. 1969. Der junge Lancy ist auf Tourneen und Konzerten seines Vaters oft mit dabei.

Foto: Siegfried Maeker

„Ich spiele moderne Musik, es ist auch Sinti-Musik, das fließt einfach ein, weil ich Sinto bin."

1965 in Memmingen geboren, lernt er bei seinem Vater Gitarre. Als Musiker (Komposition, Jazzgitarre) erreicht er bald internationale Anerkennung. Er wächst in den 1970er Jahren im Umland von Memmingen in Ittelsburg, Fellheim und Amendingen auf, bis sich die Familie dauerhaft in Memmingen niederlässt. Erst 1982 erhält der Genozid an Sinti und Roma als rassistisch motiviertes Unrecht offizielle Anerkennung.

Es bestehen ein gesellschaftliches Klima der Kriminalisierung und die Aufrechterhaltung von Vorurteilen gegen die Bevölkerungsgruppe fort.

Lancy Falta: „Als Schulkind wurde ich oft als ‚Zigeuner' beschimpft. Man wurde auch in der Schule einfach strenger behandelt. Aber das habe ich als ‚normal' empfunden, denn den anderen Sinti-Kindern ging es genauso."

„Der Genozid war ja Tatsache. Ich bin damit groß geworden, alle meine Verwandten waren davon betroffen, mein Vater überlebte die Verfolgung als kleines Kind nur, weil ihn seine Mutter zur Tante nach Wien brachte, wo er quasi untertauchte."

„Das hat sicher Einfluss auf meine Person als Künstler. Den Genozid kann man nicht mit Musik ausdrücken, sondern höchstens als performance music, mit unangenehmen Geräuschen. Ich glaube nicht, dass herkömmliche melancholische oder traurige Klänge dieses Leiden der Menschen auszudrücken vermögen."

Bobby Falta

„Musik muss gehört werden. Wenn sie Resonanz findet, entwickelt sich ein Musikstil weiter.“

Bobby Falta ist Mitbegründer und Solo-Gitarrist beim Schnuckenack Reinhardt Quintett, Aufnahme ca. 1969.

Musikvirtuose, Gitarrist und Jazz-Pionier Bobby Falta lernt Gitarre als Autodidakt. Sein erstes Instrument kauft er mit dem Verdienst von der Arbeit am Bau. Als Gitarrenvirtuose erlangt er nicht nur internationale Berühmtheit, sondern revolutioniert den Gipsy Swing zum Jazz. Mit dem Schnuckenack Reinhardt Quintett spielt er traditionelle Musik im Vergleich zu dem, was Falta ab den 1970er Jahren entwickelt. Inspiriert von Barney Kessel, Wes Montgomery und Django Reinhardt ist seine Faszination für den Jazz längst geweckt. Mit Ziplo Reinhardt an der Geige und weiteren Musikern experimentiert er an neuen Klangbildern. Es entsteht ein vielschichtiger Jazz mit Improvisationen, die Spannung erzeugen, deren Töne in der Atonalität brechen und doch verbinden. Bobby Falta, seit den 1980er Jahren im Zusammenspiel mit seinem Sohn Lancy Falta, entwickelte einen neuen, seinen eigenen Jazz Stil. Der US-Jazz, entstanden im Milieu der Unterdrückung und Entrechtung, ist ihm Vorbild.

Maria Anna Willer

Verfolgt und vaterlos – ab 1945/46 in Memmingen und Umgebung

Bobby Falta wurde 1941 geboren. Memmingen und Umgebung waren für Bobby Falta und die Familie seiner Ehefrau Gisela die Orte, an denen sich die Überlebenden des NS-Völkermords nach dem Ende der nationalsozialistischen Gewaltherrschaft zusammenfanden. Im Dickenreis bei Memmingen fand Bobbys Mutter, Theresia Falta, geb. Winter, mit ihren zwei Kindern bei Verwandten eine erste Unterkunft. Sie hatte bei Kriegsende ihre Kinder aus Wien geholt und kam mit ihnen bis Salzburg. Sie konnten jedoch erst nach Monaten nach Bayern einreisen.[3]

Bobby Falta hatte als Kind mit seinem um vier Jahre älteren Bruder die NS-Verfolgung überlebt, weil die Eltern Alfred und Theresia Falta ihre zwei Kinder bei der Tante in Wien untergebracht hatten. Der Vater Alfred Falta überlebte die NS-Herrschaft nicht. Im Konzentrationslager Mauthausen wurde er zum letzten Mal gesehen.

B. Faltas Vater war 1911 in Pirmasens geboren und hatte von 1925 bis 1928 in Wien eine Lehre als Schlosser absolviert. Am 5. Februar 1928 wurde er als Gehilfe von seinem Lehrherrn Karl Steiner „freigesprochen und als Gehilfe anerkannt".[4] „In der Familie wurde nur Romanes gesprochen", berichtet B. Falta, auch der Vater sprach Romanes. Der Österreicher Alfred Falta war ab 1939 Soldat der Wehrmacht. Der Name „Falta" sei kein typischer „Zigeunername" – „über den Namen des Vaters waren wir geschützt", sagt B. Falta.[5] Als der Vater Ende September 1944 desertiert, ist der Schutz des Wehrmachtssoldaten vorbei, und die Kinder bzw. deren Tante erhalten von der „Gauhauptstadt Salzburg" die Mitteilung, dass der Familienunterhalt für die Kinder eingestellt wird:

„Wie die Dienststelle der Feldpostnummer 10016 mitteilt, ist Alfred Falta seit 27.9.44 fahnenflüchtig. Der Familienunterhalt für Gernot und Gerfried Falta wird schin (sic!) mit 31.12.44 eingestellt. Wegen der weiteren Befürsorgung der Kinder wollen Sie sich unter Vorlage dieser Mitteilung an das Bezirksjugendamt Wien-Mödling XXIV, Hauptstr. 47 wenden."[6]

Das Schreiben der Stadt Salzburg verschärft die Situation der zwei Jungen Gerfried und Gernot – so lauten die bürgerlichen Namen der Geschwister. Die Tante wird vom Jugendgerichtshof Wien zum Vormund für die „hinterbliebenen minderjährigen Kinder" des „vermutl. Gefallenen oder vermissten KV Alfred Falta" bestellt.[7] Im Vormundschafts-Dekret wird die Fahnenflucht des Vaters verschwiegen, der Jugendgerichtshof trägt „vermisst oder gefallen" für den „KV", den kriegsverpflichteten Vater ein. Dieser Eintrag im Vormundschaftsdekret sicherte den zwei Kindern vermutlich das Leben. Die Tante habe dies so bewerkstelligen können, vermutet B. Falta heute.[8]

Die Fahnenflucht bedeutete für den Vater das Todesurteil.[9] Diese Nachricht erfuhren seine Kinder jedoch erst viele Jahre nach Kriegsende, als die Halbschwester Hildegard aus der Schweiz die Geschwister Gernot und B. Falta über den „Suchdienst Rotes Kreuz" ausfindig machen konnte.[10]

Der Wehrmachtssoldat Alfred Falta war seit Kriegsbeginn 1939 im Einsatz gewesen. Im November 1939 war er in Znaim / Tschechien nahe der österreichischen Grenze bei der Artillerie eingesetzt, später in Regensburg, dann mit der Panzer-Aufklärungsabteilung 17 vermutlich in der Ost-Ukraine. Im August wurde er in Polen nahe Opatow / Weichselbogen gemeldet. Zuvor hatte er eine Verletzung und war im Reservelazarett Aschaffenburg.

Maria Anna Willer

Lancy Falta, 2022. Ausstellungstafel im Stadtmuseum Memmingen.

Der Porajmos im Familiengedächtnis

B. Falta's Mutter stammt aus der großen Musikerfamilie Reinhardt / Winter, ebenso seine Ehefrau Gisela. Beide blicken auf dieselbe Urgroßmutter Anna Reinhardt zurück. Die Großmütter von Bobby und Gisela Falta waren Schwestern. Wilhelmine Reinhardt (geb. 1881) wurde 1943 in den Gaskammern des Konzentrationslagers Auschwitz ermordet.[12] Seit 1936 war die 57-jährige Witwe im Ravensburger „Zigeunerlager" Ummenwinkel,[13] ab 1939 im Salzburger Arbeitslager Maxglan zwangsinterniert gewesen.[14] Giselas Mutter besuchte sie im Lager Maxglan in Salzburg, mitten im Krieg 1940, und durfte anschließend nicht mehr nach Ravensburg zu ihrem (ersten) Mann und ihrem dreijährigen Kind zurückkehren.[15] Als Anfang April ein Deportationszug von Salzburg ins Konzentrationslager Auschwitz-Birkenau abfährt, sind unter den Deportierten auch dreizehn Personen der Familie Reinhardt und Winter aus Ravensburg. Nur drei Ravensburger Sinti:zze überleben das Vernichtungslager.[16] Unter den Überlebenden ist Giselas Mutter und deren jüngste Schwester.[17] Entgegen dem jahrzehntelangen „Vergessen und Verschweigen" des Porajmos[18] in der deutschen Öffentlichkeit[19] sind die Überlebenden wie die ermordeten Verwandten im Familiengedächtnis präsent.[20, 21] Aus der Gesprächsaufzeichnung mit Gisela (G.F.) und Bobby Falta (B.F.):

G.F.: Ein Bruder [meiner Mutter] hatte sechs Kinder, die alle mit ihrer Mutter vergast wurden.
B.F.: Die Mutter ist freiwillig mit, sie hat gesagt, was soll ich allein, ohne meine Kinder, ist freiwillig mit den Kindern (schweigt) [in die Gaskammer].
B.F.: Von meiner Mutter waren zwei Schwestern in Auschwitz. Eine ist zurückgekommen, doch ohne ihre Kinder, nur sie hat es überlebt. Die Barbara hat es überlebt. Aber drei Kinder haben es nicht überlebt. Ihnen wurde Wasser gegeben, das mit Typhus verseucht war.[22]

Weitere Überlebende der NS-Verfolgung sind eine Tante, die dank der Heirat mit einem „Deutschen" überlebte, sowie zwei Onkel: Anton und Eugen Winter, bzw. Reinhardt. Anton war der älteste in der Geschwisterreihe von Giselas Mutter, er überlebte in Memmingen, wo er jedoch vielen Sanktionen ausgesetzt war.[23] Der Pferdehändler wurde 1943 wegen der „Rassediagnose ‚ZM' " aus der Wehrmacht entlassen und zum Arbeitseinsatz zwangsverpflichtet, nachdem ihm mit Entzug des Wandergewerbescheins die berufliche Existenzgrundlage genommen worden war.[24]

Ein Foto mit überlebenden Familienangehörigen der NS-Verfolgung und ein Foto mit der in Auschwitz ermordeten Wilhelmine Reinhardt im Kreis ihrer erwachsenen Kinder haben einen festen Platz in der Wohnung der Faltas. Das Familiengedächtnis hält die Erinnerung an die Betroffenen der NS-Verfolgung über die mündliche Weitergabe lebendig. Genaue Angaben wie Zeitpunkte und Orte von Internierungen oder der Verpflichtung zur Zwangsarbeit, wie sie für eine historische Rekonstruktion der Verfolgungsvorgänge

Foto: Stadtmuseum Memmingen

erfragt werden, treten dabei in den Hintergrund. Das Verfolgungsschicksal ihres Vaters kennt Gisela F. zum Beispiel nicht anhand von Dokumenten, sondern von seinen Erzählungen. Er verstarb schon mit 56 Jahren, vermutlich an den Spätfolgen der Haftbedingungen in den Konzentrationslagern. „Er war immer krank“, erzählt sie über ihn. Er berichtete seinen Kindern von Menschenversuchen, die an ihm im Konzentrationslager Buchenwald vorgenommen worden waren, sowie von den Konzentrationslagern Dachau und Mauthausen, wo er ebenfalls interniert war. Eine kleine Rente des Landes Österreich, die der Vater aufgrund der Verfolgung erhielt, belegt die KZ-Internierung.[25]

Von links nach rechts: Josef Winter, Anton Winter, Sophie Winter, im Vordergrund Wilhelmine Reinhardt, Aufnahme ca. 1939. Wilhelmine Reinhardt ist die Großmutter der Memminger Sintezza Gisela Falta. Wilhelmine Reinhardt, geb. 1881, wird 1943 im Konzentrationslager Auschwitz ermordet. Sophie und Anton überleben die Verfolgungen u.a. bei der Zwangsarbeit in Tirol.

Die Ehefrau von Josef Winter mit ihren Kindern Johanna und Josef Fels, Aufnahme ca. 1939.
Die österreichische Sintezza wird im KZ Auschwitz ermordet, ihre zwei Kinder überleben die NS-Verfolgung in Verstecken in Tirol, wo der Vater Zwangsarbeit im Straßenbau leistet. Der Witwer Josef Winter lebt mit seinen Kindern nach 1945 in Memmingen.
Ca. 1955 werden Johanna und Josef nach Österreich ausgewiesen, mit der Begründung, dass ihre im Konzentrationslager ermordete Mutter österreichische Staatsbürgerin war.

Fotos: privat

Anfragen nach Verfolgungsdaten und -belegen bei Betroffenen und Nachkommen von Verfolgungsopfern für die VerVolkt-Ausstellung sind ein zwiespältiges Unterfangen.
Um erlittene NS-Verfolgungen faktisch darlegen zu können, sollen die Betroffenen und ihre Nachkommen Beweise für die Verbrechen, die an ihnen und den Familienangehörigen verübt wurden, erbringen. Ehemalige Opfer der Verfolgung können erneut in eine Situation der Ohnmacht und Rechtlosigkeit gedrängt werden, wenn zum Beispiel tradierte Familienerzählungen und subjektive Erinnerungen infrage gestellt werden, weil schriftliche Dokumente fehlen. B. Falta hat bruchstückhafte Erinnerungen an seine Kindheit in Wien und Salzburg. Es sind einzelne Szenen in Kriegssituationen.[26] Er besitzt zwei Schriftstücke, eines beweist die „Fahnenflucht", die Desertation des Vaters, das andere die Unterbringung der Kinder in Wien. Was wäre, wenn er sie nicht hätte?
Von seiner Mutter, die nach der mündlichen Erzählung an wechselnden Orten im Salzburger Raum in Verstecken überlebte, gibt es aus dieser Zeit keine schriftlichen Dokumente.[27] Wie könnte B. Falta ohne Dokument beweisen, dass er als Kleinkind bei der Tante untertauchen musste?[28] Heute wird jede tradierte Familienerzählung als Faktum für sich bewertet. Kindliche Erinnerungen an die Verfolgungssituation haben zudem eine besondere Bedeutung. Die von Historikern und Behörden geforderten dokumentarischen Beweise werden in der Regel in der bürokratischen Papierflut der ehemaligen NS-Verwaltungsorgane gefunden. Paradoxerweise bedeutet dies, dass ehemals NS-Verfolgte auf die Schriften der NS-Bürokraten zurückgreifen müssen, um den erlittenen Verfolgungsstatus bestätigen zu können. Auch die Geschichtswissenschaft räumt daher der oral history, der mündlichen Erzählung und tradierten Erinnerung eine neue Bedeutung zu.[29, 30]

Kollektives Verschweigen und Erinnern sind von Täter-Opfer-Perspektiven ebenso wie von einem gesellschaftlich akzeptierten Vorverständnis abhängig, das vorgibt, welche Erinnerung auf Akzeptanz, welche auf Widerstand stößt. Persönliche Erinnerungen öffentlich zu machen, mit anderen zu teilen, ist von diesem gesellschaftlichen Konsens, diesem Mix aus anerkannten Wissensstandards, Einstellungen und Wertungen abhängig. Was individuell erinnert wird, behält jedoch unabhängig dieser Kontexte eine subjektive Gültigkeit. Die erzählten Erinnerungen des Ehepaars Falta gelangten über das Erzählen innerhalb der Familie ins „soziale Gedächtnis"[32]: Erinnerungen erhalten im Austausch Bestätigung, Widerlegung, Erweiterung, bündeln sich schließlich zu einer sprachlichen Form und oft zu einer einheitlichen inhaltlichen Aussage im „Familiengedächtnis".

B. Falta sagt, dass über seine Verfolgungsgeschichte als Kind kaum gesprochen wurde, im Gegensatz zu Gisela F., die einen innerfamiliären Austausch kennt und pflegt. Die Vorbereitungen für die Ausstellung VerVolkt regten Erinnerungen an die vergangenen Verfolgungsgeschehnisse an und thematisieren die Frage, was von der eigenen NS-Verfolgungs- und Familiengeschichte öffentlich gemacht werden soll.

Die Faltas erlebten wie fast alle Sinti und Sintezze in den Nachkriegsjahrzehnten und heute noch oder wieder[33] ein gesellschaftliches Klima der Ausgrenzung.[34]

„Die Mutter ist freiwillig mit, sie hat gesagt, was soll ich allein, ohne meine Kinder ...“

Bobby Falta über seine Tante

Öffentlich über erlittene NS-Verfolgung als Sinti:zze zu sprechen, war viele Jahrzehnte kaum möglich.[35] Sinti:zze und Rom:nja mussten nach 1945 vielmehr erneute Anfeindungen fürchten. Die BRD hatte den europaweiten Genozid an Sinti und Roma durch die Nationalsozialisten und ihre Kollaborateure erst 1982 als Völkermord und als rassistisch motiviertes Verbrechen anerkannt.[36] Die Tatsache des Völkermords an mindestens einer halben Million Sinti:zze und Rom:nja in der Zeit der nationalsozialistischen Herrschaft, laut B. Falta wird von Seiten der Minderheit die Zahl auf weit über eine Million Menschen geschätzt, erfuhr auch bis in die neueste Zeit wenig gesellschaftliche Aufmerksamkeit. In der Konsequenz blieben Erzählungen über das Verfolgungsgeschehen vor allem im privaten Familiengedächtnis.

Maria Anna Willer in Zusammenarbeit mit Bobby und Gisela Falta

Der Porajmos in der öffentlichen Erinnerung

Der gesamtgesellschaftliche Konsens kollektiver Verdrängung von NS-Verbrechen auf Seiten der Mehrheitsgesellschaft[37] förderte ein Fortbestehen von Diskriminierung und Ablehnung gegenüber der Minderheitengruppe. Versuche staatlicher Entschädigung für Sinti und Roma allgemein, ebenso für die schwäbischen Sinti und Sintezze, hätten ein Symbol für Wiedergutmachung an den Verbrechen des Unrechtsstaats sein können. Dies scheiterte jedoch schnell an der Gesetzgebung.[38] In Bayern und Baden-Württemberg wurden 1950 und 1952 Gesetze zum „Landfahrerwesen" erlassen,[39] die 1970 wegen Grundgesetzwidrigkeiten aufgehoben werden mussten. Eine Entschädigung von NS-Verfolgungsopfern der Sinti:zze und Rom:nja nach dem Bundesentschädigungsgesetz von 1956 wurde über Grundsatzurteile weitgehend verhindert,[40] indem Richter Deportationen, „Umsiedlungen" und Lagerhaft als „kriminalpräventive Maßnahmen" nachträglich legitimierten. Verbrechen, verübt durch den NS-Staat, wurden so verharmlost. Gleichzeitig erhielten Vorurteile und Stereotype der NS-Ideologie eine offizielle Bestätigung. Im Jahr 2016 entschuldigt sich der Bundesgerichtshof offiziell für das Grundsatzurteil von 1956,[41] welches jahrzehntelang als Berechtigung für die Ablehnung von Entschädigungsansprüchen und für die Verhinderung der Rehabilitation von Sinti:zze und Rom:nja diente.[42]

Die Durchführung der Entschädigungsanträge nach Verabschiedung des BEG[43] verstärkte das Ungleichgewicht zwischen Minderheit und staatlichen Interessen. Die Entschädigungsbehörden gaben die Beweispflicht erlittener NS-Verfolgung an die Überlebenden der NS-Verfolgung ab. Diese Vorgehensweise war für die Betroffenen belastend und retraumatisierend. Für viele deutsche Sinti:zze und Rom:nja wiederholte sich ein bürokratischer Vorgang der Entrechtung, indem Entschädigungen vorenthalten und Tatsachen von Verfolgungsmaßnahmen nachträglich legitimiert oder negiert wurden. Die Akten der Entschädigungsbehörden dienen heute als Quellenmaterial für die Dokumentation und Rekonstruktion der NS-Verfolgung vieler Einzelfälle.[44] Diese Erfahrungen aus der Zeit der sogenannten „zweiten Verfolgung"[45] sind heute im „Familiengedächtnis" vieler Sinti:zze und Rom:nja verankert und tragen zur generellen Zurückhaltung im Erzählen der Familiengeschichte bei.

Eine gesellschaftliche und politische Wende beginnt in den 1980er Jahren mit der Anerkennung des Porajmos an Sinti und Roma. Es folgt 1995 die gesetzliche Anerkennung der Deutschen Sinti und Roma als nationale Minderheit sowie die Anerkennung des Romanes als Minderheitensprache gemäß der Charta des Europarats. Eine neue Wahrnehmung der Minderheit auf politischer Ebene eröffnete der Forschungsbericht der Unabhängigen Kommission Antiziganismus (UKA) von 2021. Im Ergebnis nennt der Bericht einen als selbstverständlich und nicht infrage gestellten, in vielen Bereichen auch strukturell verankerten Antiziganismus in der deutschen Gesellschaft.[46] Seit März 2022 gibt es die Stelle der/s Antiziganismus-Beauftragte/n in der BRD.[47]

Maria Anna Willer

ALBERT EINSTEIN
Albert Einstein

VERVOLKT II
VerVolkt – Das Projekt
„Zwei Männer! Zwei Gitarren! Die Faltas!“ Ein Film von Leo Hiemer
„Verbrannt“ eine Schülerausstellung zur Bücherverbrennung
Schule im NS – Ein Klassenzimmer
Memmingen und der Nationalsozialismus
VERVOLKT
16.05.2021 — 23.01.2022
AM MARTIN-LUTHER-PLATZ & IM STADTMUSEUM MEMMINGEN

VORSICHT UMERZIEHUNG

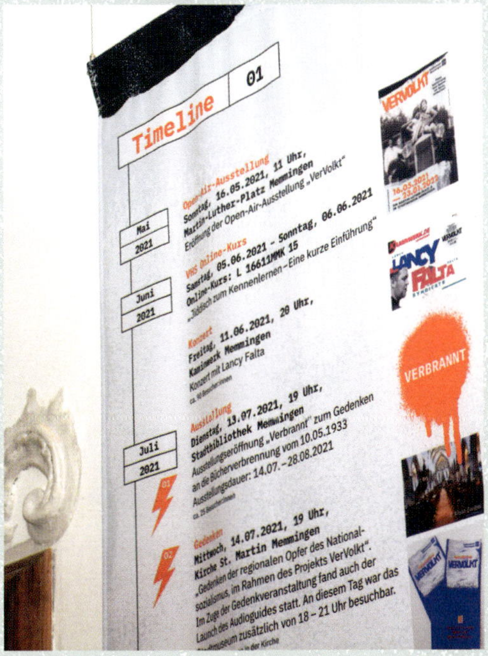

Fotos: Christian Schäfler; Christoph Morlok; Kirstin Köllner

Nachruf von Paul Hoser auf Helmut Wolfseher, einen großen Unterstützer von VerVolkt und vielen anderen Erinnerungs-projekten, der leider in der Projektzeit verstarb.

Helmut Wolfseher

Nachruf aus persönlichen Eindrücken von Dr. Paul Hoser

Es war in der Anfangszeit des Jahres 2016, als ich einen Anruf des mir bis dahin unbekannten Helmut Wolfseher erhielt. Aus dem labyrinthischen Speicher der Erinnerung tauchte bei mir assoziativ der Name „Wolfseher“ als eines wegen seiner politischen Gesinnung unter der Herrschaft des Nationalsozialismus verfolgten Memmingers auf, der in meiner vor langer Zeit erschienenen Stadtgeschichte erwähnt war. Es war, wie ich erfuhr, der Vater des Anrufers. Sein Sohn, der führend bei der 2013 gestarteten Initiative war, nach dem Vorbild anderer Orte durch Stolpersteine der Memminger Juden zu gedenken, wollte es dabei nicht bewenden lassen, sondern auch eine gründliche Forschung über die anderen Verfolgten am Ort unternehmen. Deshalb suchte er auch den Kontakt zu mir. Seit fast einem halben Jahrhundert betreibe ich historische Forschungsarbeit professionell. So ging ich auch in den neunziger Jahren meine Untersuchungen zur Memminger Stadtgeschichte an. Geschichtswissenschaftliche Betrachtung bedeutet auch, sich um Unvoreingenommenheit zu bemühen und gegebenenfalls Unschönes ohne Rücksichten zutage zu bringen, notfalls auch herrschende Legenden zu entlarven, worauf seinerzeit tonangebende Kräfte in der Stadt alles andere als sachlich reagierten. Nur einige wenige waren willens, die Ergebnisse zu akzeptieren. Helmut Wolfseher wollte sogar diesen Sektor noch genauer ausleuchten. Ich war gern bereit, ihm dabei behilflich zu sein und ihm vor allem mit Hinweisen auf die infrage kommenden Archivbestände und Forschungsarbeiten weiterzuhelfen. Ich merkte bald, dass er es wirklich ernst meinte.

Foto: Susanne Marx

Er stürzte sich mit enormem Kraft- und auch Geldaufwand in die Nachforschungen. Ich fand es bewundernswert, wie er, dessen Berufsfeld im technischen und Ingenieursbereich lag, sich in ein Gebiet einarbeitete, das ganz andere Denkweisen und Methoden erfordert. Schließlich plante er sogar ein großes Forschungsprojekt über das Schicksal der Kriegsgefangenen des Stalag (Stammlager) VII B in Memmingen auf die Beine zu stellen. Ich konnte ihm ein paar Hinweise auf dafür geeignete Spezialisten geben und ihn auf Probleme aufmerksam machen. Die enorme organisatorische Arbeit, dafür die Grundlagen und Voraussetzungen zu schaffen, war allein seine Leistung. Wenn er auf vermeintliche oder echte Blockaden stieß, konnte er um der Sache willen wohl auch gelegentlich schroff werden.

So oft er nach München kam, trafen wir uns, sprachen über die zeitgeschichtlichen Problematiken, verstanden uns aber als annähernd Gleichaltrige auch auf anderen Gebieten gut. Er war ein Kenner des politischen Kabaretts, über das wir uns mit Vergnügen unterhielten.

Mit Rat und Tat unterstützte er auch noch das 2021 umgesetzte Ausstellungsprojekt „VerVolkt – Dieses Projekt kann Spuren von Nazis enthalten“.

Er kämpfte mit aller Kraft und Leidenschaft gegen das Vergessen der Opfer des Nationalsozialismus und ihre Leiden. Als er ankündigte, sich wegen Krankheit einige Zeit zurückziehen zu müssen, ahnte niemand, dass er seine Absicht, im Frühjahr 2022 wieder mit neuer Kraft anzufangen, nicht mehr würde wahrmachen können.

Er war ein Bürger Memmingens, der der Stadt wahrhaft zur Ehre gereichte, ohne dass es einer formell-offiziellen Anerkennung bedurfte. Es wäre wohl sein wichtigstes Vermächtnis, dass das von ihm angestoßene Projekt weitergeführt würde.

Paul Hoser

8

Anmerkungen, Quellen und Literatur

Verfolgung von Sinti und Sintezze in Memmingen 1933 – 1945

Seite 26 ff.

Maria Anna Willer

[1] Da bisher keine deutschen Rom:nja in Memmingen in der Zeit bis 1945 bekannt sind, wird die Schreibweise auf Sinti und Sintezze begrenzt. Sinti und Sintezze leben seit über 600 Jahren im deutschsprachigen Raum, viele leben seit Jahrhunderten im Rheinland und im südwestdeutschen Gebiet.
[2] Reuss, Anja: Kontinuitäten der Stigmatisierung. Sinti und Roma in der deutschen Nachkriegszeit. Berlin, 2015. S. 48.
[3] Sattig, Esther, Das Zigeunerlager Ravensburg Ummenwinkel, Berlin, 2016, S. 98.
[4] StArchiv Augsburg, SpK MM S-108, Eidesstattliche Erklärung Georg Lauer v. 7.März 1948.
[5] StArchiv Augsburg, SpK MM S-108, Eidesstattliche Erklärung Georg Lauer v. 7. März 1948.
[6] StArchiv Augsburg, SpK MM, S-108. Bl. 94. Stadtverwaltung Augsburg Polizeidirektion Kriminalpolizei an Hans Seissler, Internierungs- und Arbeitslager Augsburg - Göggingen, Baracke 8, v. 30.7.1947. gez. Josef Paulus, Kriminal-Obersekretär Augsburg.
[7] Restriktionen bei der Ausstellung von Wandergewerbescheinen, unter Festsetzungserlass ist der Geheime Schnellbrief des RSHA Berlin vö 17.10.1937 bekannt; Errichtung kommunaler Zwangslager, Eheverbote etc. Die einschränkenden Erlasse und Regelungen entstanden auch in kommunaler Verwaltung.
[8] Erster Transport nach Buchenwald im April 1938 und weitere Verhaftungswellen waren „Arbeitsscheu Reich" oder „Arbeitszwanghäftlinge Reich". Da vielen Gewerbetreibenden die Berufsgrundlage entzogen wurde, fielen sie unter diese Maßnahmen.
[9] Ebd. Bl. 15.
[10] StArchiv Augsburg. SpK MM S-108. Arbeitsblatt Seissler, Johann.
[11] Ebd. Arbeitsblatt. Seissler war von 15.12.45–8.4.46 im Internierungslager Stephanskirchen, dann als Torfstecher bei Bürger- und Engelbräu beschäftigt, vom 12.7.45–10.9.45 beim Bauunternehmen Hebel in Memmingen.
[12] StArchiv Augsburg, Sta Memmingen S-108. Berufungskammer Kempten Az 145/46. Begründung, gez. Dr. Marcard.
[13] Stoll schreibt z.B., dass Seissler in Absprache und auf Anordnung des Memminger Brgm. Dr. Berndl Zwangssterilisierungen angeordnet hätte. „Seißler war der Vorstand der Kripo u. sein Vorstand war der Bürgermeister Dr. Berndl. Dirigiert hat das Ganze: Bürgermeister Dr. Berndl, Seißler war seine rechte Hand und hat in seinem Fanatismus alles noch übertrieben und auch der Polizeileutnant Heindl hat die Sache unterstützt." StArchiv Augsburg, SpK MM S-108. Bl. 24 a.
[14] StArchiv Augsburg, SpK MM, S-108. Bl. 5. Eidesstattliche Erklärung Martin Stoll v. 2. Juli 1946. / Bl. 7: Die Eidesstattliche Erklärung von Anton W. v. 9.9.1946 hat denselben Wortlaut.
[15] Ebd. Rückseite.
[16] StArchiv Augsburg, SpK MM, S-108, Bl. 6. Eidesstattliche Erklärung Martin Stoll v. 2. Juli 1946.
[17] Die Familie Ludwig R. galt nach der NS-Kategorisierung als „ZM", in der Erinnerung Memminger Sinti:zze gehörte die Familie jedoch zu den Jenischen. Mitteilung von B. und G. Falta.
[18] StArchiv Augsburg, SpK MM, S-108, Bl. 8. Eidesstattliche Erklärung v. 9.9.1946.
[19] Ebd.
[20] StArchiv Augsburg, SpK MM, S-108, Bl. 13 a. Beschuldigten-Vernehmung.
[21] StArchiv Augsburg, SpK MM, S-108. Bl. 35. Protokoll.
[22] StArchiv Augsburg, SpK MM, S-108. Eidesstattliche Erklärung Georg Lauer.
[23] StArchiv Augsburg, SpK MM, S-108. Berufungskammer Kempten. Spruch v. 7. 9.1948.
[24] StArchiv Augsburg, SpK MM, S-108. Bl. 31,32. Protokoll.
[25] StArchiv Augsburg, SpK MM, S-108, Bl. 32. In Eidesstattlicher Erklärung schreibt I. L:, dass der Kriminalsekretär M. Stoll Anzeigen gegen ihn nicht weitergeleitet habe. Protokoll Berufungskammer, S. 2: Vernehmung M. Stoll: „[...] Es mussten in Memmingen diejenigen Personen festgestellt werden, die unter das Zigeunergesetz fallen. Diese mussten zur Sterilisation vorgeschlagen und gemeldet werden. Seißler hatte die Sache zu behandeln und die Personen herauszusuchen. Alle Betreffenden waren listenmäßig zu erfassen. Der Befehl zur Sterilisation ist von Berlin gekommen und dann an die einzelnen Dienststellen weitergeleitet worden. Es war im Gesetz angedroht, wer sich vor der Sterilisation weigere, würde ins KZ eingewiesen. Seißler wurde gefragt, ob Personen aus Memmingen unter dieses Gesetz fielen und ich gab ihm den Rat, diese nicht zu melden. Seißler hat jedoch alle Betreffenden angegeben. [...]".

Foto: Stadtarchiv Memmingen

Dr. Heinrich Berndl (1887–1973)

Seite 94 ff.

Katrin Holly

[1] Zum Folgenden vgl. Hoser, Spielraum, v.a. S. 186–187, 192 und zuletzt Hoser, Dr. Heinrich Berndl.
[2] Hoser, Spielraum, S. 186; Hoser, Dr. Heinrich Berndl, S. 45–46.
[3] Die nationalsozialistische Judenverfolgung in Memmingen und Berndls Beteiligung daran hat als erster Paul Hoser beschrieben: Vgl. Hoser, Geschichte der Stadt Memmingen, S. 203–240.
[4] Die Vorgänge hat erstmals Paul Hoser erforscht (Hoser, Geschichte der Stadt Memmingen, S. 218–222). Danach erhielt das Stadtarchiv Memmingen weitere Akten aus der Registratur, die von Katrin Holly in einer neuen Auswertung einbezogen wurden, vgl. Holly, Restitution, dort auch ein Anhang mit der Liste der Immobilien mit den Erwerbungs- und Restitutionsvorgängen auf S. 161–165. Maren Janetzko hat die „Arisierung" von Geschäftsimmobilien bei Verdrängung des jüdischen Mittelstands untersucht: Janetzko, „Arisierung", S. 60, 69–72, 90–99, 196, 210f. Vgl. auch Janetzko, Restitution.
[5] Holly, Restitution, v.a. S. 144–147. Das war der Grund, weshalb die Stadt Memmingen aus fiskalischen Gründen in den meisten Fällen einem Vergleich zustimmte, ebd. S. 140–144.
[6] Holly, Restitution, S. 150–155. Die Familie Pick hätte gerne 65.000 RM erlöst. Der Mitbewerber, ein Freund von Picks, wollte bei der Versteigerung 50.000 bis 60.000 RM bieten. Die Stadt Memmingen dagegen erwarb das Gebäude für 45.000 RM. Vgl. ebd. S. 150f.
[7] Hoser, Geschichte der Stadt Memmingen, S. 205–218 und Janetzko, „Arisierung", S. 60, 69–72, 90–99, 196, 210f. Zur Restitution vgl. Janetzko, Restitution.
[8] Vgl. hier deutlich Janetzko, „Arisierung", S. 71–72.
[9] Hoser, Geschichte der Stadt Memmingen, S. 203–208; Janetzko, „Arisierung", S. 59f., 81–89.
[10] Hoser, Geschichte der Stadt Memmingen, S. 209–218; Janetzko, „Arisierung", S. 55–60, 69-72, 80–99, 188–211.
[11] Janetzko, „Arisierung", S. 97f.
[12] Janetzko, „Arisierung", S. 89–94.
[13] Vgl. Wirsching, Jüdische Friedhöfe.
[14] Janetzko, „Arisierung", S. 210.
[15] Janetzko, „Arisierung", S. 210f.
[16] Hoser, Dr. Heinrich Berndl, S. 52.
[17] Engelhard, „Onkel Guggi", und Staatsarchiv Augsburg, Rückerstattungsakten G8, Stadtrat Memmingen, Kulturamt Memmingen, i.A. Braun, an die Oberfinanzdirektion München, Zweigstelle Augsburg, 10.12.1953 und Schreiben der IRSO München, M. Grynblat, an den Stadtrat Memmingen, 4.5.1950.
[18] Stadtarchiv Memmingen, B1 333(R), Akt Verhandlungen über die ehemaligen jüdischen Anwesen: Vormerkung: Museum der Stadt Memmingen, gez. Brückle, 15.12.1941 (Abschrift) und Vormerkung: Gegenstände von Benno Israel Rosenbaum, die die Stadt erwarb, gez. Berndl, 2.2.1942, und: Abschrift einer Zusammenstellung der Erwerbungen der Stadt aus jüdischem Besitz, nicht gezeichnet, undatiert.
[19] Stadtarchiv Memmingen, B1 333(R), Akt Verhandlungen über die ehemaligen jüdischen Anwesen: Abschrift einer Zusammenstellung der Erwerbungen der Stadt aus jüdischem Besitz, nicht gezeichnet, undatiert.
[20] Hoser, Dr. Heinrich Berndl, S. 52f.
[21] Staatsarchiv München, Spruchkammern, Heinrich Berndl, Karton 126. Zu seinem Nachkriegsnarrativ auch Holly, Restitution, S. 158–160.
[22] Holly, Restitution, v.a. S. 135–137.
[23] Berndl hätte von der Verwaltung der familiären Immobilien leben können, wie er selber zugab: Hoser, Dr. Heinrich Berndl, S. 54.
[24] Dazu vgl. auch die umfassende Darstellung von Paul Hoser zu den verschiedensten Themen der Stadtpolitik in: Hoser, Geschichte der Stadt Memmingen. Zum Nationalsozialismus dort v.a. S. 171–290.

Literatur:
Engelhard, Christoph: „Onkel Guggi“, in: Stadt Memmingen (Hrsg.): Julius Guggenheimer: Fotograf, Memmingen 2016, S. 4–19 (englische Version, S. 20–35).
Holly, Katrin: Die Restitution jüdischer Immobilien durch die Stadt Memmingen nach 1945, in: Fassl, Peter (Hrsg.): Ausplünderung der Juden in Schwaben während des Nationalsozialismus und der Kampf um Entschädigung (Irseer Schriften, N.F. 14), Konstanz 2020, S. 133–168.
Hoser, Paul: Die Geschichte der Stadt Memmingen. Vom Neubeginn im Königreich Bayern bis 1945, Stuttgart 2001.
Hoser, Paul: Spielraum und Grenzen nationalsozialistischer Parteiherrschaft am Beispiel Memmingens, in: Wirsching, Andreas (Hrsg.): Nationalsozialismus in Bayerisch-Schwaben. Herrschaft – Verwaltung – Kultur, Ostfildern 2004, S. 185–230.
Hoser, Paul: Dr. Heinrich Berndl, Oberbürgermeister der Stadt Memmingen (1932–1945 und 1952–1966), in: Proske, Wolfgang (Hrsg.), Täter, Helfer, Trittbrettfahrer. Band 12: NS-Belastete aus dem Allgäu, Gerstetten 2022, S. 43–55.
Janetzko, Maren: Die „Arisierung“ mittelständischer jüdischer Unternehmen in Bayern 1933–1939. Ein interregionaler Vergleich, Ansbach 2012.
Janetzko, Maren: Die Restitution mittelständischer Unternehmen in Augsburg und Memmingen, in: Fassl, Peter (Hrsg.): Ausplünderung der Juden in Schwaben während des Nationalsozialismus und der Kampf um Entschädigung (Irseer Schriften, N.F. 14), Konstanz 2020, S. 169–183.
Wirsching, Andreas: Jüdische Friedhöfe in Deutschland 1933–1957, in: Vierteljahrshefte für Zeitgeschichte 50 (2002), S. 1–40.
"Ewige Namen gebe ich ihnen ..." Gedenkheft für die jüdischen Frauen, Männer und Kinder aus Memmingen, die in der Zeit des Nationalsozialismus verfolgt, verschleppt und ermordet wurden (Materialien zur Memminger Stadtgeschichte Reihe B, Heft 13), Memmingen 2013
Hoser, Paul: Die Rosenbaumkrawalle von 1921 in Memmingen, in Fassl, Peter (Hg.): Geschichte und Kultur der Juden in Schwaben, Bd. III: Zwischen Nähe, Distanz und Fremdheit, Augsburg 2007, S. 95–107
Roth, Claudia: Parteikreis und Kreisleiter der NSDAP unter besonderer Berücksichtigung Bayerns (Schriftenreihe zur bayerischen Landesgeschichte Bd. 107), München 1997 (Kapitel X. 2, S. 354–375: Der Organisator einer Region: Der Memminger Kreisleiter Wilhelm Schwarz)
Strnad, Maximilian: Manche Spuren menschlicher Existenz verblassen schneller als andere. Die Geschichte einer „privilegierten Mischehe“ in Memmingen, in: Lochbihler, Barbara / Schalm, Sabine (Hg.): Allgäuerinnen. Ein Lesebuch, Berlin 2013, S. 170–189

Zitierte Quellen:
Staatsarchiv Augsburg, Rückerstattungsakten G8 (Guggenheimer M. gegen Stadt Memmingen).
Staatsarchiv München, Spruchkammern, Heinrich Berndl, Karton 126.
Stadtarchiv Memmingen, B1 333(R), Akt: Verhandlungen über die ehemaligen jüdischen Anwesen.

Hermann Essers Besuch in Memmingen

Seite 178 ff.

Paul Hoser

[1] Zu dieser Zeitung: Allgäuer Beobachter (AB) vom 16.2.1934; Paul Hoser, Spielraum und Grenzen nationalsozialistischer Parteiherrschaft am Beispiel Memmingens, in: Andreas Wirsching (Hrsg.), Nationalsozialismus in Bayerisch-Schwaben. Herrschaft-Verwaltung-Kultur (Augsburger Beiträge zur Landesgeschichte Bayerisch-Schwabens, Bd. 9), S. 185–230, hier S. 210f.; ders., Die Presse in Bayerisch–Schwaben nach 1945 – Entstehung einer Monopolstruktur, in: Peter Fassl (Hrsg.), Beiträge zur Nachkriegsgeschichte von Bayerisch-Schwaben 1945–1970. Tagungsband zu den wissenschaftlichen Tagungen von 2006, 2007 und 2008 (Schriftenreihe der Bezirksheimatpflege Schwaben zur Geschichte und Kultur, Bd. 2), Augsburg 2011, S. 21–78; Curt Visel, Geschichte des Zeitungswesens in Memmingen, in: 50 Jahre Memminger Zeitung Verlagsdruckerei GmbH, Memmingen 1999, S. 31-40.

[2] Zu Ludwig Wölfle: Hoser, Spielraum (wie Anm. 1), S. 227, Anm. 39.

[3] Dies war nicht ungewöhnlich, denn damals war eine allgemeine Absetzbewegung von dieser Interessenpartei zu den Nationalsozialisten hin zu verzeichnen: Zdenek Zofka, Die Ausbreitung des Nationalsozialismus auf dem Lande. Eine regionale Fallstudie zur politischen Einstellung der Landbevölkerung in der Zeit des Aufstiegs und der Machtergreifung der NSDAP 1928–1936 (Miscellanea Bavarica Monacensia, Heft 97), München 1979.

[4] Zu Fritz Kerler: Hoser, Spielraum (wie Anm. 1), S. 219, Anm. 2.

[5] Zu Wilhelm Schwarz: Staatsarchiv München (StAM), SpkA, K 1734, Wilhelm Schwarz. Schwarz war damals Bezirksleiter der NSDAP, ab April 1932 Kreisleiter von Memmingen-Land. Joachim Lilla (Bearb.), Statisten in Uniform. Die Mitglieder des Reichstags 1933–1945. Ein biographisches Handbuch. Unter Einbeziehung der völkischen und national-sozialistischen Reichstagsabgeordneten ab Mai 1924, Düsseldorf 2004, S. 650; Hoser, Spielraum (wie Anm. 1), S. 214–218.

[6] Zu Hermann Kleinhans: Hoser, Spielraum (wie Anm. 1), S. 219, Anm. 1.

[7] Zu Oskar Zorn: Hoser, Spielraum (wie Anm. 1), S. 222, Anm. 16; ders.: Die Entnazifizierung der Memminger Industrieunternehmerschaft, in: ders. und Reinhard Baumann (Hrsg.) Kriegsende und Neubeginn. Die Besatzungszeit im schwäbisch-alemannischen Raum (Forum Suevicum 5), Konstanz 2003 S. 189–257, hier S. 200–202; zu Zorns Rolle bei der „Arisierung" in Memmingen auch: Maren Janetzko, Die „Arisierung" mittelständischer jüdischer Unternehmen in Bayern 1933–1929. Ein interregionaler Vergleich (Mittelfränkische Studien, Bd. 22), Ansbach 2012, S. 82–88, 194f, 203f.

[8] Insgesamt waren 1930 75 Genossenschafter beteiligt. Revisionsbericht der Zweigstelle Süd des Bayerischen Landesamts für Vermögensverwaltung und Wiedergutmachung, o. D., Staatsarchiv Augsburg, BLVW Außenstelle Memmingen, VK 197, fol. 98–108. Am 31.12.1931 waren es 168, am 31.12.1937 552. Aufstellung in: ebd., fol. 193f.

[9] Zu Heinrich Samper: Hoser, Spielraum (wie Anm. 1), S. 221, Anm. 11.

[10] Paul Hoser, Die Geschichte der Stadt Memmingen. Vom Neubeginn im Königreich Bayern bis 1945 (Geschichte der Stadt Memmingen 2), Stuttgart 2001, S. 139, Anm. 254.

[11] Handbuch der deutschen Tagespresse, Berlin 4. Auflage 1932, S. 44; 5. Auflage 1934, S. 36.

[12] Zu Franz Ritter von Epp: Bernhard Grau, Steigbügelhalter des NS-Staates – Franz Xaver Ritter von Epp und die Zeit des „Dritten Reiches", in: Marita Krauss (Hrsg.), Rechte Karrieren in München. Von der Weimarer Zeit bis in die Nachkriegsjahre, München 2010, S. 29–51.

[13] Zu Franz Xaver Prim: Ulrich von Hehl/Christoph Kösters (Bearb.), Priester unter Hitlers Terror. Eine biographische und statistische Erhebung (Veröffentlichungen der Kommission für Zeitgeschichte, Reihe A: Quellen, Bd. 37), Bd. I, Paderborn u. a., 4. Auflage 1998, S. 395.

[14] Prim protestiere dagegen, dass durch einen Straßenneubau ein alter Friedhof durchschnitten werden sollte.

[15] Zu Hermann Ritter von Schöpf: Rudolf von Kramer / Otto Freiherr von Waldenfels, Virtuti pro Patria. Der königlich bayerische Militär-Max-Joseph-Orden. Kriegstaten und Ehrenbuch 1914–1918, München 1966, S. 408; https://verwaltungshandbuch.bayerische-landesbibliothek-online.de/schoepf-hermann (28.2.2022).

[16] AB vom 3.4.1933.

[17] AB vom 13.11.1933.

[18] AB vom 22.12.1937, Nr. 297, S. 5.

[19] Paul Hoser, Die Presse in Bayerisch–Schwaben nach 1945 – Entstehung einer Monopolstruktur, in: Peter Fassl (Hrsg.), Beiträge zur Nachkriegsgeschichte von Bayerisch-Schwaben 1945–1970. Tagungsband zu den wissenschaftlichen Tagungen von 2006, 2007 und 2008 (Schriftenreihe der Bezirksheimatpflege Schwaben zur Geschichte und Kultur, Bd. 2), Augsburg 2011, S. 21–78.

[20] Zu Max Amann: Lilla, Statisten (wie Anm. 5), S. 9f.

[21] Hoser, Memminger Industrieunternehmerschaft (wie Anm. 7), S. 201f.

[22] Die Druckerei war seit 16. April 1947 an die „Verlagsdruckerei Dietrich & Schuster" verpachtet. Dr. Maximilian Dietrich und Theo Schuster kauften sie am 9. November 1949 für die „Memminger Zeitung Verlagsdruckerei GmbH", mussten aber den Allgäuer Zeitungsverlag in Kempten mit 50 % beteiligen. Werner Steinle, Die Geschichte der Memminger Zeitung bis 1945, in: 50 Jahre Memminger Zeitung (wie Anm. 1), S. 45–42, hier S. 46f.; Hoser, Presse in Bayerisch-Schwaben nach 1945 (wie Anm. 1), S. 65f.

[23] Sämtliche Einzelbelege zu Essers Werdegang finden sich in meinem Beitrag: Paul Hoser, Hermann Esser und Kempten, in: Allgäuer Geschichtsfreund, Bd. 121 (2021), S. 67–95. Hier werden nur zusätzliche Angaben angeführt, die sich speziell auf Esser und Memmingen beziehen.

[24] Hoser, Geschichte der Stadt Memmingen (wie Anm. 10), S. 126, Anm. 165.

[25] Zu Julius Streicher: Lilla, Statisten (wie Anm. 5), S. 654–656; Daniel Roos, Julius Streicher und ‚Der Stürmer' 1923–1945, Paderborn 2014.

[26] Esser erwähnte dies ausdrücklich im seiner Rede auf der Landeskonferenz der Großdeutschen Volksgemeinschaft am 19. Oktober 1924, StAM, Bericht der Polizeidirektion München vom 31.10.1924, Nr. 18, StAM, LRA 109011

[27] Genaueres ist nicht bekannt. Erwähnt wurde der Auftritt bei seinem offiziellen Besuch vom 16. Februar 1934. Memminger Zeitung vom 17.2.1934.

[28] Dazu Memminger Zeitung vom 16./17.2.1934; AB vom 17.2.1934 und Völkischer Beobachter vom 18.2.1934.

[29] Zu Dr. Heinrich Berndl: Paul Hoser, Dr. Heinrich Berndl, 1932–1945 und 1952–1966 Oberbürgermeister der Stadt Memmingen, in: Wolfgang Proske (Hrsg.), Täter, Helfer, Trittbrettfahrer, Bd. 12, Gerstetten 2021, S. 43–55.

[30] Memminger Zeitung vom 17.2.1934.

[31] AB vom 17.2.1934.

[32] Zu Walter Braun: Hoser, Geschichte der Stadt Memmingen (wie Anm. 10), S.379; Pankraz Fried (Hrsg.), 50 Jahre Schwäbische Forschungsgemeinschaft (Veröffentlichungen der Schwäbischen Forschungsgemeinschaft, Reihe 1, Bd. 26), Augsburg 1999, S. 245.

Die Musikerfamilie Falta in Memmingen
Seite 234 ff.

Maria Anna Willer, in Zusammenarbeit mit Bobby und Gisela Falta

[1] Urkunde Kulturpreis Memmingen 1994.
[2] Mündliche Mitteilung.
[3] Bobby Falta. Interview am 9.4.2021.
[4] Lehrbrief, Urkunde von Alfred Falta. Privatbesitz.
[5] Mündliche Mitteilung am 2.3.2022.
[6] Schreiben des „Oberbürgermeister der Gauhauptstadt Salzburg, Abteilung für Familienunterhalt. Betreff mj. Gernot und Gerfried Falta an Frau Luise [...] v. 2.12.44. Privatbesitz.
[7] „Vormundsbestellungsdekret". Privatbesitz.
[8] Mündliche Mitteilung B. Falta.
[9] Die Kriegssonderstrafrechtsverordnung (KSSVO) §6 ordnete für Desertion die Todesstrafe oder lebenslange Zuchthausstrafe an.
[10] Interview 2.3.22. Mündliche Mitteilung B. Falta am 16.3.2022.
[11] Militärische Aufzeichnungen Alfred Falta. Bundesarchiv B 563/52822, S.91; B563/52822, S. 363; B563/56846, S. 210; B563/56846, S. 315; B563/44216, S. 43; B563/44216, S. 114.
[12] Siehe Datenbank des United States Holocaust Memorial Museum. https://www.ushmm.org/online/hsv/person_view.php?PersonId=4847284
[13] Sattig: Das Zigeunerlager Ravensburg Ummenwinkel. Berlin, 2016. S. 141.
[14] Sattig, 2016: 145, 205. 1939 verweigert ihr die Kriminalpolizeileitstelle Stuttgart den Wandergewerbeschein. Die ökonomische Existenz in Ravensburg ist der Witwe Wilhelmine Reinhardt damit entzogen und sie musste das Lager Ummenwinkel verlassen.
[15] Sattig, 2016: 232 f.
[16] Sattig, 2016: 251.
[17] Interview Gisela und Bobby Falta, 2.3.2022.
[18] Romanes Wort für „Verschlingen". Porajmos wird heute als Begriff für den Völkermord an Sinti:zze und Rom:nja verwendet.
[19] Die Einweihung des Denkmals für die im Nationalsozialismus ermordeten Sinti und Roma Europas in Berlin am 24.12.2012 kann als Zeichen der offiziellen Gedenk- und Erinnerungskultur an den Genozid an Sinti und Roma gesehen werden. Zum „Schweigen" in der Erinnerungskultur siehe Assmann, Aleida: Der lange Schatten der Vergangenheit. Erinnerungskultur und Geschichtspolitik. München, 2006. S. 76 ff.
[20] In Memmingen und dem Landkreis Unterallgäu wurde bisher über die NS-Verbrechen an Sinti und Sintizze nichts geschrieben. Es fehlte das Interesse an einer historischen Forschung auf lokaler Ebene, aber auch die Bereitschaft der Betroffenen zur Mitwirkung. Bis heute werden NS-Verbrechen an verstorbenen Familienangehörigen aus Angst vor neuer gesellschaftlicher Ausgrenzung und Stereotypisierung von den Nachkommen bewusst verschwiegen. Im vorliegenden Bericht werden die Namen von Betroffenen der NS-Verfolgung daher zum Teil abgekürzt oder anonymisiert.
[21] Interviews mit Bobby und Gisela Falta mit Tonaufzeichnung am 2.3.2022 und 9.4.2021.
[22] Gisela Falta, Interview am 2.3.2022.
[23] StArchiv Augsburg, S-108. Spk Memmingen. Bl. 5–9.
[24] Ebd.
[25] Der Familienname des Vaters von Gisela F. ist in der Datenbank der Opfer des NS-Regimes im US Holocaust Memorial Museum Archive verzeichnet. In der Familie Falta ist der Vater von Gisela F. sowohl mit dem mütterlichen Familiennamen „Brandner" als auch dem väterlichen Familiennamen „Krems" bekannt.
[26] Interview am 2.3.2022.
[27] Die Situation des „Untertauchens" zur NS-Zeit bedeutete auch, möglichst keine schriftlichen Spuren zu hinterlassen. Bei der Rekonstruktion der Verfolgungssituation erweist sich dies für die Betroffenen oft zum Nachteil.
[28] B. Falta erfuhr von seinem verstorbenen Cousin eine Bestätigung der Familientradierung. Interview am 2.3.2022.
[29] Siehe: Wierling, Dorothee: Oral History. In: Maurer, Michael (Hrg.): Aufriß der historischen Wissenschaften. Bd. 7 Neue Themen und Methoden der Geschichtswissenschaft. Stuttgart, 2003. S. 81–151.
[30] Assmann, Aleida: Der lange Schatten der Vergangenheit. S. 21–112.
[31] Aleida Assmann unterscheidet zwischen einem individuellen, sozialen, kollektiven und politischen Gedächtnis. Assmann, Aleida: Der lange Schatten der Vergangenheit. S. 21–112.
[32] Interviews am 16.4.2021 und am 2.3.2022.

[33] Das Gedankengut des Revisionismus und der Fremdenfeindlichkeit erhält zunehmende öffentliche und politische Akzeptanz. Sinti und Sintezze, nachweis-lich seit über 600 Jahren in Deutschland ansässig und beheimatet, erfahren gleichzeitig zunehmenden Antiziganismus in der deutschen Gesellschaft. Siehe: Bericht der UKA, Drucksache des Dt. Bundestags 19/30310.

[34] Aufgrund der diskriminierenden Gesetzgebung wird heute über die Zeit von 1946 bis Mitte der 1980er Jahre von der Zeit der „zweiten Verfolgung" gesprochen.

[35] In Memmingen wird der Genozid an Sinti und Roma erstmals mit der VerVolkt-Ausstellung in den lokalen Auswirkungen benannt und in Teilen beschrieben.
In Ravensburg, wo die mütterlichen Verwandten der Faltas beheimatet waren, wurde am 27. Januar 1999 an der St. Jodok-Kirche ein Denkmal an 29 Ravensburger Sinti und Sintezze errichtet, die in Konzentrationslagern ermordet wurden. Dies geschah auf Privatinitiative von Magdalena Guttenberger unter Mitarbeit eines kirchlichen Arbeitskreises der St. Jodok-Kirche.

[36] Der damalige Bundeskanzler Helmut Schmidt erklärte im März 1982 vor dem Deutschen Bundestag den Völkermord an Sinti und Roma als rassistisch motiviert. Wenige Wochen zuvor hatten neun Verbände der Bürgerrechtsbewegung den Zentralrat Deutscher Sinti und Roma gegründet.

[37] Vgl. Salzborn, Samuel: Kollektive Unschuld.
Die Abwehr der Schuld im Deutschen Erinnern.
Berlin, 2020.

[38] Die Festlegung rassistischer Verfolgung erst ab dem 1. März 1943, Urteil vom OLG München und Urteil v. 1.8.1958, wurde gültig auch für Österreich. Weitere Bestätigung des Urteils am 1.3.1961. Siehe Eiber, Ludwig: „Ich wußte, es wird schlimm." Die Verfolgung der Sinti und Roma in München 1933–1945.
Hrsg. von der Stadt München. München, 1993. S. 130.

[39] Siehe Holzapfel, Severin: Verhasst, verfolgt, vernichtet. Die Roma und Sinti im Bodenseeraum im 20. Jahrhundert. Hrsg. von Gerhard Wanner. Feldkirch, 2020. (Schriftenreihe der Rheticus-Gesellschaft 82). S. 241–250.

[40] Z.B. das Grundsatzurteil des BGH IV.Zivilsenat des Bundesgerichtshofs v. 7. Januar 1956; Kommentare zum Bundesentschädigungsgesetz von 1954/55. Siehe dazu: Hockerts, Hans Günter: Wiedergutmachung in Deutschland in: Vierteljahrshefte für Zeitgeschichte 49 (2001) 2, S. 189. Sparing, Frank: NS-Verfolgung an „Zigeunern" und „Wiedergutmachung", in: APuZ (2011) 22/23, 30. Mai 2011, S. 14 f.

[41] Urteil des BHG v. 7.1.1956 bestätigte das Urteil des OLG München v. 19.5.1953, das u.a. besagte, dass Deportationen und Lagerhaft von Sinti und Roma vor dem 1.3.1943 (Beginn der Auschwitz-Deportationen) keine „rassische" Begründung gehabt hätten.

[42] https://www.tagesschau.de/inland/faq-sinti-roma-101.html

[43] Das Bundesentschädigungsgesetz (BEG) tritt in der BRD rückwirkend zum 1.10.1953 in Kraft und wird von den Bundesländern ausgeführt.
Es folgen Nachbesserungen bis zum BEG-Schlussgesetz am 31.12.1969.

[44] Siehe Grau, Bernhard: Entschädigungs- und Rückerstattungsakten als neue Quelle der Zeitgeschichtsforschung am Beispiel Bayerns.
In: Zeitenblicke 3 (2004) Nr. 2.

[45] Krausnick nennt diese auf die Mehrheitsgesellschaft gerichtet „Die zweite Schuld". Krausnick, Michail: „Die zweite Schuld" oder der Kampf um Bürgerrechte. In: Eiber, „Ich wusste, es wird schlimm", S. 144.

[46] 19/30310 Drucksache des Dt. Bundestags: Bericht der Unabhangigen Kommission Antiziganismus.

[47] Der Rechtsanwalt Mehmet Daimagüler ist seit 10. März 2022 Beauftragter gegen Antiziganismus. Als Schwerpunkt seiner Arbeit sieht er die Aufarbeitung des Unrechts nach 1945. Siehe Pressebericht in MiGAZIN, 10.2.2022.

Achtung
hier
Juden-
geschäft!

Impressum

Foto: Stadtarchiv Memmingen

Autor:innen

Bayer, Dr. Hans-Wolfgang: Stadt Memmingen, Kulturamtsleiter
Deniffel, Monika: Historikerin, Lehrerin
Dodel Max: Kulturwissenschaftler, Zeitzeuge
Domes, Robert: Schriftsteller
Engelhard, Christoph: Stadtarchiv Memmingen, Leiter
Epple, Dr. Thomas: Lehrer, Stolpersteine in Memmingen e.V., stellvertretender Vorsitzender
Gäble, Erika: Journalistin, Frauengeschichtswerkstatt Memmingen e.V.
Gropper, Regina: Kulturwissenschaftlerin, Stadtmuseum Memmingen
Herrmann, Christian: Förderkreis Synagoge Fellheim, stellvertretender Vorsitzender
Hiemer, Leo: Autor, Regisseur, Historiker
Hinske-Gengnagel, Ursula: Frauengeschichtswerkstatt Memmingen e.V.
Holly, Katrin: Historikerin, Wissenschaftliche Mitarbeiterin bei der Heimatpflege des Bezirks Schwaben
Hoser, Dr. Paul: Historiker
Kleidermann, Rolf: Deutsch-Israelische Gesellschaft, Ehrenvorsitzender
Lipp, Sebastian: Journalist
Naumann, Markus: Heimatverein Kempten, 1. Vorsitzender
Overmans, Dr. Rüdiger: Militärhistoriker
Pan, Efrat: Deutsch-Israelische Gesellschaft
Römer, Gernot (†): Journalist
Scharpf, Helmut: Lehrer, Virtuelles Museum der Marktgemeinde Ottobeuren www.ottobeuren-macht-geschichte.de
Schweizer-Martinschek, Dr. phil. Petra: Historikerin, Mitarbeiterin bei der Heimatpflege des Bezirks Schwaben, wiss. Betreuung des Bezirksarchivs sowie des Historischen Archivs des Bezirkskrankenhauses Kaufbeuren
Steber, Prof. Dr. Martina: stellvertretende Direktorin des Instituts für Zeitgeschichte München-Berlin
Streck, Sabine: stellvertretende Heimatpflegerin von Memmingen
Trieb, Michael: Volkshochschule Memmingen, Leiter
Wettengel, Dr. Wolfgang: Heimatdienst Buxheim, 1. Vorsitzender
Willer, Maria Anna: Ethnologin
Wolfseher, Helmut (†): Stolpersteine in Memmingen e.V., 1. Vorsitzender

Für die Texte sind die Autor:innen verantwortlich.

Wir danken!

Stadtarchiv Memmingen, Stadtarchiv Kempten, Allgäuer Zeitung, Allgäu rechtsaußen, Bundesarchiv, Fotoarchiv Ludwig Kiefer, Gemeinde Buxheim, Gemeinde Fellheim, Siegfried Maeker, Heimatverein Kempten, Polizeipräsidium Schwaben Süd / West sowie Christoph Morlok, Susanne Marx, Alwin Zwibel, Kiristin Köllner, Regina Gropper, Brigitte Hefele-Beitlich, Christian Schäfler und privaten Leihgebern

Ausstellungen

VerVolkt I & II – Kann Spuren von Nazis enthalten

Idee:	Regina Gropper, Stadtmuseum Memmingen Leo Hiemer, Kaufbeuren
Kuratorin:	Regina Gropper, Stadtmuseum Memmingen
Lektorat:	Franziska Reylaender, Buxheim
Ausstellungsgestalter:	Christian Schäfler, Legau
Öffentlichkeitsarbeit:	Kristin Becker, Stadtmuseum Memmingen Regina Gropper, Stadtmuseum Memmingen
Social Media:	Kirstin Köllner, Stadtmuseum Memmingen
Begleitprogramm:	Regina Gropper, Stadtmuseum Memmingen Ute Perlitz, Stadtmuseum Memmingen Christine Nike Schneider, Fellheim

Verbrannt

Idee:	Michael Trieb, VHS Memmingen
Autor:innen:	Schüler:innen 9. Klasse des Bernhard-Strigel-Gymnasiums Memmingen
Ausstellungsgestalter:	Christian Schäfler, Legau Yvonne Götzeler, VHS Memmingen
Holz-Buchcover:	Cornelia Brader, Memmingen
Portraits:	Schüler:innen 9. Klasse des Bernhard-Strigel-Gymnasiums Memmingen

Geliebte Gabi

Idee:	Leo Hiemer
Kuratorin:	Regina Gropper
Projektleiter:	Leo Hiemer
Ausstellungsgestalterin:	Prof. Claudia Frey

Foto: Stadtarchiv Memmingen

Filme

Kann Spuren von Nazis enthalten …

Drehbuch und Regie:	Leo Hiemer, Kaufbeuren
Kamera und Schnitt:	Samira Oberberg, London
Musik:	Rainer von Vielen, Kempten Leo Hiemer, Kaufbeuren
Ton und Endbearbeitung:	Erich Hipp, Waltenhofen
Typografie & Grafik:	Christian Schäfler, Legau

2 Zwei Männer, Zwei Gitarren, Die Faltas

Drehbuch und Regie:	Leo Hiemer, Kaufbeuren
Schnitt:	Leo Hiemer, Kaufbeuren
Typografie & Grafik:	Christian Schäfler, Legau

Verbrannt

Idee:	Michael Trieb, VHS Memmingen
Kamera und Schnitt:	Kirstin Köllner, Stadtmuseum Memmingen
Sprecher:innen & Autor:innen:	Schüler:innen 9. Klasse des Bernhard-Strigel-Gymnasiums Memmingen
Sprecher Off-Text:	Leo Hiemer, Kaufbeuren
Typografie & Grafik:	Christian Schäfler, Legau

Katalog

Herausgeber:	Stadt Memmingen / Stadtmuseum
Redaktion:	Regina Gropper, Stadtmuseum Memmingen Leo Hiemer, Kaufbeuren
Lektorat:	Regina Gropper, Stadtmuseum Memmingen Leo Hiemer, Kaufbeuren Ute Perlitz, Stadtmuseum Memmingen Franziska Haussmann, Stadtmuseum Memmingen
Verlag:	Metropol Verlag, Berlin
Gestaltung:	Christian Schäfler, Legau
Schriften:	IBM Plex (Sans, Mono)
Druck & Gesamtherstellung:	Aalexx Druckproduktion, Großburgwedel

Schirmherrschaft

VERVOLKT

Dr. Ludwig Spaenle, Staatsminister a.D., MdL
Beauftragter der Bayerischen Staatsregierung für jüdisches Leben und gegen Antisemitismus, für Erinnerungsarbeit und geschichtliches Erbe

Geliebte Gabi

Dr. Gerd Müller,
Generaldirektor der Organisation der Vereinten Nationen für industrielle Entwicklung (UNIDO)
Bundesminister a.D. für wirtschaftliche Zusammenarbeit und Entwicklung
Bundestagsabgeordneter a.D. für den Wahlkreis Kempten, Lindau, Oberallgäu

Förderer

2021 Jüdisches Leben in Deutschland · Kulturfonds Bayern Kunst · VR-Bank Memmingen eG · mm Stadt Memmingen · Bezirk-Schwaben-Stiftung für Kultur und Bildung

Partner

vhs Volkshochschule Memmingen · Stolpersteine in Memmingen e.V. · T:K Theater in Kempten · Allgäu Rechtsaußen · Deutsch-Israelische Gesellschaft e.V. · Kaminwerk.de memmingen · Dampfsäg Sontheim · mm stadt der freiheitsrechte – Jede:r darf sein.

Foto: Stadtarchiv Memmingen

Jude!
Hier wohnt
auch
ein
Jude!